한국 만화 트리비아 *Trivia*

한국 만화 트리비아
Trivia

서찬휘 지음

전쟁을 겪고
독재를 지나
계엄의 늪을 건넌
만화의 역사

들어가며

십수 년 전 어느 해 끝자락, 주먹이 큰 소년의 이야기로 한 시대를 풍미하신 원로 만화가 선생님이 돌아가셨다. 부고를 보고는 장례식장을 찾았다. 그곳에서 여러 선생님 사이에 끼어 이야기를 나누던 중 중간에 도착한 어느 선생님이 문득 궁금하셨는지 물어 왔다. "이 친구는 몇 살인데 여기 와 있나?" 말인즉 네 나이로 보면 고인의 작품을 제때 보았을 연배는 아닌데 어찌 와서 이러고 있느냐는 질문이었다. 그도 그럴 만한 게 해당 작품이 한창 인기를 끌 때 나는 세상에 나와 있지도 않았다.

하지만 나는, 내가 실시간으로 겪은 일들만 중요하게 생각하는 사람이 아니었다. 한 시기의 나는 만화와 관련된 일이라면 어디에나 나타나는 사람이었다. 수일짜리 행사가 있으면 그 일정 내내 개근하다시피 하며 모든 풍경을 훑었다. 시위가 있으면 그 속에 끼어 함께 외쳤으며 웬만한 경조사도 다 챙겼다. 일로 엮인 것이 아니어도 나는 나름대로 발품을 많이 팔았다. 지역에 살았기에 어딜 가더라도 교통비와 시간을 많이 써야 했지만, 덕분에 꽤 많은 사진 기록과 인적 정보를 모을 수 있었다. 적어도 나의 젊은 시기와 맞닿은 한국 만화계의 풍경 속에는 내가 서 있었다.

그래서 내게 '만화인으로 산다'는 감각은, 그저 만화가 좋아서 어쩔 줄 모르겠다는 기분에 그치는 건 아니었다. 역사라는 표현을 거창하게 생각하지만 않는다면, 나는 이 분야의 역사 위에 서 있다는 감각으로 그 시간을 호흡했고 그 호흡의 자국을 기록으로 남기고 싶어 했으며, 그 과정에서 알게 되거나 많은 분들에게서 직접 들은 과거의 여러 이야기도 나의 호흡으로 다시 끄집어내어 말하고 싶어 했다.

나는 한국 만화의 한 시기에 스스로 사관이자 전기수의 역할을 해 왔다고 감히 생각한다. 이 책은 그런 입장에서 한 시기의 내가 '여기서 이런 일이 있었다'라고 생각한 이야기 중 중요한 장면 몇 가지를 꼽아 본 것이다. 책에서는 서술자의 역할에 충실했지만, 상당수 건에서는 내가 관찰자 또는 발언자로 끼어 있기도 하다. 원고를 쓰면서 내가 그 시간을 관망자로 흘려보내지는 않았노라는 사실을 새삼 확인하곤 했다.

***

이 책에서 나는 한국 만화의 여러 시기와 사건을 통사적으로 서술하기보다는 저널이 다루듯 미시적으로 토막 내고 각기 떨어져 있는 사건 같지만 연결점이 있다고 생각하는 것들을 묶어서 보여 드리고자

했다. 또한 초점을 멀리 또는 가까이 두면서 여러 이야기를 동시에 다루어 내려고 했다. 독자 여러분은 다양한 일이 유기적으로 연결되어 있다는 감각을 느껴 주시면 좋겠고, 또한 객관을 가장한 딱딱한 박제가 아닌 생생한 느낌으로 내가 조명한 시간과 사건들을 만나 주시면 좋겠다.

집필 과정은 그렇게 많은 사건 속에 내가 있었음을, 그렇기에 할 말이 참 많다는 사실을 확인하는 시간이었다. 하지만 다른 한편으로는 앞 세대의 기록자분들에게 직간접적으로 많이 배워 왔다는 사실을 깨닫는 시간이기도 했다. 박기준, 조관제, 조항리, 박재동, 최경탄, 임청산, 손상익, 박인하 등등 본인의 경험으로든 연구를 통해서든, 각자의 시대 위에 바탕을 두고 한국 만화에 관한 기록을 남겨 오신 모든 분께 경의와 감사를 표한다. 이 말배가 그 뒤에 감히 글월 한 자락을 얹는다.

* * *

책을 처음 탈고한 시기는 2024년 10월이었다. 그리고 2024년 12월 3일 일어난 어처구니없는 윤석열의 불법적 비상계엄 사태는 원고로 다룬 과거사 속 독재적 맥락을 단숨에 현재화하는 역할을 했다. 탄핵 정국 내내 내가 쓴 문장 속의 장면들이 역사의 한 페이지가 아닌 눈앞의 위협으로 살아 날뛰는 기묘한 감각에 시달려야 했다. 한국의 현대사를 미시적으로 관통하며 박제되다시피 자리해 온 한국 만화사를 당시 대통령이 현재 우리의 이야기로 생생하게 되살려낸 모양새다. 추가한 마지막 꼭지를 2024년 말 2025년 초 춥디추운 광장에 모여 함께 민주주의 회복을 외친 이들에게 바친다.

본문에는 경칭이 생략되어 있다. 그렇다고 한국 만화의 모든 시간을 이루어 온 모두를 향한 경의의 마음을 놓은 것이 아님을 혜량해 주시길 바란다. 이런저런 이유로 늘어지는 원고를 기다려 주신 출판사 담당자와 안 나오는 원고로 머리를 쥐어뜯는 나를 보듬어 준 아내 혜니히와 딸 봄이에게는 말로 형용하는 것조차 불가능한 미안함과 감사함을 전한다.

2025년 7월
서찬휘

들어가며 　　　　　　　　　　　　　　　　　　　　　004

만화의 날이 11월 3일인 까닭은? 　　　　　　　　　012
오프라인 만화 시장을 박살 낸 청소년보호법 사태

한국의 대표 만화 출판사가
생명공학회사가 된 사연　　　　　　　　　　　　027
만화계 대표 출판사, 우회상장에 활용되다

만화가의 집 주소를 공개하던 때가 있었다?　　　032
터미네이터 전화번호부 뒤지던 시절

일본 만화가, 한국을 만화로 공격하다　　　　　　041
야마노 샤린의 《만화 혐한류》

만화 보고 자살했으니 만화를 금지하자?　　　　 057
정병섭 자살 사건과 만화 화형식, 그리고 전체주의 사회의 망령

만화가들이 자선공연을 하다 　　　　　　　　　 073
러브콘서툰

독자들이 직접 만화상을 만들다   084
독자만화대상

남자가, 순정만화를 그렸다고?   096
성별 이분법적인 장르 규정의 편견을 넘어

정치인이 되고자 한 만화가   110
현실 정치 속에서 역할을 하려 한 사람들

한국 만화의 가치 투쟁   122
공짜 취급에서 벗어나기 위한 지난한 싸움

그가 진짜로 본 것은 '등짝'이 아니야   134
초월 번역과 오역 사이의 어딘가

전쟁이 만화에 끼치는 영향들   142
해방공간의 프로파간다 만화와 피난지의 떼기 만화, 전방의 삐라 만화

만화방 주인, 살인 사건의 범인으로 몰리다?   172
〈7번 방의 선물〉의 소재가 된 사건

일본에서 만화화한 한국 TV 드라마들?   191
감회가 남다른 한류의 영향

법안명에 만화 사이트 이름이 오르다?   209
레진코믹스 차단과 레진코믹스법 발의에 얽힌 설왕설래

웹툰판 카우치 사건
– 고교생 하나 때문에 네이버가 넙죽 엎드린 날   230
귤라임의 아동 성폭행 만화, 네이버 웹툰을 없앨 뻔하다

네이버 도전만화,
동성애 혐오 프로파간다 창구로 활용되다   244
〈동성애 옹호 교과서의 문제점을 알아보자〉가 지닌 문제

독재자의 후손은 만화를 좋아해?   254
《보물섬》의 박근혜와 시공사의 전재국

만화와 연을 맺은 정치인들   270
가연 또는 악연

떠난 만화가에게 헌정된 단 한 번의 뮤지컬   301
고우영 1주기에 펼쳐진 막내아들의 헌정 무대

50년을 이어온 만화가 친목 모임이 있다 318
낚시 모임 심수회

〈고바우 영감〉조차 박물관 건립이
무산되는 나라 331
시민의 승리 아닌 문화의 패배

출판사가 직접 영상 만화에 도전하다? 341
대원씨아이의 튜브툰

그때는 환영했지만 지금은 아니다 350
구글 인앱결제 강제, 독과점 콘텐츠 마켓의 통행세 요구와 그 파장

광고 스타가 된 만화가 364
당대 아이콘의 증명

윤석열 시대의 시작과 끝,
만화와 덕질이 만든 장면들 381
〈윤석열차〉, 윤석열 퇴진 시위 속 깃발과 응원봉
그리고 이준석의 AI 생성 만화 홍보물

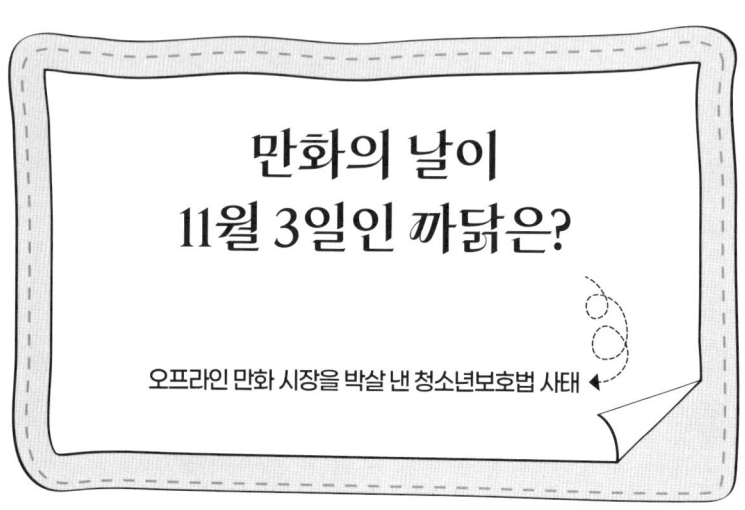

만화의 날이 11월 3일인 까닭은?

오프라인 만화 시장을 박살 낸 청소년보호법 사태

우리나라에서 11월 3일은 만화의 날이다. 공교롭게도 옆 나라 일본 또한 11월 3일이 만화의 날이지만 연원은 다르다. 일본만화가협회가 정한 만화의 날은 일본에서 '만화의 신'으로 추앙받는 데즈카 오사무 手塚治虫가 태어난 날이란 의미가 담겨 있지만, 우리네 만화의 날은 만화가들이 국가 권력의 탄압에 항거해 거리로 몰려 나온 날이라는 점에서 분위기가 사뭇 다르다.

청소년보호법, 그 비극의 시작

한국에서 만화의 날이 제정된 이유를 따져 보기 위해서는 1996년으로 거슬러 올라가야 한다. 1996년 9월 5일 문화체육부는 〈청소년 보호를 위한 유해 매체물 규제 등에 관한 법률(안)〉을 추진하겠다면서 공청회를 열었다. 공청회 자료에 따르면 이 법은 '성장 과정에 있는 청소년을 유해한 환경으로부터 보호하고 건전한 인격체로 성장할 수 있도록 하기 위함'이라는 취지로 18세 미만자에게 유해 매체물의 유통을 제재하기 위해 입법되었으며, 그동안 법적 근거 없는 일개 사단법인이었던 간행물윤리위원회(간윤)를 법적 기구로 격상한 데 이어 초안 제8조 제4~5항을 통해 사전심의 대상에 '만화'를 표적으로 명시했다.

도입을 진행한 쪽도 초안의 적대적 문구를 그대로 쓰긴 곤란하다고 여겼는지, 실제 발의안에서는 사후심의제를 도입해 36년 만에 만화 사전심의를 폐지한 데 이어 만화를 사전심의 대상으로 놓았던 제8조 제4~5항도 삭제했다. 하지만 법이라는 칼을 휘두를 기관이 된 간행물윤리위원회는 수거·파기·시정이라는 사법권에 준하는 권한을 부여받았다.

법이 시행되면 어떤 결과를 낳을지 뻔하게 보이는 상황이 되자 만화가 및 관련 단체들은 '청소년보호법률안 제정을 저지하기 위한 범만화인 공동대책위원회'를 꾸려 공동성명을 발표했다. 하지만 문화체육부가 강행 의지를 보이자 1996년 11월 3일 서울 여의도 광장에 모여 '만화 심의 철폐를 위한 범만화인 결의대회'를 열었다.

하지만 당시 정부와 여당이었던 신한국당(현 국민의힘)은 이런 만화가들의 항의에는 아랑곳하지 않고 법 제정을 추진했다. 결국 이 법은 1997년 3월 7일 국회 단일안 제안 절차를 거쳐 '청소년보호법', 통칭 '청보법'이라는 이름으로 제정되었다. 시행은 1997년 7월 1일로 예정되었는데, 법안이 시행되기도 전인 1997년 4월 15일 기독교윤리실천운동(기윤실)이 주축이 된 음란폭력성조장매체대책시민협의회(음대협)이 3대 스포츠신문 발행인과 편집국 책임자를 청소년보호법 이전의 유사 법률인 미성년자보호법을 이용해 집단으로 고발한다. 이 때문에 이두호, 배금택 등 스포츠신문 연재 만화가 상당수가 검찰에 소환되어 조사를 받았다.

청소년보호법 사태의 전개, 그리고 〈천국의 신화〉

청소년보호법 발효일인 1997년 7월 1일부터는 그야말로 모든 상황이 숨 가쁘게 진행되었다. 7월 1일 언론 등지에서 학교 폭력 피해자가 만화방에서 피해를 보았다는 이야기가 부각되기 시작했고, 곧바로 7월 2일 신한국당 대표가 학교폭력과의 전쟁을 선포했으며, 7월 4일에는 내무부 합동단속대책을 발표했다. 7월 5일부터는 소매상, 만화방, 도서대여점 등이 압수수색 영장 없이 단속당했고 7월 8일엔 김영삼 대통령이 학원폭력 대책회의를 주재했다. 7월 9일엔 만화방 업자와 출판 업자 142명이 불량만화 유통 혐의로 입건되었다.

이어서 7월 19일 이현세가 소환 통보를 받고 나흘 뒤인 7월 23일에 소환되었으며, 그와 거의 동시에 유해만화 목록이 발표되었는데 그 수는 무려 1700여 종 총 510만 권이었다. 7월 31일엔 성인 독자

청소년보호법 사태 당시 발행 중단된 성인 만화지 3종. 《미스터블루》(세주문화), 《투엔티세븐》(대원씨아이), 《빅점프》(서울문화사).

층을 대상으로 성애만이 아닌 다양한 색깔을 보여 주던 격주간 만화지 《미스터블루》, 《투엔티세븐》, 《빅점프》 등이 발행을 중단했고, 8월 2일에는 음대협이 고발한 관계자와 작가가 대거 기소되었다. 더 고약한 사실은 이때 만화를 구하는 소매 창구이던 서점들이 더는 만화를 들여놓지 않게 됐다는 점인데, 성인 만화 전용 책장을 따로 두지 못한 영세한 동네 책방들이 된서리를 피해 만화 취급 자체를 포기한 탓이다. 청소년보호법 시행은 불량만화 수거라는 명목으로 오프라인 만화 시장 자체를 완전히 부쉈다.

피해는 여기서 끝나지 않는다. 청소년보호법이 일으킨 가장 비극적인 사건은 바로 이현세 재판, 이른바 〈천국의 신화〉 사태다. 이현세가 한국의 역사를 상고사에서부터 그려내겠다는 포부로 시작한 〈천국의 신화〉가 졸지에 음란물로 낙인찍혔다. 당시 초임이었던 담당 검사는 성과를 내겠다는 욕심에 청소년판 속엔 있지도 않은 묘사를 성인판의 묘사를 기준으로 삼아 이현세를 겁박했고, 1998년 2월 약식기소로 벌금 300만 원을 내라는 결론을 내린다. 이현세는 불복해 정식 재판을 걸었다.

이 사건은 재판 시작 5년 만인 2003년 1월 24일에야 법원이 검찰의 상고를 기각함으로써 이현세의 승리로 끝났다. 우스운 일이지만 미성년자보호법 불량만화 조항이 위헌으로 판결 나면서 근거 조항 자체가 사라졌기 때문이다. 이현세는 이겼지만 많은 상처를 입었고, 한국 만화 또한 자체적인 동력을 크게 상실하고 말았다. 이 사건이 일어나던 당시 평검사이던 문무일은 2017년 7월 검찰총장 취임 직후 이현세를

검찰이 음란물로 낙인 찍은
《천국의 신화》.

《천국의 신화》 1심 유죄 판결이 난 5일 뒤인 2000년 7월 23일 탑골공원 앞에서 열린 '만화 표현의 자유 수호를 위한 결의대회' 풍경을 촬영한 사진들. 이날 이현세를 비롯해 많은 만화가와 만화계 단체, 만화 동아리 회원, 독자들이 거리로 몰려 나왔다.

찾아가 사과함으로써 검찰의 잘못을 인정했다.

청소년보호법 제정의 표면적 이유와 내부의 문제

청소년보호법은 한국 만화에 큰 상처를 입혔다. 국가 차원에서 만화를 대대적으로 탄압한 대표적 사례이자, 문화 시장 하나가 사실상 철저히 궤멸하는 결과를 낳은 사례이기도 하다. 하지만 반민주적 문화 탄압, 검열이 언제나 그러하듯 그 과정은 삼류 각본 같은 꿰맞추기로 점철되어 있었다.

당시 느닷없이 만화가 공공의 적이 된 표면적 이유는 '일진회'라는 폭력 서클 이름 때문이었다. 타이밍도 기막히게, 1996년 6월 무렵부터 언론들은 일본 만화 《캠퍼스 블루스》를 보고 폭력을 따라 한 아이들이 있다, 《캠퍼스 블루스》에 일진회가 나온다고 대대적으로 보도하기 시작했다. 모리타 마사노리森田まさのり의 《캠퍼스 블루스》는 원제가 〈로쿠나데시 블루스ろくでなしBLUES〉인 일본 만화로 당시는 해적판으로 국내에 들어왔다. 현재는 《비바 블루스》라는 제목으로 정식 번역본이 출간된 이 작품을 당시 언론들은 학교 폭력과 일진회 결성의 원인으로 몰아세웠으며, 7월에는 학교에 폭력이 만연하게 된 이유와 원인을 찾기보다 만화 자체가 문제라면서 분위기를 만들어 가기 시작했다. 여기에 중학생들이 셀프 포르노 비디오 〈빨간 마후라〉를 만든 사건도 군불을 때는 데 한몫했다. 말인즉, 폭력적이고 음란한 문화를 직접적으로 노출하는 일본 만화에서 청소년을 보호해야 한다는 당위

학교 폭력의 원흉으로 지목된 모리타 마사노리 작 〈로쿠데나시 블루스〉의 한국어 번역판 《비바 블루스》.

를 앞세운 셈이다.

하지만 표면적인 이유 말고, 내부의 문제는 무엇이었을까? 해당 시기는 김영삼 정권이 말기로 접어들던 시기다. 안 그래도 개발독재 시기부터 쌓여 온 모순과 불안 요소가 한꺼번에 터져 나오기 시작했던 김영삼 정부는 정권 내내 구포역 열차전복 사고(1993.03.28.)를 시작으로 서해 훼리호 침몰 사고(1993.10.10.), 성수대교 붕괴 사고(1994.10.21.), 대구 도시철도 가스폭발 사고(1995.04.28.), 삼풍백화점 붕괴 사고(1995.06.29.), KAL 여객기 괌 추락 사고(1997.08.06.) 등의 인재를 겪었다. 1996년엔 강릉 무장공비 침투 사건(1996.09.14.~1996.11.05)이 터졌고, 점점 가시화하는 금융 위기도 경제 상황에 빨간 불을 켜고 있었다. 청소년보호법이 발효된 1997년엔 연초부터 한보

그룹 최종 부도 사태(1997.01.30.)에 김영삼의 아들까지 낀 정경유착이 드러났다.

집권 초반 하나회 척결과 금융실명제 실시로 얻었던 민주화 투사 출신 김영삼의 인기는 이즈음에는 이미 사라진 상태였고, 김영삼이 야합이라는 욕을 먹으면서까지 정권 창출의 틀로 선택한 그 당은 독재 유전자를 그대로 유지하던 곳이었다. 이 와중에 터진 〈빨간 마후라〉와 일진회 사건은 공권력을 동원해 대중의 불안 심리를 다른 데로 돌릴 만한 매력적인 소재였다. 이미 그 시점의 정부 여당에는 상식적인 문제 해결을 도모할 정신이나 여유, 그리고 능력도 남아 있지 않았지만, 이를 고려한다 해도 한국 만화가 당한 상황은 상상 이상으로 상식 이하였다.

그 도구로 활용된 청소년보호법은, 발효도 되기 전에 이현세를 비롯한 만화가들을 겁박하는 데 쓰인 유사 법률인 미성년자보호법의 중복 입법이기도 했거니와 미성년자보호법이 죄형법정주의(어떤 행위를 범죄로 처벌받게 하려면 행위가 일어나기에 앞서 그 행위의 무엇이 죄고 얼마만큼의 벌을 받아야 하는지 법률로 명확하게 규정되어 있어야 한다는 원칙)을 위반해 위헌 결정을 받고 사라졌듯 등장 자체가 억지였다.

이를테면 〈청소년 보호를 위한 유해 매체물 규제 등에 관한 법률(안)〉을 문화체육부가 처음 내어놓고 공청회를 연 1996년 9월 5일, 기조 연설을 맡은—그리고 이후 1996년 12월 16일 이 법을 〈청소년보호법〉이라는 이름으로 의원입법 발의하는—신한국당 박종웅 의원은 1996년 9월 6일 《부산일보》 보도에 따르면 이 자리에서 "우리 청소년

중 50%가 음란비디오를, 95%가 음란도색잡지를 보았을 정도로 유해 매체에 대한 접촉 실태는 심각한 상황", "종합적이고 근본적인 법률적 대책이 필요하다"라고 역설했다. 보다시피 '음란'에 대한 이야기가 대부분인데, 그 이유를《민중언론 참세상》의 이택승 기자는 〈"보호" 빙자, "통제" 노려〉라는 2001년 2월 12일 자 기사에서 이렇게 설명한다. "애초에 이 법은 '음란매체 규제에 관한 법'으로 고시될 예정이었으나 적절한 용어를 선택하는 과정에서 지금의 청소년보호법으로 만들어졌다. 말하자면 청보법은 처음부터 청소년들을 보호하기 위해서 만들

시공사의 순정만화지《비쥬》2003년 8호(2003.04.15.)에 실린 양여진의〈주희주리〉는 이후 전개의 복선이 되는 베드신을 그렸다가 잡지 정간 등을 우려한 편집부가 통보 없이 원고를 자체검열해 논란이 되었다. 왼쪽이 원본, 오른쪽이 출판사 자체 수정본. 작가는 항의 표시로 다음호 펑크를 선언하고 절필 각오까지 밝혔다.
(제공: 양여진)

어진 법이 아니라는 점이다."

　결국 청소년보호법은 청소년 보호와는 아무 상관 없었고, 음란 매체 규제를 하려다 청소년 보호로 틀을 잡은 것이며, 만화는 문자 그대로 그 겨를에 괜한 매타작을 당한 셈이다. 하지만 얻어맞은 보람도 없이(?) 청소년보호법 발효와 폭풍 같은 만화 사냥이 일어난 지 얼마 되지 않아 한국은 경제 위기설을 부인하다 환율과 외환 관리에 완전히 실패, IMF 구제금융 사태를 맞이하는 비극을 초래한다. 이 시기와 함께 한국 만화는 소매시장 궤멸과 잡지사의 자체검열 및 잡지 연쇄 폐간을 겪어야 했으며, 외환위기 사태로 실직한 직장인들이 호구지책으로 차린 도서대여점을 중심으로 시장이 대세가 재편되었다가 초고속 인터넷 환경의 도입과 함께 창궐한 불법 복제에 잡아먹히다시피 하는 등 동란에 가까운 혼란기를 보냈다. 지금 우리가 보고 있는 웹툰은 당시 이러한 혼란에 적응할 겨를도 없이 한국 만화에 등장한 또 다른 형식이었다.

만화의 날 제정과 의미

1997년, 서울 강남구 삼성동 코엑스에서 열린 제3회 서울국제만화애니메이션페스티벌SICAF 기간 중이었던 8월 21일 18시 30분 서울 인터컨티넨탈호텔에서 열린 'SICAF '97 만화인의 밤'에서 범만화인 비상대책위원회가 11월 3일을 '만화의 날'로 선포했다. 이날은 한 해 전 여의도에서 '만화 심의 철폐를 위한 범만화인 결의대회'가 열린 날이다.

1997년 8월 23일 열린 제3회 서울국제만화애니메이션페스티벌(SICAF) 기간 중 〈아기공룡 둘리〉의 김수정이 남긴 그림. 혹이 난 둘리가 꺾인 펜을 들고 있는데, 원래 벗고 다니는 둘리의 아랫부분이 가려진 채로 '심의필'이라는 글씨가 적혀 있다. 이 그림은 순정잡지 《화이트》 1997년 9월호 기사에 실렸다.
(제공: 김수정)

11월 3일은 대낮에 한데 모이기 어렵다는 만화가들이 만사를 제쳐두고 모인 기념비적인 날이었고, 또한 한날한시에 모여 목소리를 낸다는 행위의 필요성과 유효성을 만화가들에게 경험으로 각인시킨 날이기도 했다. 당시 주요 일간지 중에서는 《한겨레》가 유일하다시피 1997년 8월 23일 자 16면에 〈만화의 날 선포〉라는 단신 기사를 통해 이날 풍경을 짤막하게 담았다. 기사에 따르면 이날 선포식에 박재동, 김수정, 이두호, 허영만, 이희재, 황미나 등 만화가 및 애니메이션 제작자 300여 명이 참석했다. 만화 또한 현실 정치에서 자유로울 수 없음을 명확하게 깨달은 만화가들의 행동은 이후 만화진흥법 제정과 더불어 독재 성향의 정권이 준동할 때마다 촛불을 든 시민사회에 조응해 사회 이슈에 목소리를 내는 만화가들의 등장에도 영향을 끼쳤다.

그래서 한국에서 만화의 날이란 단지 축하할 날이기만 한 것이 아니라 만화 표현의 자유 침해와 검열에 창작자들이 직접 들고일어나 반대한 날이며, 2001년 정부가 이날을 국가 기념일로 지정함으로써 정치가 만화 탄압을 정권 유지의 수단으로 삼으려 했다는 사실을 결과적으로 인정했음을 주지시키는 날이기도 하다. 정권은 바뀌어도 역사는 기억한다. 나쁜 정치는 끊임없이 문화를 건드려 이득을 얻고자 한다. 만화가와 독자 들은 그럴 때마다 만화의 날을 상기하고 또한 상기시켜야 한다.

자투리 1

일각에서는 만화의 날을 6월 2일로 바꾸어야 한다는 주장을 펼치기도 한다. 일제강점기 직전이었던 1909년 6월 2일은 한국의 첫 만화로 인정받고 있는 관재 이도영 선생의 시사만평 〈삽화〉가 세상에 나온 날이다. 이도영 선생은 〈삽화〉 이후 《대한민보》를 통해 친일파를 신랄하게 비판하는 만화를 다수 발표했다. 《대한민보》가 인쇄되었던 자리인 서울 종로구 삼봉로의 옛 수진궁 터에 한국만화 탄생을 기념하는 조형물이 2016년 6월 2일 세워졌는데, 〈삽화〉의 주인공인 신사의 모습을 그대로 담았다.

한국의 첫 만화로 꼽히는 이도영 선생의 《대한민보》 1회 작품 〈삽화〉와 이를 기념하기 위해 2016년 설치된 조형물.

일본에는 만화의 날이 둘 더 있다. 하나는 유명 만화·애니메이션 관련 상품 판매장인 만다라케(まんだらけ)가 비공식적으로 정한 2월 9일로, 1989년에 서거한 데즈카 오사무의 기일이다. 다른 하나는 7월 17일로 영국 풍자만화의 근간을 세운 《펀치(Punch)》의 첫 발행일이다. 왜 일본에서 영국 만화 잡지 발간일을 만화의 날로 여길까 하면, 일본 막부 말기인 1862년 7월 일본에 기자로 들어온 찰스 워그먼(Charles Wirgman)이 《재팬 펀치(The Japan Punch)》를 창간하며 일본 최초의 출판만화 잡지로 기록이 된 연이 있기 때문이다.

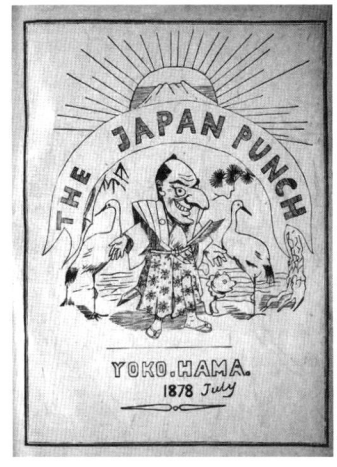

《재팬 펀치》.

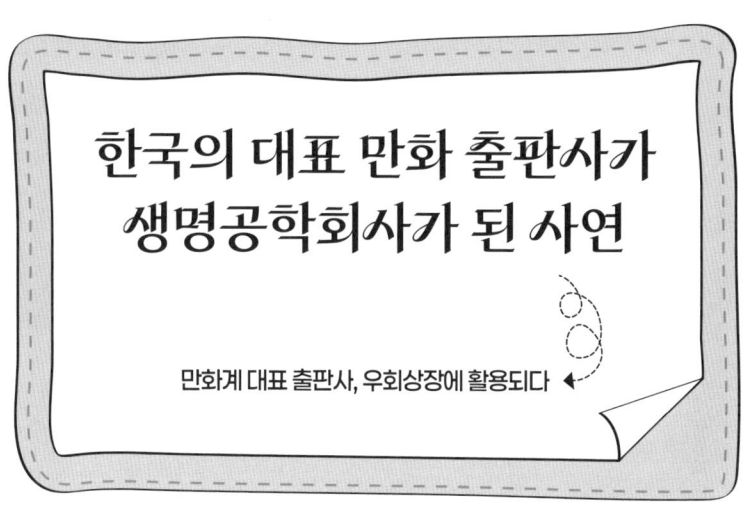

한국의 대표 만화 출판사가 생명공학회사가 된 사연

만화계 대표 출판사, 우회상장에 활용되다

대원, 만화 회사가 아니게 되다?

'우리나라를 대표하는 만화 전문 출판사가 어디인가?' 하고 묻는다면, 세력 구도가 많이 달라지긴 했지만 대원, 서울, 학산 세 곳을 들 수 있을 것이다. 한때 DHS라는 이니셜로 불리기도 한 세 출판사 가운데 시대를 풍미한 이름이라고 하면 단연 대원이라고 할 수 있다. 학산문화사가 대원의 자회사 격인 위치이고 보면(일본 슈에이샤集英社와 쇼가쿠칸小学館의 관계라 할 수 있음) 대원의 위치가 상당히 공고하다는 사실을 알 수 있다. 대원동화 등 일본 애니메이션 하청 작업을 주로 하던 업체이던 대원은 서울문화사의 《아이큐점프》에 이어 소년만화지 《소년챔프》를 창간하며 본격적인 만화 출간을 시작했다. 대원은 도서출판 대원, 대원문화사에 이어 대원씨아이라는 이름으로 개칭하면서 현재에 이르고 있다. 1990년대 후반 이래 출판만화가 중심이던 만화 시장의 헤게모니가 뒤흔들리면서 2000년대 중반 이후로는 웹툰에 중심을 넘겨주긴 했지만 2000년까지만 해도 대원은 만화 출판의 대명사 같은 곳이었다. 만화인들이 이래저래 욕을 많이 해도 그만큼 어느 정도 역할을 해 주길 기대하는 곳이기도 했다.

그러던 대원이 2006년 느닷없이 명목상 만화 회사가 아니게 되면서 만화인들을 멘붕(?)에 빠트렸다.

만화계가 충격에 빠진 이유

발단은 코암나노바이오라는 생명공학 업체가 대원을 집어삼킨 것. 만화 제작 및 단행본 제작, 애니메이션 수입 사업 등을 진행하던 대원이 그간 해 왔던 바와 전혀 다른 분야의 사업을 전개하는 업체가 되었다는 소식은 업계에 적잖은 충격을 주기에 충분했다. 잡지 사업을 접는 것 아니냐, 대원이 수입해 오던 만화가 이제 나오지 않게 되는 것 아니냐 같은 우려 섞인 발언들이 오갔다. 대원이 〈슈퍼마리오〉 등 닌텐도任天堂 게임 수입을 맡고 있던 탓에 게이머들 사이에서도 적잖은 우려가 나왔다.

이 사안이 만화계에 충격으로 다가온 것은 만화계 대표 업체라는 곳이 업체의 정체성을 너무나 쉽게 버릴 수 있다는 사실이었다. 코암나노바이오(주) 대원씨아이라는 이름을 단 잡지와 단행본이 찍혀 나오는 풍경은 생경하기도 했거니와 어떤 면에서 보자면 모욕적이기도 했다. 대원에 감정 이입을 하는 것은 아니지만, '만화계'라는 경계 안에 자신을 규정하고 있던 이들에게 전혀 다른 업체가 만화계의 대표 업체 이름을 집어삼키는 풍경은 그리 유쾌하지 않았다. 코암나노바이오가 '우회상장'용으로 대원을 이용한 것이 사건의 본질이기에 더욱 그러했다. 업계를 대표하는 만화 업체가 다른 회사의 팀이 되었다는 것이니, 우롱당한 듯한 기분이 드는 건 어쩔 수 없는 일이다.

그 회사의 그 이후

대원을 이용해 우회상장에 성공한 코암나노바이오는 2006년 9월 분리 작업을 시작해 같은 해 12월 대원을 다시 분리하면서 큐렉소라고 사명을 바꾸었고, 6년 만인 2012년에 그들이 떨어낸 대원미디어에 되팔면서 관계를 끝냈다. 우회상장이라는 이름으로 주식 장사에 만화계 대표 업체가 활용된 이 사건은 만화인들에게 심드렁한 마음을 남겼다. 교수이자 만화연구가인 'capcold' 김낙호 씨는 이와 관련해 "생물학적으로 우수한 책"이라는 농을 던지기도 했다.

> 코암나노바이오(주)가 코스닥 우회상장의 발판으로 삼았던 만화 출판사 대원씨아이를 자본금54억 원에 떼어낸다. 이로써 만화와는

이슈코믹스371

*CIEL*씨엘 ③

2005년 11월 08일 1판 1쇄 인쇄
2005년 11월 15일 1판 1쇄 발행

글·그림 임주연
발행인·김인규
편집인·권낙환
편집장·손현주
책임편집·심혜정 유현지 / 김은경
발행처·대원씨아이(주)

서울특별시 용산구 한강로3가 40-456
Tel. (02) 2071-2074
Fax. (02) 793-6436
1992년 5월 11일 등록 제3-563호

저작자의 협의 아래 인지는 붙이지 않습니다.
잘못 만들어진 책은 구입하신 곳에서 교환해 드립니다.

값 3,800원

이슈코믹스398

*CIEL*씨엘 ⑤

2006년 9월 23일 1판 1쇄 인쇄
2006년 9월 30일 1판 1쇄 발행

글·그림 임주연
발행인·김인규
편집인·황민호
편집1부국장·권낙환
편집장·손현주
책임편집·유현지 / 김영주
발행처·코암나노바이오(주) 대원씨아이

서울특별시 용산구 한강로3가 40-456
Tel. (02) 2071-2074
Fax. (02) 793-6436
1992년 5월 11일 등록 제3-563호

저작자의 협의 아래 인지는 붙이지 않습니다.
잘못 만들어진 책은 구입하신 곳에서 교환해 드립니다.

값 3,800원

이슈코믹스405

*CIEL*씨엘 ⑥

2007년 2월 23일 1판 1쇄 인쇄
2007년 2월 28일 1판 1쇄 발행

글·그림 임주연
발행인·김인규
편집인·황민호
편집1부국장·권낙환
편집장·손현주
책임편집·유현지 / 정은경
발행처·대원씨아이(주)

서울특별시 용산구 한강로3가 40-456
Tel. (02) 2071-2074
Fax. (02) 793-6436
1992년 5월 11일 등록 제3-563호

저작자의 협의 아래 인지는 붙이지 않습니다.
잘못 만들어진 책은 구입하신 곳에서 교환해 드립니다.

값 4,000원

해당 시기를 관통하며 연재되었던 임주연 작가의 《씨엘》 3권, 5권, 6권 간기면 차이. 《씨엘》의 발행처는 3권까지는 '대원씨아이(주)'였다가, 4권과 5권 발행 기간 동안 '코암나노바이오(주) 대원씨아이'로 적혔고, 6권에서 다시 '대원씨아이(주)'로 돌아왔다.

전혀 상관없는 생명공학 회사로의 변모로 독자들을 아연실색게 했던 일련의 사태(?)가 막을 내렸다.

코암나노바이오(주)는 "사업의 전문성을 강화하고 책임경영체제의 토대를 마련하고 사업부 간에 발생하는 이질감을 해소하기 위해"라고 분할 이유를 밝혔으며, 출판만화 사업과 게임 사업 부문을 정리해 대원씨아이라는 원래 이름을 붙여 내보낸다. 이와 관련해 지난 10월 6일 주주총회 결의를 거쳤다. 분할 기일은 12월 8일이며 분할 등기 예정일은 지난 12월 11일이었다. 분할해 나온 대원씨아이는 비상장 회사로 유가증권시장이나 코스닥 재상장 계획은 없다고. 한편 코암나노바이오(주)는 이번 분할에 이어 지난 11월 9일 큐렉소(CUREXO)로 상호를 변경했다. 앞으로는 의료장비와 신약 등 생명공학 분야로 집중할 예정이라고 한다.

- 〈코암나노바이오, 출판만화·게임사업부문〈대원씨아이〉로 분할자본금 54억 원… 지난 12월 11일 분할 등기 종료〉(서찬휘, 만화언론 만(MAHN), 2006.12.12.)

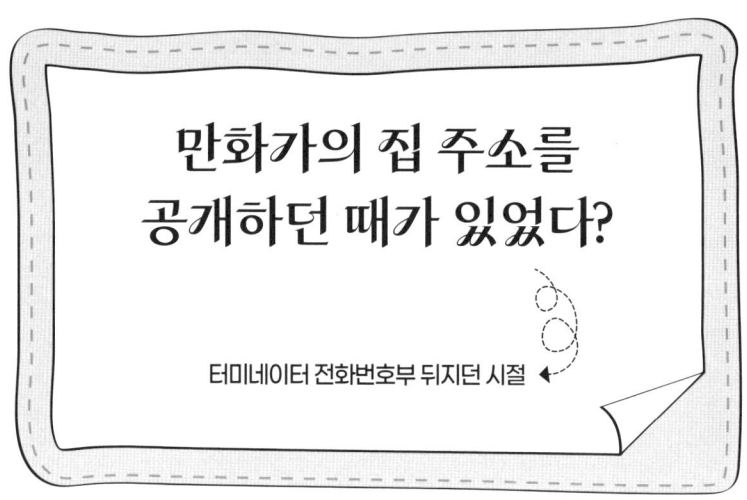

지금과 같이 포털 웹툰 댓글란에서 작가를 잡아먹을 듯 공격하는 사람이 많은 상황에서는 위험천만한 일이지만, 2010년대 초반까지만 하더라도 만화 잡지들이 만화가들의 주소를 공개하곤 했다. 이메일 주소 이야기가 아니다. 실제 집 주소 또는 작업실 주소 이야기다.

굳이 따지자면 이메일도 개인을 괴롭히는 데는 충분한 도구지만, 집 주소 노출은 작가를 만나겠다며 찾아오는 사람이 있을 수 있다는 점에서 차원이 다른 이야기다. 그런데 대체 왜 작가의 실제 주소지가 잡지에 공개되곤 했던 것일까?

한 시기의 풍경, 개인정보 공개

2010년대 초반이면 출판만화 잡지가 거의 끝나가던 시기여서 오히려 너무 늦게까지 이어진 전통(?)이라고 할 수도 있겠지만, 1990년대까지는 이와 같은 정보 공개가 너무나 당연하다는 듯 이어졌다. 그 이유에 대해 알 수 있게 해 주는 대목을 그 시기의 대표적인 만화 잡지《르네상스》(도서출판 서화)에서 찾아볼 수 있다. 1988년 창간해 한국 순정만화의 응축된 자생적 에너지를 보여 준 바 있는《르네상스》는 1989년

특별부록으로 순정만화가 주소록을 제공한다고 적힌《르네상스》1989년 7월호 표지.

7월호 별책부록으로 만화가 주소록을 제공했다.

《르네상스》 1990년 10월호(통권 24호) 340쪽에는 애독자 엽서로 받은 독자 의견과 그에 대한 편집부의 답변이 실리는 'R·S살롱' 코너가 있었는데 원수연, 황미나, 신일숙, 김진, 이은혜, 이정애 등 작가 여섯 명의 주소를 알려 달라는 독자의 질문에 편집부가 직접 주소를 공개하는 장면이 나오기도 한다. 당시 《르네상스》 편집부는 주소록 배포 이후 변경된 경우를 모아 빠른 시일 내에 주소록을 보완, 게재하겠다고 밝히기까지 했다. 그 이후 《르네상스》의 별책부록으로 주소록이 다시 제공되는 일은 없었지만, 주소록 배포는 물론 주소 공개 요청에 답을 꺼리는 모습은 보이지 않는다.

> 질문 1: 미국에 사는 르네상스의 열렬한 팬입니다. 작가 원수연, 황미나, 신일숙, 김진, 이은혜 씨의 주소를 알고 싶습니다. 작품을 관심있게 보고 있어 연락을 드리고 싶거든요.   – 미국에서 황○목
> 질문 2: 이번 르네상스에서 '루이스씨에게 봄이…'을 특히 재미있게 보았습니다. 이정애 씨의 주소를 알려주실 수 없을까요?
> – 서울 신림본동 이○남
>
> *원문에선 질문자 이름이 그대로 노출됨

이와 같은 모습의 원인으로 '만화 잡지'라는 출판 매체에서 독자들의 반응을 확인할 수 있는 몇 안 되는 방식이 우편으로 전달되는 애독자 엽서와 팬레터였다는 점을 꼽을 수 있다. 일본의 출판만화 잡지들

은 오랜 시간 애독자 엽서의 설문 결과가 작품의 순위를 매기는 데 매우 중요한 척도 역할을 해 왔고, 한국의 만화 잡지들 또한 그 영향을 받은 부분이 있었다. 애독자 엽서는 설문만이 아니라 작가와 편집부에 의견을 전달하는 창구이기도 했기에, 당시로서는 이를 얼마나 받느냐가 관건이었다.

그런데 좀 더 길고 진중한 의견이나 선물, 그림 따위를 전달하고 싶어 하는 독자들은 작가에게 직접 전달할 방법을 원했다. 이런 경우 직접 주소를 노출하기보다 잡지 편집부가 대신 받아 모아서 전달했고,

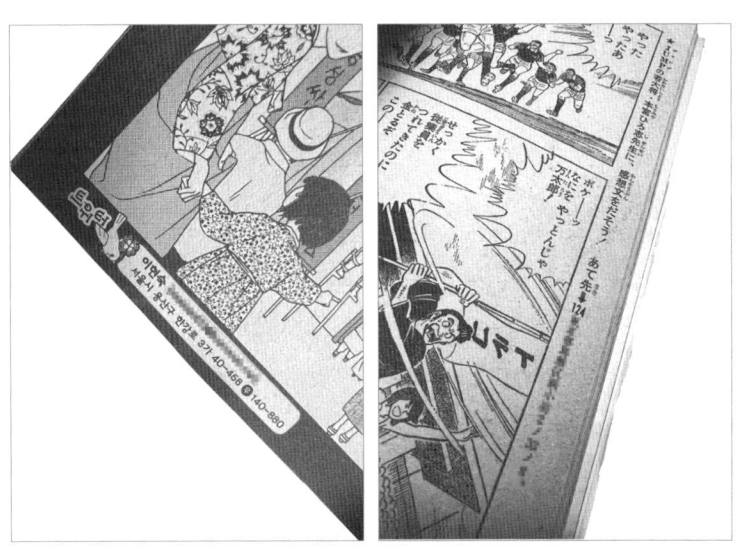

만화 잡지에 연재되던 작품에는 작가에게 팬레터를 전달할 수 있는 주소가 함께 적히곤 했다. 편집부 주소가 적혀 있는 《이슈》 2012년 11월호 〈아무도 모른다〉(이현숙) 챕터13의 사례와 작가 주소를 공개한 일본 슈에이샤 《소년점프》 1979년 29호(7월 16일호) 〈상쾌한 만타로(さわやか万太郎)〉(모토미야 히로시(本宮ひろ志))의 사례.

이 과정에서 이상한 내용이 담긴 경우 걸러지기도 했으나, 직접 독자들의 의견을 받기 위해 작가의 주소를 공개하는 경우도 있었다. 작가의 주소만 공개 대상이 된 건 아니었다. 애독자 선물 당첨자나 그림자랑 코너, 펜팔 코너 등에 보낸 이의 실명과 주소가 동 단위까지 고스란히 공개되기도 했다.

신변 노출을 막기 위해 아이디 일부와 전화번호 뒷번호 정도를 노출하는 게 고작인 2020년대와는 사뭇 다른 풍경인데, 개인정보 노출에 대한 생각이 지금과는 사뭇 달랐음을 알 수 있다. 1984년 개봉한 영화 〈터미네이터〉에서 아널드 슈워제네거Arnold Schwarzenegger가 연기한 T-800이 사라 코너(린다 해밀턴Linda Hamilton)라는 인물을 찾기 위해 동원한 방법이란 게 공중전화 부스에서 전화번호부를 뒤지는 것

아널드 슈워제네거가 주연한 〈터미네이터〉에서 T-800은 제거 대상인 사라 코너를 찾기 위해 전화번호부를 뒤진다.

이었다. 우리네도 1990년대까지 행정구역마다 동네 사람들의 실명과 주소, 전화번호가 적힌 전화번호부를 사용했다. 서로의 신원 정보가 공공연하게 공유되던 시기의 감수성은 지금과는 완전히 다를 수밖에 없었던 것이다.

물론 당시라고 사생활 보호라는 개념이 아예 없었던 것은 아니다. 재밌게도 앞서 독자의 주소 공개 요구를 고스란히 들어준 《르네상스》 편집부는 같은 호수의 한 페이지 뒤인 341쪽에서 한마디 한다면서 다음과 같은 내용을 공지했다.

> 르네상스 사무실에는 하루 수십통의 문의전화가 쏟아집니다. "르네상스 언제 나와요?" "신인만화 공모 원고 크기는요?"… 등등. 가장 많은 질문은 작가들 주소와 전화번호를 묻는 것이랍니다. 자신이 좋아하는 작가와 직접 얘기를 나눠보고픈 욕심은 누구나 가질 수 있지요. 하지만 작품을 해야 하는 작가 입장에서는, 관심의 전화가 무척 피곤하고 귀찮은 것이 될지도 모릅니다. 그래서 작가의 사생활 보호를 위해 전화번호는 가르쳐드릴 수 없으니 양해해주세요. 대신 격려의 '편지'는 환영합니다. 독자 여러분, 떼 쓰는 것은 어려서 졸업하셨겠죠?

이를 보면 편집부가 우편을 통한 서신과 달리 직접 통화하는 전화번호는 노출할 수 없다고 생각했음을 알 수 있다. 그렇지만 이런 내용도 정확히는 작가의 작업 시간을 빼앗지 말라는 뉘앙스에 가까웠다.

웹툰, 주소 공개 없을 뿐 댓글은 무서워

웹툰으로 한국 만화의 헤게모니가 완전히 넘어가던 시기에 독자들의 반응은 그야말로 실시간 중계에 가까운 형태로 변모했다. 우표를 사서 붙인 후 엽서를 우체통에 넣는 수고를 할 필요가 없게 된 시점에 독자들의 반응은 즉각적, 즉물적 방식이 되었고 작가 또한 이에 곧바로 대응해야 한다고 여기는 경우가 늘어났다. 하지만 웹툰 댓글은 작가들에게 소통이라는 이름의 감옥이 되었고, 반응하지 않거나 원하는 방향으로 작품이 전개되지 않을 때엔 댓글란이 지옥처럼 끓어오르는 일이 비일비재했다.

반응이 쉬워진 것 자체가 잘못된 것은 아니겠으나 연재처가 적절히 제어하거나 악성 댓글을 차단하기 위한 방안을 강구하기보다는 기계적인 조치(봇)로 차단하는 데 그친 것은, 호의든 악의든 반응이 많이 달리는 것이 광고 수주를 위한 전송량을 늘리는 데 도움이 된다는 발상의 발로였다. 이제는 주소를 직접 노출하면 스토킹 같은 엄청난 재앙이 뒤따르기 때문에 해선 안 되는 일이 되었지만, 웹툰 댓글은 작가를 괴롭히기에 최적화한 방식이 되어 있다. 주소 공개에 대한 인식과 개인정보 노출과 관련된 감수성 차이로 놀라움을 느꼈다면, 웹툰 댓글에 대한 문제의식을 품어 봄직하다.

특정 잡지만이 아니라 만화가 및 만화 업계인의 명단을 전방위로 정리하려는 시도는 이후에도 이어졌다. 먼저 2002년 2월 만화평론가 손상익이 자신이 원장으로 있는 만화문화연구원과 함께 낸 《한국만화인명사전》이 있다. 시공사에서 나온 《한국만화인명사전》은 만화가, 만화평론가, 만화 관련 학과 교수 등 국내에서 과거부터 현재까지 활동하고 있는 인사 약 1000명의 정보와 데뷔 동기 같은 간단한 정보와 소개 등을 담은 책이다. 2002년 4월 9일 《조선일보》가 게재한 〈[사람들] 손상익 연구원장 '한국만화인명사전' 펴내〉라는 인터뷰 기사를 보면 작가들에게 직접 연락을 취하거나 직접 찾아가 얻은 자료를 토대로 했음을 알 수 있다.

　재단법인 부천만화정보센터(현 한국만화영상진흥원)이 2007년 간행한 《2008 만화수첩》 또한 만화가 및 업계인, 만화 서점, 관련 학과 등에 대한 정보를 빼곡히 정리한 책자다. 업계인이나 학교 등은 주소와 전화번호까지 공개된 데 비해 작가들은 이메일 정도만 수록된 경우가 많았다. 《한국만화인명사전》과 달리 《2008 만화수첩》의 경우는 〈우주인〉을 그린 만화가 이향우의 고양이 캐릭터가 표지를 장식하고 있으며, 업계인 정보만이 아니라 '만화와 취향문화를 위한 바른 표기 예시', '주요 출력소 목록', '주요 만화 사이트', '지류 가격표', '관련 법규 및 서식', '만화 동인지 및 소책자 인쇄소' 등 만화 문화 및 제작과 관련한 정보까지 담았다. 책 제작은 당시 순정만화 잡지 《허브》를 출간하던 박관형이 맡았다.

　《한국만화인명사전》과 《2008 만화수첩》은 한국에서 웹툰이 본격화하기 직전과 직후 즈음의 정보를 담고 있어, 다분히 출판만화 시기까지의 인사들이나 출판물에 바탕을 둔 만화 문화 향유에 방점을 찍고 있다. 이후의 만화 환경은 크게 달라졌고, 전방위 검색이 가능해지면서 개인정보에 대해 민감도가 높아져 인명사전 유의 시도가 이뤄지기 쉽지 않은 면이 있다. 하지만 반대로 검색으로 찾을 수 있는 정보가 많지 않았던 시기에 중요한 시도로 기록될 만하다 하겠다.

《한국만화인명사전》(시공사, 2002), 《2008만화수첩》(부천만화정보센터, 2007).

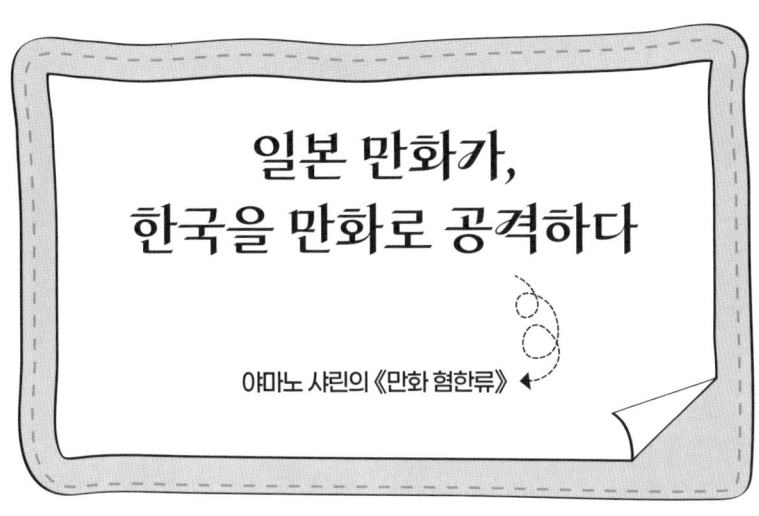

《만화 혐한류》 출간

2005년 7월 26일 일본에서 《만화 혐한류マンガ嫌韓流》라는 괴서가 출간되었다. 야마노 샤린山野車輪이라는 인물이 그린 이 만화는 제목 그대로 한국을 혐오한다는 '혐한' 논란을 전면에 내세운 만화다.

야마노 샤린은 인터넷 커뮤니티 2ch에서 활동하며 '재일특권을 허락하지 않는 시민의 모임(재특회)' 같은 우파 활동을 하고 있는 인물이다. 우리로 비유하자면 디씨인사이드나 일간베스트(일베), FM코리아, 보배드림 따위에서 "여성/외국인 노동자/성소수자/장애인들의 특권

야마노 샤린의 《혐한류》 표지들. 1권은 발매 7일 만에 20만 부를 넘게 팔았다. 잘생긴 일본인과 '유난히 찢어진 눈'으로 형상화된 한국인이라는 단세포적인 대비가 보인다.

을 인정하지 말아야 한다."라고 외치고 있는 인셀 부류와 비슷한 셈이다. 야마노 샤린은 명색이 비판서를 내는 입장이면서 정체를 일절 밝히지 않고 필명만을 공개했다는 점에서 비겁한 키보드 워리어에 지나지 않는다. 그렇지만 주목할 수밖에 없는 까닭은 이 책이 놀라울 만큼 많이 팔렸기 때문이다.

《만화 혐한류》는 2003년 〈겨울연가〉의 일본 방영을 전후하여 당시 일본에 거세게 침투하고 있던 한류에 대한 극렬한 반발 심리에 기대 발매 한 달여 만인 2005년 9월, 출간사인 신유샤晋遊舍 홈페이지 발표 기준 30만 부, 이듬해인 2006년 2월 2권 띠지 발표 기준 45만 부라는 놀라운 판매고를 기록했다. 이 수준으로도 돈이 된다는 것을 확인한 야마노 샤린과 신유샤는 2008년 중국 혐오 정서를 노린《만화 혐중국류》를 출간했고, 시리즈 발매 10년 만인 2015년 3월 19일에는《만화 혐한류》시리즈의 신작으로《만화 대혐한류》를 출간하며 시리즈 누계 100만 부 판매를 돌파했다는 소식을 띠지에 전했다. 일본이 한국보다 인구와 출판만화 시장 규모 면에서 압도적으로 크다는 점을 고려한다 해도 100만 부 판매는 쉬운 일이 아니다. 이 수치는 그만큼 한국을 향한 혐오 정서에 심정적으로 동의하는 이들이 일본 내에 조용히 상존하고 있음을 보여 준다.

혐한 정서의 진짜 이유

냉정히 말해 혐오 정서의 원인을 혐오 대상에게서 찾는 건 무의미하다.《만화 혐한류》만이 아니라 동서고금을 막론하고 언제나 혐오는 겁먹은 개가 짖는 데서 시작된다. 근대 이전의 혐오가 문자 그대로 상상을 덧댄 악마화 과정을 통해 겁을 반대 형태로 표출할 것이라면, 현대에 이르러 혐오는 성립하지 않거나 무너져 가는 우위를 어떻게든 확인하고 싶어 하는 몸부림의 발로다.

《만화 혐한류》가 등장한 시점은 2000년대 초반 이후 보아와 동방신기의 일본 흥행(각기 2001년과 2005년), 〈겨울연가〉와 〈대장금〉의 NHK 방영(각기 NHK BS2에 2003년, NHK 종합에 2005년), 영화 〈내 머리 속의 지우개〉가 30억 엔 흥행을 구가(2005년)하는 등 한국 대중문

〈겨울연가〉는 일본에서 한류 붐을 이끌었다. 사진은 2008년 4월 21일 촬영한 일본 오사카 풍경. 파친코 업체 쿄라쿠산교(京樂産業)와의 컬래버레이션으로 등장한 〈겨울연가〉 파친코는 2006년 3월 등장해 발매 4개월 만에 업소 도입률 1위를 달성했다.

화가 일본에서 화제가 되던 '한류 열풍' 초반의 상황에 대한 반발심이 작용한 때와 맞물려 있다. 한류 열풍은 드라마와 영화, K-POP 등 대중문화 영역만이 아니라 화장과 미용을 비롯한 한국식 '스타일'에 대한 전반적인 호감도 상승으로 연결되고 있는 상황이었다.

《만화 혐한류》는 이러한 상황에 대한 일본인들의 불편한 심정을 고스란히 반영한다. 당시 한 일본 예능 프로그램에서는 〈겨울연가〉의 주연인 배용준을 어느 출연진이 일본 내 애칭인 '욘사마(용 님)'라 부르자 배알이 꼴린 듯 "뭔 사마(님)냐, 배 상(배 씨)~"이라 부르는 모습이 보이기도 했다. 이런 사례를 얼핏 보면 한국 대중문화의 일본 내 유행에 대한 짜증이 으레 혐한으로 연결되는 것 같아 보이지만 실제 상황은 그에 국한하지 않는다.

2012년 《나가사키 현립 대학 국제 정보 학부 연구 기요長崎県立大学 国際情報学部紀要》 제13호에 실린 서현섭의 논문 〈한국에서의 일본문화 유입 제한과 개방韓国における日本文化の流入制限と開放〉에서는 《만화 혐한류》 및 이에 편승한 한국 혐오 도서들이 팔리는 현상과 관련해 흥미로운 지점을 소개한다. 논문에 따르면 일본 일부에서는 이를 "일본인의 한국인화"라고 분석하고 있다. 이는 일본인들 입장에서 한국인이란 자신들과는 달리 무엇에 대해서든 정치적이고 집단적인 항의를 잘 하는 사람들인데, 정작 한국과 한류 그리고 한국과 얽힌 역사에 관해서는 적극적인 반대 움직임을 보이고 있음을 반어적으로 나타낸 것이다.

대체 왜 이것에만큼은 가만히 있지를 못하는 걸까? 논문은 이 지점에서 2005년 11월 19일 《뉴욕타임즈》의 〈아시아 라이벌들의 추악한 이미지가 일본에서 베스트셀러가 되다Ugly Images of Asian Rivals Become Best Sellers in Japan〉라는 기사 한 부분을 인용하는데 내용은 다음과 같다. "혐한류Hating the Korean Wave라는 것은 한국이 라이벌로서 대두해 온 현실에 일본이 충격을 받고, 또한 TV드라마나 영화, 음악 등 한류가 일본과 아시아 각국을 석권해 지금까지 수출되고 있던 일본의 팝 문화가 한류로 대체된 것에 의한 것이라고 분석하고 있다."

논문에는 드러나 있지 않지만 《뉴욕타임즈》의 해당 기사는 한국이 라이벌로 부상한 현실에 충격받은 사례 중 중요한 것으로 2002년 한일 월드컵을 꼽고 있다. 기사에서 《만화 혐한류》 출간사인 신유샤의 편집자 단게 아키히데丹下晃秀는 "월드컵 이후 혐한 감정이 폭발적으로 확산됐다."라고 명확하게 밝히고 있다.

　말하자면 기어이 공동 개최국 지위를 따낸 한국이 월드컵 16강에서 떨어진 자신들에 비해 4강까지 오른 데에도 큰 충격을 받았다는 것이다. 일군의 일본인에게 한국은 제국주의 국가로서 식민 지배를 했던 나라이며, 그 이전의 역사와는 별개로 근대화 이후에는 당연히 자기네가 앞서 있다 여기고 있고 일본이 강하기 때문에 한국은 엎드려 있어야 하는 나라일 뿐이다. 그런데 그런 나라에 추월당한 것이다. 상상하기 싫은 일이 눈앞에 펼쳐진 셈이다.

하등 쓸모없는 패배자들을 넘어

라이벌은 말 그대로 '맞수', '경쟁자'다. 한때 경제 강국이었던 나라가 '잃어버린 30년'이라는 무저갱 같은 침체와 정체에 빠진 지금, 일본 입장에서 한국이 맞수라고 까부는 것만큼은 참을 수밖에 없다. 그러나 문재인 정권기 반도체 소재를 두고 일본이 정부 차원에서 우리가 안 주면 어쩔 거냐는 식으로 한 반응, 일본군 '위안부'를 형상화한 평화의 소녀상이 전시된 2019년 아이치 트리엔날레의 〈표현의 부자유전 : 그 후〉를 온갖 이유를 들어 파탄 내는 모습은 일본인들 기준에서 감히 반항하는 아우를 향한 손보기 욕구인 셈이다.

　《만화 혐한류》는 2005~2015년이라는 시점에서 지금 막지 않으면 영원히 밀린다는 경기 어린 비명에 지나지 않는다. 다만 누계 판매 100만 부라는 무시할 수 없는 수치와 편승작의 유행이 이 비명을 함

2019년 일본 나고야에서 열린 아이치 트리엔날레의 기획전이었던 〈표현의 부자유전 : 그 후〉의 제호. 2015년 도쿄에서 열린 〈표현의 부자유전 – 지워진 것들〉의 후속 전시 성격이었던 이 전시는 평화의 소녀상을 둘러싼 정치인들의 외압과 우익의 공격 등으로 중단되었다가 막판 엿새 정도 재개되었다. 표현의 자유가 막혀 있는 일본 사회의 우경화 현실을 여실히 보여준 사례였다.

2021년 7월 열린 〈표현의 부자유전: 그 후〉 나고야 전시 풍경. 이 전시 또한 그 앞 달의 도쿄 전시에 이어 폭죽으로 추정되는 물체가 배달되는 등의 문제로 중단된 바 있다. (제공: 전태호)

께 지르고 있는 일본인들의 기저 의식을 보여줄 뿐이다. 일본인들이 《만화 혐한류》 표현에 완전히 공감하고 있는지는, 그래서 생각보다는 중요하지 않다. 조선을 병탄한 행위가 합법이고, 일제강점기에는 조선인과 일본인이 평화롭게 공존했다느니, 한국인이 한자를 배우지 않아 사료를 못 읽어서 양국 간의 역사를 제대로 인식하지 못하는 것이라느니, 독도가 한국에 부당하게 점유되고 있다느니 하는 이야기들은 일본 우파, 특히 새역모(새 역사교과서를 만드는 모임) 쪽이 늘 하는 이야기고, 재일 한국인들이 부당 대우를 받지 않고 있으며 그들의 참정권을 빼앗아야 한다는 이야기도 재특회의 주장을 반복하고 있는 것이다. 물론 100만 부는 크다. 이 수치에 빗대어 일본인을 싸잡아 욕하고 분노하면 속은 시원할 수 있다.

그러나 우파의 준동은—우리나라와 미국을 포함해 세계 어느 나라든—내가 힘든데 힘든 상황의 책임을 누군가에게 떠넘기고 싶은 사람이 많을 때 일어난다는 점을 상기하자. 그런 점에서 보자면 《만화 혐한류》는 힘들어서 짜증 나는데 미워하고 싶은 대상을 하나 정하고 싶다는 마음 그 이상도 이하도 아닐 것이다. 진지하게 2002년 FIFA 월드컵에서 한국의 4강 진출이 심판 오심 때문이라 외치는 떼쓰기를 비판이라고 들이대는 책에 진지하게 답하는 건 사회 비용만 늘리는 일이 아닐 수 없다. 100만은 크지만, 그 수치는 일본인들이 그만큼 저만 힘들다고 생각한다는 이야기다.

한국은 윤석열 정부기에 정치가 굴종적으로 후퇴하였으나 대중문화 면에서는 일본 대중문화에 비교적 너그러워지고 있다. 그건 일본 대중문화가 우월해서거나 친일파가 늘어났기 때문이 아니다. 과거와 달리 이제는 단순하게 잡아먹힐 일이 없거니와 K-POP과 영화 등 일본 쪽에 비해 한국 대중문화가 세계적 우위를 점하고 있음을 계속해서 확인하고 있기 때문이다. 바꿔 이야기하면, 한국 안의 일본 문화는 한 시기의 '비참한 경외'와는 다른 궤에 놓여 있지만, 일본 안의 한국 문화는 일본인들이 한국에 지닌 심적 우월성을 놓지 못할수록 차이가 더 커 보일 수밖에 없는 현실이 된다. 당연히 일본이 나은 부분도 있고 한국이 나은 부분도 있지만, 《만화 혐한류》따위가 100만 부나 팔리는 상황에서는 일본이 스스로 처한 상황을 평화롭게 납득할 방법이 없다. 이건 일본과 한국 양쪽의 현재와 미래에 불행한 일일 수밖에 없다.

결국 일본의 우파는 한류와 월드컵으로 촉발된 '건방진 아래 것(한국)'에 대한 불편함을 《만화 혐한류》같은 결과물로 승화시키고 있고, 남을 침략해 본 과거에 얽매인 이들답게 문화 침략 같은 표현을 책에 써 가면서 공포심과 분노를 자극하고 있다. 잘생긴 모습으로 그린 일본인과 서구권 관점에서 아시아인이라 여길 법한 형태로 그려 놓은 한국인의 대비는 탈아입구脫亞入歐 같은 말까지 갈 것 없이 참으로 구차하다. 혐오 정서는 지극히 정치적인 선택인데, 그러한 선택이 어떤 결과를 낳았는지는 역사가 증명하고 있고, 그 결과에서 세계사적인 악당 쪽에 서 있는 나라가 일본이다. 한국이 과거에 얽매여 있다며 사과할 필요 없다는 소리를 만화로 그린다고 한들, 정작 그 어떤 나라보다 과거에 얽매여 영광을 추구하고 있는 일본 우파의 입장이 설득력 있게 다가올 수 있을까?

야마노 샤린의 만화가 보여 주는 만화적인 하찮음이야말로 일본인들이 느끼는 불편함의 얄팍함을 고스란히 드러낸다. 이런 만화에나 마음을 줘야 할 정도로 일본인 중 상당수는 이미 패배한 것이다. 그것은 겁먹은 개의 길이요, 겁을 먹었기 때문에 짖는 소리가 커지는 것이다. 하지만 한국에는 이런 격언도 있다. 개가 짖어도 기차는 가야 한다.

한국은 《만화 혐한류》를 반면교사로 삼아야 한다. 우파로서의 해악은 위치만 다를 뿐 한국의 젊은이 사이에서도 고스란히 똬리를 틀고 혐오할 대상을 만드는 데 힘을 쏟고 있다. 일베, 디씨인사이드, 팸코, 루리웹, 보배드림 등의 커뮤니티에서 나오는 이야기는 《만화 혐한류》의 발언에서 대상과 비난의 방향을 조금 달리하고 있을 뿐이다. 여성과 장애인, 성소수자, 한국인 다수에 비해 피부색이 어두운 사람들, 그리고 어처구니없게도 '한국인' 자체에 대한 자해적 분노에 이르기까지 끊임없이 혐오를 확대 재생산하는 이들이 있다.

일본은 한국을 향해 참지 못하고 《만화 혐한류》와 비슷한 작품으로 장사를 했다. 신념이나 진심이 아닌 장사용으로 남의 두려움을 자극한 것이다. 한국이 일본보다 나으려면, 혐오는 절대 답이 아니라고 이야기할 수 있어야 한다. 역설적인 이야기지만 《만화 혐한류》에 대응하는 가장 좋은 방법은 우리 안의 혐오 정서를 배격하고 점검해 나가는 것이다. 그럼 일본은 어쩌냐고? 다시 말하지만 그들은 이미 패배했다.

《만화 혐한류》는 논쟁을 걸 내용이 되지 않는다. 의도가 장사에 있고 동기가 배알 꼴림에 있으므로 '논쟁을 걸기 위한 내용이 아니다.'라고도 할 수 있지만, 이를 차치하고서라도 너무 수준 이하다. 때문에 전면적인 대응을 하기에는 노력과 시간이 지나치게 아까운데, 2006년에 한국에서 만화로 《혐일류》라는 제목을 단 만화가 두 편 출간되었다. 한 편은 양병설이, 또 다른 한 편은 김성모가 펴냈다.

본래 《혐일류》 제작 계획을 밝혀 화제를 모은 건 《마계대전》, 《럭키짱》, 《대털》 등을 그려 온 김성모다. 그는 독특한 대사와 업계 세태 변화에 기민하게 대응해 온 사업 감각으로 만화 자체에 대한 품질 논란 속에서도 안티팬들까지 아우르는 컬트적 인기를 구가하며 '김화백'이라는 별칭까지 얻어 존재 자체가 밈의 위치에 오른 인물이다. 그런 김성모가 《만화 혐한류》가 나온 지 얼마 되지 않은 2005년 12월에 혐한류를 본격적으로 반박하는 《혐일류》를 만화로 그리겠다고 선언한 것이다.

당시 본인에 대한 시각과 우려를 익히 알고 있었던 김성모 작가는 "(기존 작품들과는 달리) 시간을 들여 철저히 준비하겠다."라고 밝혀 눈길을 끌었다. 그간 스튜디오식 분업 체계로 속도감 있는 제작을 장기로 하던 작가가 시간을 들이겠다고 선언했기 때문이다. 실제로 첫 발언이 나온 이래 수개월이 지나도록 견본 표지 한 장 말곤 전혀 공개되지 않아 어떤 내용을 담고 있을지, 또 '김성모식' 감각이 이런 유의 작품에 어떻게 녹아날지 묘한 기대감과 우려, 그리고 궁금증을 증폭시켰다.

그러던 중 2006년 2월 전조도 없이 양병설의 《혐일류》가 같은 제목을 달고 먼저 등장했다. 양병설의 《혐일류》가 큰 반응을 얻지 못하는 와중에도 김성모는 본래의 기획 의도를 곱씹는 정도 외에 별다른 반응을 보이지 않았다. 김성모판 《혐일류》가 나온 건 첫 발언이 나온 지 8개월 만인 2006년 8월 28일이다. "아시아의 몽상가 일본에게 고함 – 김성모 시사만화"라는 문구를 붙인 《혐일류》는 김성모 작품으로는 처음으로 시사만화, 교양·실용만화라는 장르에 속했다.

《만화 혐한류》를 두고 만화계 종사자로서 가만히 당하고만 있을 수는 없다고 생각했다던 김성모답게 "만화대국 일본에 호통치는 한국만화가의 통렬한 일침"이라는 부제도 붙어 있다. 내용상으로는 일부 오류가 지적되지만, 만화를 엔터테인먼트적인 관점에서 소화해 온 김성모가 역사에 대해 비교적 진중하게 생각해 왔다는 생각이 들 정도로 어조나 논리를 잘 정리하려 노력한 정황이 엿보인다. 《만화 혐한류》가 너무 엉망진창이기 때문에 더 두드러지는 부분이기도 하지만, 어쨌든 이 '시사만화'는 김성모의 경력 가운데 가장 튀는 만화로 남을 것 같다. 다만 국내에서는 거의 안 팔렸는데, 《일간스포츠》 장상용 기자가 2010년 3월 4일 보도한 〈김성모 '혐일류', 한국 380부 vs 일본 2만

김성모의 《혐일류》.

부 대조〉라는 기사에 따르면 제목 그대로 한국에선 380부, 일본에서 2만 부가 팔렸다고 한다. 내가 바로 그 380명 중 한 명이다. 일본에서 《혐일류》를 낸 출판사는 재밌게도 《만화 혐한류》를 낸 신유샤였다. 기사에 따르면 추가 인세와 함께 《혐일류》 2권 출간을 제의했다고 하니 정말 이 화두를 장사로 접근하고 있다고 할 만하다. 다만 김성모는 국내 판매고에 실망해 2권 이후의 계획을 접었다. 작가는 실망할 만했겠지만, 《만화 혐한류》에 대한 답변 성격인 책이다 보니 《만화 혐한류》의 문제 제기가 너무 수준 이하였던 것이 문제의 원인이지 않았을까 하는 생각도 든다.

책이 너무 안 팔렸고, 시간이 오래 지나 절판된 이 작품을 다시 구하긴 어렵겠지만, 작품 자체에 대한 내용 소개와 평가는 이현세, 이두호라는 만화계 대선배가 적은 추천사의 일부로 충분히 갈음할 수 있을 것 같다.

"(전략) 김성모의 《혐일류》는 이런 전쟁과 침략의 책임자인 일본의 위정자들에게 그 책임을 묻는 작품이다. 작가 김성모는 한일 간의 진정한 우호를 위해서 일본의 위정자들에게 진심을 담아 과거에 대해 사죄하라고 얘기한다. 그리고 일본 위정자들의 정치적 논리를 그대로 대변하는 《혐한류》의 작가에게 당신의 주장은 엉터리라고 얘기한다. 어찌되었건 《혐한류》나 《혐일류》 같은 만화가 한국과 일본에서 발행되는 것은 우리 모두에게 불행한 일이다. 김성모 작가의 《혐일류》는 감성적인 것이 아니다. 일본의 유치한 정치적 연극에 대한 우리 한국인의 혐오감을 표출한 것이다. 지금까지 갈등 속에 진행되었고 앞으로 진행될 수밖에 없는 한국과 일본의 관계를 김성모의 《혐일류》를 통해 다시금 재조명해 보고, 이를 바탕으로 한국과 일본이 진정한 이웃으로 거듭날 수 있게 되기를 진심으로 바라는 바이다." (이현세)

"한일 양국 간의 대립이 첨예화되고 있는 지금, 김성모 작가가 이런 작품을 발표한다는 것에 처음에는 우려를 감출 수 없었다. 그러나 작품을 열어보니 그것은 나의 기우였다. 점점 우익적 사상으로 기울어지고 있는 일본을 바라보는 한국인으로서 입장을 논리적인 근거를 제시하며 잘 풀어놓았다. 그리고 또 자칫 어렵게 느낄 수 있는 시사적인 문제를 일반 독자들이 이해하기 쉬운 시사만화로 멋지게 그려낸 김성모 작가의 노고에 박수를 보낸다."

(이두호)

자투리 2

일본 오타쿠 정보 사이트 《아키바블로그》의 2007년 3월 16일 자 기사 〈김성모판 만화 혐일류 '키치가이가 휘갈기고 있다'〉는 일본에서 발매된 김성모의 《혐일류》를 소개한다. 기사에 따르면 이 책에 대해 아키하바라의 한 매장 담당자가 "머리가 이상한 키치가이가 휘갈기고 있어요. 엄청난 기세로 위험해요. 읽으면 기분 더러워집니다. 근처에 이런 나라가 있다고 생각하면 화가 치밀어 오릅니다." 같은 소리를 했다고 하는데, 이 소식을 접한 한국의 한 블로거는 일본의 《혐한류》를 본 우리 기분을 이해하겠냐는 뼈 있는 농담을 던지기도 했다.

한편 기사는 일본판 《혐일류》를 출판한 신유샤가 책 말미에 적은 문구도 소

김성모의 《혐일류》 일본판을 소개한 아키바블로그 2007년 3월 16일 자 기사.

개했다. "이 책에서 소개하고 있는 '역사적 사실'은 명백한 잘못이나 착각 등이 여기저기 보입니다. 사건이나 그에 관한 해석도 일본인의 감각으로는 받아들이기 어려운 것뿐이라 해도 과언이 아닙니다", "이 책이 독자 여러분의 한국과 일본 관계에 관한 이해를 좀 더 깊게 해 주는 계기로, 또 양국 우호에 도움이 되면 다행이겠습니다." 어떤 의미로는, 정말 대단한 장사 감각이라 하겠다.

만화 보고 자살했으니 만화를 금지하자?

정병섭 자살 사건과 만화 화형식, 그리고 전체주의 사회의 망령

한 러시아 소녀의 자살 사건이 일으킨 파장

2013년 2월 20일 러시아 중부 우랄 지역 예카테린부르크라는 곳에서 열다섯 살 소녀가 13층에 있는 자기 집 창문 바깥으로 뛰어내려 자살하는 사건이 발생했다. 방에서 발견된 유서에 "더 이상은 살 수 없다."라고 적혀 있었다. 여기까지만 보면 신병을 비관한 한 소녀의 비극적인 사건이다. 문제는 소녀의 방에 일본 만화 《데스노트》 네 권이 남아 있었다는 점이다.

《데스노트》는 오바 쓰구미大場つぐみ가 스토리를, 오바타 다케시小畑健

《데스노트》 1권 표지.

가 작화를 맡은 만화다. 이름을 적으면 사람이 죽는 공책을 소재로 한 만화인데, 단행본과 애니메이션으로 제작되어 폭넓은 팬층을 확보하고 있다. 제목 그대로 '죽음Death'이 등장하기는 하지만, 사신의 공책을 손에 쥐고 사람들을 죽여 나가는 라이토, 즉 '키라'와 그 키라의 정체를 추적하는 'L'이라는 인물의 두뇌 게임 양상으로 전개되는 측면이 강하다. 그런데 러시아 사람들은 그렇게 생각하지 않았던 모양이다. 현지 경찰 당국이 소녀의 정신 상태에 《데스노트》가 준 영향을 수사한 데 이어, 같은 해 4월 25일에는 '우랄 보호자 위원회'라는 이름의 부모 시민단체가 〈데스노트〉의 만화 단행본이나 만화 원작 영상물의 발매 금지를 요구하는 서한을 푸틴 대통령에게 전달했다.

2013년 4월 26일 《스포니치 아넥스Sponichi Annex》가 보도한 〈만화

'데스노트' 발매금지를 러시아 시민 단체가 대통령에 직소漫画「デスノート」発禁を ロ市民団体が大統領に直訴〉라는 기사에 따르면 우랄 보호자 위원회의 서한 내용은 "《데스노트》가 러시아 국내에서 자유롭게 판매되고 있다.", "미성년 정신 상태에 대한 유해한 영향이 인정된 경우에는 판매나 광고를 금지하도록 요구하고 있다."라고 한다. 작품의 팬층은 "《데스노트》는 일반적인 추리 만화다."라면서 판매 금지 움직임에 반대하는 서명을 받아 당시 8700명가량을 넘겼다고 하는데, 그와 같은 반발이 큰 의미는 없었던 모양이다. 2021년 3월 1일《도쿄신문東京新聞》이 보도한〈표현이 과격? '데스노트', '이누야샤' 러시아에서 일본 애니메이션 속속 금지表現が過激?「デスノート」「いぬやしき」…ロシアで日本アニメが続々禁止に〉라는 기사에 따르면 러시아·상트페테르부르크 재판소는 "표현이 과격", "어린이의 건전 육성을 방해한다."라는 이유를 들어 2021년 1월〈데스노트〉,〈이누야샤〉,〈도쿄 구울〉같은 애니메이션 12편의 전송을 금지했다.

테크놀로지 뉴스를 다루는《engadget》의 크리스 홀트Kris Holt가 쓴 2021년 1월 21일 자〈러시아, '데스노트' 및 기타 '폭력적인' 애니메이션 금지Russia bans 'Death Note' and other 'violent' anime〉라는 기사에서는 상트페테르부르크 대학원 교육학 아카데미의 올레그 에를리크Oleg Erlikh란 사람이 이와 같은 금지에 힘을 싣는 발언을 소개했는데 그 내용은 다음과 같다. "〈데스노트〉는 현대 어린이들에게 위험할 수 있다.", "〈데스노트〉라는 작품명 자체가 자살 욕구가 있는 어린이에게 간접적으로나마 동기 부여를 할 수 있다."

〈데스노트〉와 얽힌 사건·사고는 러시아 예카테린부르크의 소녀가 죽기 6년 전인 2007년 9월 28일 벨기에에서도 일어났다. 벨기에 수도 브뤼셀 남부의 두덴 공원에서 토막 난 백인 남성의 하복부와 허벅지가 발견됐는데, 발견된 사체 근처에 "Watashi wa Kira dess"라고 적힌 쪽지가 남겨져 있었다고 한다. 〈데스노트〉 대사 중 하나인 "나는 키라입니다."를 알파벳으로 적은 이 문구로 말미암아 해당 사건은 〈데스노트〉 모방 사건 또는 '만화 살인(manga murder, 네덜란드어 Mangamoord)'으로 알려졌다. 벨기에 당국은 3년 뒤인 2010년 9월에야 22~24세 남성 네 명을 체포할 수 있었다. 2010년 10월 27일 《AFP BB》가 보도한 〈'데스노트' 살인 사건 신원 파악 진전 벨기에『DEATH NOTE』殺人事件、被害者の身元特定で進展 ベルギー〉라는 기사에 따르면 벨기에에서 체포된 네 명 모두 전과는 없지만 만화 팬이었다고 하며, 2013년 6월 14일 《드모르겐DeMorgen》은 이들에게 브뤼셀 법원이 20~23년의 유죄를 선고했다고 보도했다.

2013년 3월 26일 《JCAST》가 보도한 〈데스노트의 영향으로 소녀가 자살? 러시아 판매금지 움직임「デスノート」の影響で少女が自殺!? ロシアで販売禁止求める動き〉이라는 기사에 따르면 중국에서는 〈데스노트〉가 정식 발매는 되지 않았으나 해적판이 퍼지면서 '악영향을 우려'한다는 이유로 당국이 단속을 벌이기도 했고, 2013년 3월에는 미국에서 중학생이 직접 만든 '데스노트'에 동급생이나 교원의 이름을 썼다는 이유로 정학 처분을 받는 일이 벌어지기도 했다.

말만 들으면 〈데스노트〉가, 그리고 일본 만화가 매우 큰 문제인 것만 같다. 그래서 러시아와 중국은 실제로 전송/출판 금지에 해당하는 조처를 했다. 그런데 이 상황이 왠지 낯설지 않다. 멀리 갈 것 없다. 우리나라에서 러시아와 똑같은 일을 수십 년 전에 겪은 바 있기 때문이다. 이름하여 정병섭 군 자살 사건이다.

정병섭 군 자살 사건

사건의 개요는 다음과 같다. 1972년 1월 31일 17시 15분경 서울시 성동구 하왕십리동에 사는 정병섭 군(당시 12살)이 목을 매 자살했다. 연유인즉 정병섭은 평소 만화를 좋아하고 만화 주인공을 따라하곤 했는데, 이날 《철인 삼국지》라는 만화에서 장비가 죽었다가 다시 살아난다는 내용을 보고는 "만화는 사람이 죽었는데도 살아난다. 나도 한번 죽었다 살아날 수 있는지 시험해 보고 싶다."라고 말한 후 목을 맸다.

당연하지만 소년은 다시 살아나지 못했다. 당시 이 사건을 다룬 언론 기사들의 제목 문구는 "동심 좀먹는 만화 공해"(《경향신문》, 1972.02.02), "불량만화 2만 권 압수"(1972.02.03.) "동심 잡는 활극 만화"(《매일경제신문》, 1972.02.05.) "죽음으로 이끈 만화 흉내"(《조선일보》, 1972.02.02.) 식인데 불량, 공해 따위 낱말이 계속해서 반복된다. 그중 대표적인 기사 한 편의 내용을 소개하면 다음과 같다.

걷잡을 수 없이 쏟아져 나오는 불량만화가 끝내는 꿈 많은 한 어린이의 목숨까지 앗아갔다. 개학을 하루 앞둔 지난달 31일 죽었다 살아나는 만화의 내용을 흉내 낸다고 목을 매달았다가 숨진 정병섭 군(12)은 학교와 집 주변에 있는 엄청난 만화에 파묻혀 커서 일류 축구 선수가 돼보겠다는 꿈도 피워 보지 못한 채 숨진 것이다.

"꼭 그 어린이가 만화흉내를 내다 죽었다고 누가 확증할수 있겠느냐" 아동만화가들은 항변하곤 있지만 "정 군의 죽음이 아니더라도 이제는 어린이들의 건전한 정서와 발육을 좀먹는 불량만화의 범람을 규제할 때가 됐다"고 뜻있는 사람들은 입을 모으고 있다.

숨진 정 군의 주변에는 너무도 만화의 유혹이 많았다. 학교(신설동 국민학교) 주위에만도 4개의 만화가게가 있고 집(서울 성동구 하십리동 343의 12) 가까이에는 10여 개의 만화점들이 자리 잡고 있다. 시설이라야 1, 2평의 좁은 판잣집에 형편없는 나무의자가 고작, 조명이 어둡고 연탄 냄새가 코를 찌르며 먼지투성이지만 호기심 많은 꼬마 손님들로 만원을 이룬다. 학교 주변 주택가 등 거칠 것 없이 파고든 이 같은 만화가게는 경찰이 파악한 것만도 서울 시내에만 1천 3백여 개소. 작년 한 해만도 서울 시내서 1만 7천여 종의 만화가 출간됐다는 놀라운 숫자이다. (후략)

– 〈동심 좀먹는 만화 공해: 한 어린이의 죽음을 계기로 살펴본 문제점〉, (홍성만, 《경향신문》, 1972.02.02.)

내용인즉 심의를 철저히 하고 만화의 수준을 높여야 하며 불량 범람을 규제해야 한다, 서울 시내에 만화 가게가 1300여 곳인데 무등록 출판이 이어지는 등 거의 무방비라는 식이다. 아이가 죽은 지 이틀여

만에 언론은 융단폭격처럼 문제의 원인을 만화로 몰아세우면서 작가들의 발언을 변명인 양 치부하고 있다. 조치도 빨랐다. 이 기사가 나온 1979년 2월 2일 서울시경이 서울 시내 만화 대본업소 1360개소에서 만화책 2만여 권을 수거해 불살랐고, 그 이튿날인 1979년 2월 3일 정병섭의 모교인 신설동 국민학교 학생들이 불량만화 안 보기 운동을 전개했다.

같은 날 한국부인회는 긴급 간부회의를 열어 전국적인 불량만화 추방 운동을 벌이는 한편 관계기관에 협조를 호소하는 건의문을 내기로 했다. (〈한국부인회 추방 캠페인 펴기로〉, 《동아일보》, 1979.02.03.) 만화 제작에 관련된 사람 69명이 고발을 당했고, 58개 출판사 중 절반이 등록 취소, 만화방 주인 70여 명이 즉결심판에 회부되었다.

그런데 본격적인 조사가 이루어지기에도 모자란 2~3일가량 사이에 경찰력이 동원되고, 학생의 모교에서 캠페인이 기획되었다. 한편 이 조치들이 시작되는 타이밍에 언론사들의 보도가 시작되었으며, 그 내용은 복사해 붙이기 수준으로 '만화는 불량하다'에 맞춰져 있었다. 정작 그 사이에서 정병섭이라는 학생의 개인사는 그다지 부각되지 않았는데, 아예 언급되지 않은 것은 아니다. 앞서 인용한 〈동심 좀먹는 만화 공해〉라는 기사에 따르면, 정병섭은 아버지가 사업에 실패하고 어려운 가정 환경 속에서 사건 이전에 두 차례 목을 매어 보다 어머니에게 들켰고 칼 대신 손으로 목을 자르는 흉내를 내곤 했다. 생활기록부에는 정병섭이 "솔직성이 부족하고 가끔 나이보다 어린 행동을 잘하며 눈치를 잘 본다."라고 기록돼 있다고 했다.

정병섭은 만화 이전에 가정 환경에서 심한 불안함을 느끼고 있던 아이였고, 이 아이가 목을 맨 건 만화를 보고서가 아니라 이미 여러 차례 해 봤던 짓이었으며, 만화와의 상관관계는 정병섭이 평소 만화를 즐겨 봤다는 사실뿐이었다. 그런데 사건이 일어나자마자 언론보다 관과 관변단체들이 먼저 나서서 조치를 취하기 시작하고 천편일률적인 논조의 보도가 뒤따르다시피 했다는 사실은 당시 정권이 이 사건을 '활용'하기 좋은 소재로 여겼음을 보여 준다.

속전속결 만화 때리기, 사건을 적극 활용한 박정희

〈데스노트〉를 비롯한 일본 만화가 연루된 해외의 사건을 유심히 보면, 큰 사건이 일어났을 때 곧바로 만화에 책임을 묻는 나라들과 그렇지 않은 나라들의 특징이 있다. 벨기에는 살해 후 시체를 토막 내고 다 처리하지 못하고 남은 부위를 공원에 버리는 잔혹한 살인 사건을 두고도 만화가 문제라는 식으로 전 사회가 호들갑을 떨지 않았다. '만화 살인' 정도의 별칭을 언론이 부여하는 수준이었을 뿐이다.

반면 러시아에서 아이가 자살한 사건이 일어났을 때는 경찰이 만화 내용에서 원인을 찾으려 들고 부모 단체가 준동하여 대통령에게 조치를 취할 것을 요구한 끝에 애니메이션판이 금지당했다. 이 상황을 지켜보던 중국은 해적판으로 퍼져 나가는 해당 만화를 단속하겠다고 관 차원에서 나섰다. 관이 나서서 만화에 문제의 원인을 따져 묻는 모습은 1972년의 한국, 2013년의 러시아와 중국이 크게 다르지 않다. 벨기에가 〈땡땡〉 시리즈와 〈스머프〉의 나라여서 그런 걸까? 실제로는 만화와 별 상관 없이 국가가 정치적으로 얼마나 경직되고 반민주적인 사회상을 보이는가로 귀결될 것이다. 러시아와 중국은 지금도 독재 체제를 유지하는 국가다. 1972년의 한국은 독재자 박정희가 10월 유신을 꾀하던 상황이다.

정병섭 자살 사건이 왜 갑자기 만화 탄압으로 연결됐는지를 이해하기 위해서는 1972년 전후 상황을 이해해야 한다. 당시 박정희 정권은 사회문제와 불안을 '불량'과 '사회악'으로 지정한 대상을 단속하여 해결하려 했다. 북한이 청와대 습격을 위해 124부대 소속 31명을 침투시킨 1.21사태(1968.01.21, 김신조 사건)와 이승복 어린이 살해로 잘 알

박정희 정권이 반공 기조를 강화하는 단초가 된 사건 중 하나인 1.21 사태의 주역 김신조. 사진은 김신조가 임진강을 건넌 지점 근처에 자리한 연천 고랑포구 역사공원의 전시물이다. 2021년 7월 18일 촬영.

려진 울진·삼척 무장공비 침투 사건(1968.12.09.)이 일어나자 정권의 반공 기조는 한층 강해졌다. 5대 사회악 수사(1966.05.04), 7대 사회악 집중 단속(1970.01)이 이어지는 와중에 만화 또한 끊임없이 불량 시비와 압수 사건에 휘말렸다. 1968년 8월부터는 한국아동만화윤리위원회, 1970년 1월엔 한국도서잡지주간신문윤리위원회가 설치돼 만화 사전심의 시대를 열었다. 이 만화 사전심의는 1997년 얄궂게도 또 다른 만화 탄압의 대명사가 된 청소년보호법이 발효되면서야 종료되었다.

문제는 박정희에게 정치적 여유가 전혀 없는 상황이 이어지고 있었다는 데 있다. 1970년 4월 새마을 운동을 시작하고서 그 이듬해 4월 27일 제7대 대통령선거를 치렀는데, 이때 박정희는 김대중에게 94만 표 차로 신승한다. 제6대 대선에서 윤보선에게 보인 116여만 표보다 줄어든 수치였다. 학생들의 반정부 시위가 이어지자 위기감을 느낀 박정희는 1971년 12월 6일 국가비상사태를 선포한다.

1972년 10월 17일 박정희는 유신을 발표하며 전국 비상계엄과 헌법 정지를 선포했으며, 1972년 12월 27일 유신헌법을 공표했다. 이른바 유신시대로, 직선제 폐지와 통일주체국민회의의 간접선거를 통한 대통령 선출, 연임 제한 철폐로 종신집권의 기틀을 세우고, 국민의 자유와 권리를 정지할 권한을 대통령에게 부여하는 긴급조치를 제정하는 등 박정희가 김재규의 총에 맞아 죽는 1979년 10월 26일까지 생생한 폭압정치가 이어졌다.

정병섭의 자살은 유신 체제로 이행하기 위한 첫 단추에 해당하는 국가비상사태 선포 직후에 터졌다. 소년의 자살 이틀 만에 관 차원의 단속과 관제 시위, 어용단체들의 비판이 그야말로 기가 막힌 속도로 진행되었고, 언론은 똑같은 어조로 만화를 욕하는 데 여념이 없었다.

사건 자체의 비극은 진짜다. 불우한 상황에 놓인 불안했던 소년은 불행한 선택으로 돌아올 수 없는 다리를 건넜다. 하지만 정치적 통제 수단이 필요했던 독재자와 그 세력에게 누군가의 비극은 자신의 이득을 위한 먹잇감에 지나지 않았다. 드럼통에 처박힌 채 타들어 가는 만화책과 동일한 글꼴로 적힌 채 소년 소녀들의 손에 들린 피켓이라는 1970년대의 풍경은 이런 과정을 거쳐 완성되었다.

정병섭 자살 사건에 이어 춘천시 파출소장의 아홉 살 난 딸이 성폭행당하고 살해당하는 사건이 일어나자(1972.09.29.) 춘천에서 만화방을 운영하던 주인 정원섭 씨가 범인으로 몰려 죄를 뒤집어쓰고 무기징역을 선고받는 일도 일어났다. 이 건과 관련해서는 별도의 항목에서 다루겠다.

사회가 전체주의에 가까운가 아닌가의 척도

아이와, 청년들과, 사회에 문제가 없어야 하니 애들을 유혹한 무언가가 문제다. 정치 체제가 그런 캐치프레이즈를 걸 때 사람들이 무비판적으로 총화단결하는 사회를 우리는 전체주의 체제라고 이야기한다. 한국에서는 2010년대를 넘어서며 만화보다 게임이 먼저 얻어맞는 경우가 늘어났지만, 만화든 게임이든 무슨 일이 터졌을 때 대중문화가 사회악으로 나쁜 영향을 끼친다는 말이 나오는 사회는 전체주의에 한없이 가까운 체제로 봐야 할 것이다. 민주주의 사회를 표방하려면, 정치가 독재를 지향해도 사회 구성원들이 함부로 휘둘러서는 안 될 것이고 언론 또한 이에 최대한 저항할 수 있어야 한다.

돌이켜 볼 때 2024년 12.3 내란이 야기한 한국 상황이 1972년의 한국, 2013년의 실질적 제정국 러시아나 중국보다 낫다고 이야기할 수 있을까? 나쁜 건 만화여야 한다고 생각하는 사람이 사회 안에 적은가 많은가가 이 질문에 대한 답이 될 것이다.

> 자투리 1

정병섭이 읽고 자살했다는 그 만화 《철인 삼국지》는 당시 몰매를 맞다시피 한 이래 책의 실체를 확인할 수조차 없게 된 상태로 한창 만화방을 들락거렸을 1950~1960년대생들의 추억으로만 회자되고 있다. 작가명을 '이상석'으로 기억하는 이들이 많은데, 이상석은 당대를 주름잡은 해적판 만화 레이블 다이나믹콩콩코믹스의 이영복 대표가 쓰던 필명이었다. 해적판 만화 출판의 관례상 당시 이상석 이름으로 발표된 모든 만화를 단일인의 작품으로 보기는 어려울 것이다.

〈악동이〉, 〈나의 라임 오렌지나무〉를 그린 리얼리즘 만화가 이희재 선생은 2009년 진행된 네이버 한국인 시리즈 인터뷰에서 단행본 뒤편의 독자투고란에 만화를 그려 보내던 어린 시기를 회고했다. 그때 처음으로 그려 보냈다가

KBS의 옛 영상 속에 아주 약간 등장한 《철인 삼국지》.

2등으로 뽑힌 게 바로 이 〈철인 삼국지〉를 따라 그린 만화였다고 한다. "이상석 선생님의 〈철인 삼국지〉라는 만화를 따라 그려서 출판사에 보냈어요. 처음 보낸 것이 2등으로 뽑혀서 책에 나왔죠. 뭐라 형언할 수 없이 기뻤어요. 친구들한테 은근슬쩍 자랑도 했죠"(〈만화가 이희재: '바른 만화'의 제안자〉, 네이버 한국인 시리즈, 2009.06.19.)

한편 《철인 삼국지》의 작가명이 이상석이 아니라는 견해도 있다. 공영방송인 KBS가 옛날 영상들을 묶어 공개 중인 '옛날티비: KBS Archive' 유튜브 채널에 2022년 2월 2일 올라온 2022년 설 특집 방송 〈놀이터의 진화! 만화방에서 PC방까지〉 2분 11~12초 영상에 1970년대 만화방 풍경을 보여 주는 화면 오른쪽 하단에 《철인 삼국지》의 상단 일부가 짧게 노출된다. 여기에 작가명이 이상석이 아닌 '이석'으로 나와 있다. 이 영상은 현재로서는 《철인 삼국지》의 모습을 볼 수 있는 유일한 사료다.

옛날TV KBS Archive 유튜브
놀이터의 진화! 만화방에서 PC방까지 [옛날티비 – 그땐 그랬지]
2022 설특집 2부 신문물열전 (2022.02.02. KBS 방송)

한국 문화공보부가 제공하고 국립영화제작소에서 제작한 극장 상영용 뉴스 영화 '대한뉴스' 제866호에 〈불량만화를 추방하자〉라는 꼭지가 실려 있다. 공개 일시는 1972년 2월 12일로 정병섭 자살 사건이 일어난 지 보름도 안 된 시기이며, 당시 정권이 대중에게 만화를 어떻게 비치게 하고 싶은지가 여실히 담겨 있다. 압수되어 잔뜩 쌓인 만화책, '나쁜 만화를 읽지 말자'라는 학급회의 풍경과 자발적(?) 만화책 수거 협조, 정병섭의 모교에서 벌어진 '나쁜만화 불 사르자' 화형식 풍경이 무참히 스쳐 지나가며, 그 모든 철퇴가 지나간 후 올바른 자세로 '한국전기전집' 등을 읽고 있는 어린이들을 보는 기분이 어찌나 참담한지 모를 일이다.

재밌는 건 이 영상의 목적과 달리 당시 만화방 안쪽 풍경을 비롯해 TV 보급률이 낮았던 시기 온 동네 어린이 친구들이 모여 앉아 TV를 보는 모습이 고스란히 담겨 있다는 사실이다. 정병섭 자살 사건 이후 만화방 주인들을 즉결심판에 넘긴 죄목 중 하나가 책을 빌린 어린이를 대상으로 표를 나눠 주고 TV를 보여 주었다는 것임을 생각하면 씁쓸한 일이 아닐 수 없다.

e영상역사관
대한뉴스 제866호 〈불량만화를 추방하자〉
(1972.02.12. 제작)

정병섭이 다니던 학교의 학생들에게 만화를 불태우게 만든 대한뉴스 제866호 〈불량만화를 추방하자〉 편.

만화가들 사이에서 진리처럼 통하는 오래된 농담이 하나 있다. 만화가들이 대낮에 대규모로 한데 모이는 일은 있을 수 없다는 것이다. 실제로 만화의 날로 지정되는 1996년 11월 3일의 결의 대회나 2014년 만화 24편이 청소년 유해매체물로 지정된 데 항의하기 위해 방송통신심의위원 앞에 모인 모습은 이후로 다시 재현되기 어려운 한국 만화사의 한 장면으로 꼽힌다. 그런데 이런 만화가들이 한데 모여 몇 년간이나 본격적인 '공연'을 연 적이 있다. 이름하여 '러브콘서툰LOVE CONCERTOON'이다.

2003~2009, 러브콘서툰의 발자취

2003년 첫 행사를 연 러브콘서툰, 애칭 '럽툰'은 온라인을 중심으로 활동하던 작가 대여섯이 온라인에만 갇혀 있기 보다 자신들의 만화를 아끼는 독자를 만나자는 취지로 준비를 시작한 행사였다. 그런데 장애인 돕기라는 취지에 공감한 기성 작가들이 참여 의사를 밝히면서 규모가 커지기 시작했다. 2003년 7월 3일 《오마이뉴스》에 소개된 강풀 작가의 발언에 따르면 선배들이 "왜 좋은 일을 너희만 하냐? 우리도 같이하겠다."라고 했단다.

2003년 7월 6일 첫 회 14명의 작가가 세종대 대양홀에서 '젊은 만화인들과 콘서트의 에로틱한 만남'이라는 부제를 걸고 진행한 러브콘서툰은 이듬해인 2004년 11월 21일 서울 종각 근처의 블루문이라는 대형 호프를 통째로 빌려 작가들의 장기자랑과 독자들과 함께 하는 파티가 어우러지는 방식으로 10시간가량 진행되었다.

2005년 11월 26일 서울사이버대학교 4층 강당을 빌려 진행된 3회 행사는 만화가 29명이 참여해 '토요일 밤의 객기'라는 부제를 달고 진행되었다. 이전 두 번의 행사와 달리 일주일 전에 전 좌석이 매진된 덕인데, 3회 행사의 무대는 장기자랑 수준을 뛰어넘는 공연으로 발전했다.

4회인 2006년 11월 26일은 'LOVE LOVE 대작전'이란 부제로 서울 광진구에 있는 광진청소년수련관 대극장에서 진행되었다. 4회는

2004년 러브콘서툰 행사장 입구.

2005년 러브콘서툰 입간판.

2007년 러브콘서툰에서 춤을 추는 김풍.

러브콘서툰의 마지막 행사인
2009년 '하이라이툰' 포스터.

2006년 러브콘서툰 행사 티셔츠.

3회까지의 입장료의 두 배인 2만 원을 받았으며, 만화가 35명이 참여했다. 2006년의 러브콘서툰은 참여 작가와 후원사도 늘고 기획사에서 데뷔 전으로 보이는 가수를 투입하는 등 전문 공연의 영역에 들어섰다고 해도 과언이 아닌 수준을 보여 주었다. 2007년 11월 17일 열린 5회 행사는 가을의 모양이라는 뜻을 담은 '추태秋態'를 부제로 하여 4회와 같은 광진청소년수련관 대극장에서 장기자랑성 공연이 중심이었던 4회와 달리 조금 더 만화와 관련된 공연들을 중심에 배치했다. 원고 마감 일정이 바빠지면서 홍보가 다소 늦게 시작된 탓에 300석 규모 공연장에 빈자리가 다소 보였다는 점이 아쉬움으로 남았다.

6회 '더 파티THE PARTY'는 2008년 11월 30일 서울 홍대 앞 대형 클럽 MUSEUM에서 주류 제공 문제로 19세 이상만 관람할 수 있는 형태로 진행되었다. 러브콘서툰이라는 이름으로 열리는 마지막이 된 7회는 대미를 장식하는 '하이라이툰'이라는 부제로 2009년 11월 20~21일 이틀에 걸쳐 서울 홍대 앞 KT&G 상상마당에서 토크쇼, 세미나, 공연이 어우러지는 방식으로 진행되었다.

러브콘서툰의 의미

"끼 있는 만화가들이 온라인과 지면 바깥에서 펼친 학예회, 그런데 판이 조금씩 커지고, 거기에 자선을 더한 행사." 7년에 걸쳐 열린 러브콘서툰을 정리하면 이런 정도가 될 것이다. 행사의 규모와 호응은 2006년 무렵 정점을 찍었고, 연예인이나 전문 퍼포먼스 팀이 아니라는 점을 고려해도 내용의 구색은 갈수록 수준이 높아졌다. 단골 게스트라 할 만한 오!브라더스나 가디스 벨리댄스 등이 참여해 공연의 다양성을 빛냈다.

무엇보다 러브콘서툰은 만화가들의 자선 공연이라는 목적을 관철했다. 방구석에서 나오지 않고 원고 작업으로 바쁘다는 편견을 받아 온 만화가들이 직접 참여하는 결과를 만들어 냈다는 점에서 긍정적인 평가를 받을 만하다. 2006년 1월 15일 《세계일보》가 보도한 기사에 따르면, 자선 콘서트라는 목표와는 별개로 공연은 적자를 내면서 참여 작가들이 돈을 추가로 모아 기부했던 초반 행사와 달리 3회 행사에서는 수익금 500만 원을 한국복지재단에 기부할 수 있었다고 한다.

이후 행사들에서는 협찬도 늘어나고 좌석 대부분을 매진시키면서 판을 키워 나갔다. 2009년 11월 24일 《ZDNET Korea》이 보도한 〈강풀＋메가쇼킹 "이름 값 하네"〉라는 기사에 따르면 2009년의 7회 공연으로 모은 금액은 3000만 원이다. 연예인이 몇억을 기부했다는 뉴스에 비하면 적을지 모르지만 전문 공연자가 아닌 이들이 좌충우돌하며 자발적으로 시간을 쪼개어 만든 쇼로 초반의 여섯 배에 달하는 기부금을 마지막에 만들어 냈다는 것은 엄청난 일이다.

러브콘서툰이 진행된 2003~2009년은 공교롭게도 웹툰이 시작되어 정착되는 과도기와 정확히 일치한다. 2000년 초반은 상업 웹툰이 등장하기 직전 홈페이지와 온라인 커뮤니티를 통해 하나둘 이름을 얻어 가던 때로, 출판만화와 온라인 기반 만화의 헤게모니가 거세게 충돌하며 새로운 작가층과 새로운 독자층이 나타나는 시기였다. 러브콘서툰을 주도한 작가들은 이 어지러운 상황 속에서 만화를 그려 독자를 만난다는 관점에서 온·오프라인 지면 바깥의 세상을 서투르게나마 적극적으로 탐색하는 사람들이었고, 여기에 기성 작가들이 조응했다. 직접적인 연결고리가 있는 것은 아니겠으나 러브콘서툰이 마무리되던 2008~2009년 무렵 미디어 악법 반대 웹툰 릴레이인 〈악! 법이라고〉, 노무현 전 대통령 서거 추모 릴레이, 광우병 쇠고기 반대 릴레이(2008)처럼 만화가들의 사회적 발언이 도출된 것이 그저 우연은 아니다.

만화가들이 그때처럼 즐겁게 한데 모일 수 있는 자리는 더 나오기 어려울지도 모른다. 2010년대 이래 스마트폰을 중심으로 재편된 만화 연재 환경은 사업적 측면에서는 폭발적인 성장세를 거두었을지 몰라도 산업화하는 가운데 작가들이 유기적으로 연대하기는 사실상 어려워졌기 때문이다. 러브콘서툰을 만들고 참여하던 이들 또한 나이가 들고, 일부는 혼인해 가정을 이루고 아이를 낳아 시간을 내기 어려워졌다. 일부는 서로 갈라지거나 방향이 맞지 않아 만화 창작 활동을 안 하게 되기도 했다.

이런 변화는 비단 만화계만의 문제는 아닐 것이다. '뭉쳐서 무언가를 해 보자', '한 지점을 향해 목소리를 내자'라는 것을 낭만처럼 느끼던 시기는 2010년대 초반을 기점으로 블로그나 소셜미디어 안에서도 지나간 유행이 되었으며, 사회의 변화와 진보, 공존을 꾀하는 목소리는 위선이나 선동이라는 손가락질 앞에 서야만 했다. 어쩌면 러브콘서툰은 그러한 흐름 변화 직전까지 만화가들이 만들어 낼 수 있었던 막바지 낭만극이 아니었을까.

만화가들은 정말 재주꾼들이다. 공치사가 아니라 만화 작업만으로도 바쁠 사람들이 음악 또는 퍼포먼스를 함께 하는 경우가 왕왕 있어서 하는 이야기다. 먼저 〈힙합〉이란 한국 최초 힙합 소재 만화를 선보인 바 있는 김수용 작가는 본인이 1992년부터 1993년까지 SBS 댄스팀 리더로 활동한 댄서였다. 러브콘서툰은 물론 여러 만화계 행사에서 댄스를 선보였으며, 취미로 디제잉을 하는 모습을 인터넷 스트리밍으로 송출하기도 한다. 만화 《힙합》은 2024년 9월 6일 20주년 기념 OST가 음원으로 발매되기도 했다.

〈열풍 지킴이 전기〉와 〈뱀프×1/2〉를 그린 박찬섭은 캐릭터 티셔츠 G-TRINE 사업, 별자리 예보 방송 유튜브를 운영하는 등 다방면으로 활동했다. 2013년

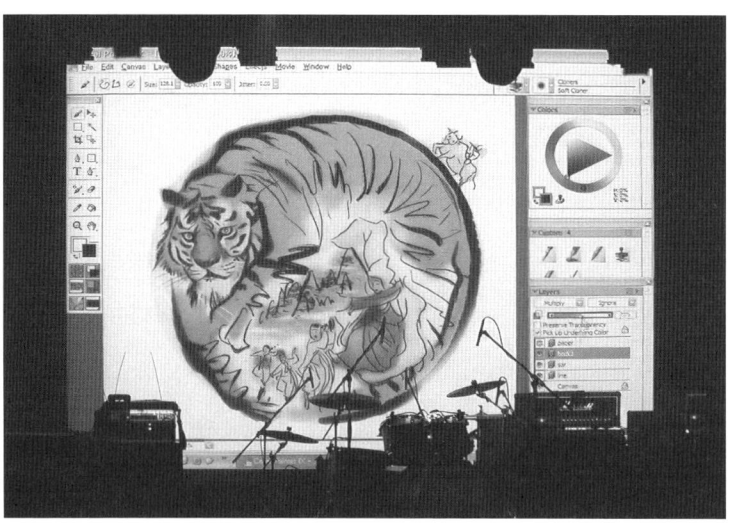

2006년 러브콘서툰에서 라이브 페인팅 쇼를 펼치는 석정현.

박찬섭의 세미 트로트 음원
〈으라차차〉.

엔 '마나가수 찬세비'라는 예명으로 〈으라차차〉라는 세미 트로트 곡을 내고 M.net의 2014년 트로트 서바이벌 프로그램 〈트로트 엑스〉에 출연하기도 했다. 박찬섭과 김수용, 그리고 〈쥬신〉의 이태호는 2002년 무렵 '마나가'라는 그룹으로 〈WE대한마나가〉라는 곡을 원 버전과 표현을 순화한 클린 버전으로 출시한 바 있다. 〈귀신〉의 석정현(석가)은 음악을 틀거나 직접 노래를 부르면서 역동적으로 일러스트레이션을 완성하는 '라이브 페인팅 쇼'로 일찍이 정평이 나 있었다.

　밴드로 활동했거나 활동하는 이들도 있다. 〈닥터 프로스트〉의 이종범 작가는 20대 시절 재즈 드러머로 활동한 전력이 있으며 오디오 채팅 앱 '클럽하우스'에서 보인 휘파람 공연이 화제를 모으며 그룹 미미시스터즈의 곡 〈우리, 수다 떨자〉에 휘파람 피처링을 하기도 했다. 〈룸펜스타〉, 〈스멜스 라이크 30 스피릿〉을 그린 고리타는 만화가이면서 직장인 밴드에서 보컬을 맡고 있고, 〈내게 오라 멜라토닌〉, 〈구체적 소년〉 등을 그리고 군산 기반 지역 독립만화 출판사 삐약삐약북스의 공동대표인 불키드 작가는 밴드 '꽃과벌'에서 보컬과 기타를 맡아 아내인 불친과 함께 〈음악의 사생활99〉 시리즈를 기획, 진행한 바

2007년 러브콘서툰에서 자신이 참여하고 있는 밴드와 함께 노래하는 고리타.

있다.

〈낙향문사전〉의 스토리를 맡은 바킹독, 〈바로크바로크〉의 작가이자 만화 전시 및 출판 기획을 하는 성인수, 〈슈퍼스타 천대리〉를 제작한 장마, 〈니 친구 김저키〉를 그린 김저키가 각기 이름자 중 하나씩을 따 결성한 록밴드 '킹수마키'는 2024년 EP 'Someday I will'의 뮤직비디오를 내고 단독 공연을 진행하기도 했다.

음악을 직접 만들거나 퍼포먼스를 하는 건 아니지만 자기 작품의 IST(Image Sound Track)를 책임 프로듀서로서 제작하고 모든 곡의 작사를 한 사례도 있다. 수려한 감성적 일러스트레이션으로 정평이 나 있던 〈BLUE〉의 이은혜 작가가 주인공이다. '연재 만화 사운드 트랙'이라는 표현을 단 'BLUE' 음반은 총 두 장이 나왔는데, 작가가 직접 작사·책임 프로듀서로 참여해 캐릭터와 작품을 반영한 곡들을 담았다. 가수 유리상자의 이세준, 최재훈, 이정봉 등 실력파 가수들이 참여해 높은 완성도를 보여 줬는데, 개중 〈비애천사〉란 곡은 유리상

이은혜의 〈BLUE〉 IST CD. 우리나라 최초의 만화 IST다.

자 음반에 새로 녹음되어 수록되기도 했다.

  만화가는 아니지만 대학 만화 관련 학과 출신으로 가수가 된 사례로 버스커 버스커가 있다. 버스커 버스커는 상명대학교 천안 캠퍼스 만화·애니메이션학과 선후배 사이 학생 둘과 동 대학교 영어 강사가 결성한 3인조 밴드로 2011년 M.net의 슈퍼스타K 시즌3에 참가해 준우승을 했다. 이들의 노래 〈꽃송이가〉에서 "단대 호수 걷자고 꼬셔"로 나오는 단대 호수가 바로 상명대 근처에 자리한 천호지다.

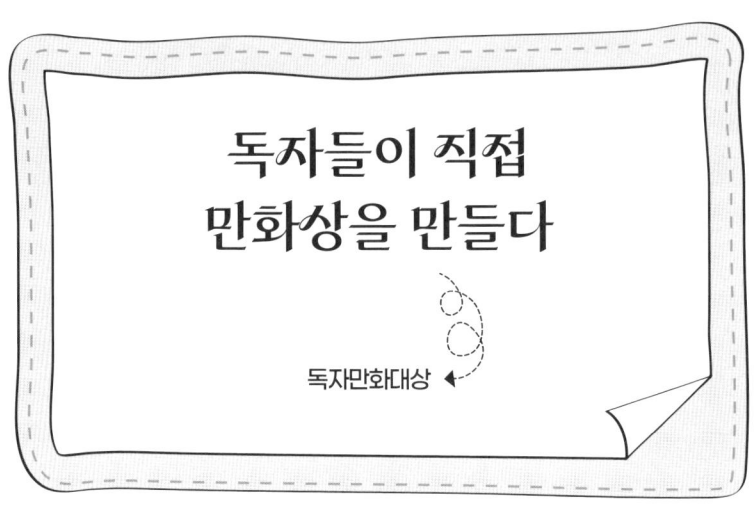

나라에서 주는 만화상의 전횡에 반기를 들다

2002년 7월 25일, 당시 문화관광부(현 문화체육관광부)가 발표한 '오늘의 우리만화' 2002년 상반기 수상작을 보고 많은 만화 독자들이 놀랐다. 당시 선정작은 〈그리스 로마신화〉(홍은영), 〈나우〉(박성우), 〈먼 나라 이웃나라〉(이원복), 〈야야〉(강은영), 〈열혈강호〉(전극진·양재현), 〈짱〉(임재원) 등 총 여섯 작품이었는데, "작품성과 아울러 시장 선호도와 대중성을 동시에 평가하는 한편, 실수요와 취향을 반영하고 선정 당시의 국내 만화를 대표할 만한 정서와 특성을 담은 작품을 선정했다."

라는 기준점을 고려하더라도 너무 예전 작품이었던 탓이다. 1981년 연재를 시작한 〈먼 나라 이웃 나라〉와 1994년에 시작한 〈열혈강호〉, 1996년에 시작한 〈짱〉 등을 한국 만화의 '오늘'이라 칭하기엔 무리가 있었다.

각 작품의 수준이나 영향력을 폄훼하는 것은 아니어도 만화 독자 입장에서는 지금 주목해야 할 작품이 상을 받아야 했다는 의견이 팽배했다. 이에 만화 독자들이 주로 모이는 커뮤니티를 중심으로 형성된 거대한 물음표는 이대로 납득하기보다 무언가 다른 흐름을 직접 만들어 보자는 움직임으로 연결되었다. 목표는 하나. "누구의 간섭도 받지 않고 만화 독자가 직접 뽑는 만화상을 만들어 보자." 이름하여 '독자만화대상'은 이렇게 시작되었다.

행사의 전개

2002년 9월 12일부터 본격적으로 온라인 미팅과 준비 모임 게시판 개설이 진행되었고 10월 12일과 19일에 신촌과 목동에서 오프라인 회의가 열리는 등 연말 행사에 대한 구상이 진행되었다. 그 얼마 후인 10월 29일에 문화관광부가 주관하는 2002 대한민국 출판만화대상의 결과가 독자들을 다시 한번 경악하게 했다. 심사위원단이 대상 작품으로 양영순의 〈아색기가〉를 선정했는데, 이 작품이 19금이라는 이유로 문화관광부가 대상 수상을 취소하고 인기상으로 강등하는 사건이 터진 것이다.

결국 2002년 출판만화대상에는 대상 수상자 없이 저작상 〈로망스〉(윤태호), 출판상 〈비빔툰〉(문학과지성사), 공로상 길창덕 선생, 학습만화상 〈빙하에서 살아남기〉(아이세움), 신인상 박건웅·(〈꽃〉)·송채성(〈취중진담〉) 등이 수상자로 올랐다. 〈아색기가〉의 양영순 작가는 〈열혈강호〉의 전극진·양재현 작가와 공동으로 인기상에 이름을 올렸다. 이들 작품의 면면이 나쁜 것도 수준이 낮은 것도 아니지만, 심사위원단의 선정 결과를 놓고 선정성을 들먹이며 관 차원에서 대상 수상을 취소하는 일이 벌어지자 만화 독자들은 큰 충격을 받았다.

마치 독자들이 직접 움직일 명분을 정부가 계속해서 제공해 주는 듯한 상황 속에서 독자만화대상은 11월 2일 웹사이트 comicreader.org를 임시로 개설한 데 이어 이튿날이자 만화의 날인 11월 3일에 상 이름을 '독자만화대상'으로 확정하면서 대외 홍보를 시작했다. 11월 11일

성인만화라는 이유로 대한민국 출판만화대상 대상 수상이 취소된 양영순의 〈아색기가〉.

독자만화대상 2008 홈페이지 화면.

만화 비평모임 올쏘also의 편집장이었던 조영희(무희)를 대표로 선출한 독자만화대상 준비모임은 11월 16일 홈페이지를 공식 개장함으로써 막을 올렸다.

독자만화대상의 의미

독자만화대상은 2002년 첫 시작 이래 2012년까지 10년에 걸쳐 매년 연말 만화 독자들이 그해 가장 좋다고 생각하는 작품을 직접 뽑는 행사로 진행되었다. 진행 주체, 참여자, 발표자 모두가 만화 독자의 자격으로 참여하기 때문에 국가가 주는 상과는 달리 상금이 한 푼도 없

독자만화대상은 2003년 한 만화 동인 행사장에 직접 출전해 현장에서 홍보전을 펼치고 투표 인단을 모집했다.

었다. 그런데도 수상 작가들이 명예로 여기는 모습, 언론 등지에서 주요 만화상과 함께 수상 사실이 언급되는 모습 등은 이 상이 표상하는 유일한 목표 지점, 즉 만화 독자가 직접 선정하여 준다는 그 하나 덕분이었을 것이다.

초대 대표의 소속 모임이었던 아마추어 만화 비평 모임 올쏘를 비롯해 만화 웹진 두고보자, 만화 커뮤니티 만화인, 만화 독자 운동 자유를 위한 검은 리본(자검댕) 등에서 활동하던 주축 인물들이 참여하였고, 각자가 기획, 홍보, 시스템 구축 등 모든 것을 나눠 맡았다. 만화 독자들의 시각을 반영하는 만화상을 열어 보자는 마음으로 각자가 시간과 비용을 감당해 가면서 진행했다. 순수성과 목적성만큼은 명확했지만, 그것만을 동력으로 삼기엔 역부족인 면도 있었다.

잡음이나 논란도 왕왕 일어났다. 투표 시스템을 만들겠다고 참여한 사람이 작업 직전 갑자기 도망을 가는 바람에 디자인을 맡기로 한 사람이 투표 시스템 제작까지 관여하게 된다든지, 〈신 암행어사〉가 과연 한국 작품인가 아닌가 같은 기준에 대한 논란으로 게시판이 시끄러웠던 일 등은 독자만화대상이 초반에 겪어야 했던 몸살이다. 매회 70~80퍼센트 이상이 여성 독자층의 참여로 진행됐다는 점은 만화에 목소리를 얹고자 하는 적극적 참여자의 성별이 명확히 갈린다는 점을 보여 주기도 한다.

그렇지만 독자만화대상의 의미는 적지 않다. 먼저 관 주도의 조명에 만화 독자들이 문제 제기를 한 첫 사례였다는 점을 들 수 있다. 그리고 이와 연결지어 생각해야 할 것이 만화 독자들의 운동movement이 유의미한 형태로 결집하여 유의미한 형태로 유지되었다는 마지막 증거라는 점이다. 당시 모인 인물들은 소속도 제각각이었고, 생각과 방향도 달랐으며, 도서대여점을 바라보는 지점에서는 크게 충돌하기도 했다. 하지만 만화 독자로서 '어른의 사정'을 인정하지 않겠다는 마음으로 한데 모여 행사를 진행하기 시작했고, 중간에 구성이 바뀌긴 하였으되 10년이라는 시간을 동일한 목표를 향해 나아간 것이다.

눈여겨봐야 할 것은 그 10년이 한국 만화의 헤게모니가 웹툰으로 넘어가는 과도기이자 정착기였다는 점이다. 즉 만화 독자의 전통적인 관념 자체가 급변하는 시기였다. 독자만화대상의 주축은 너무나 당연하다는 듯 '만화 독자'의 정체성을 만화책 읽기에 바탕을 두어 온 세대

서문다미의 〈그들도 사랑을 한다〉는 독자만화대상 1회 대상 수상작이다. 이 이후로 출판만화가 독자만화대상의 대상작으로 선정되는 일은 없었다.

였지만, 2002년 첫해 서문다미의 〈그들도 사랑을 한다〉 이후 2003년부터는 독자만화대상에서 출판만화가 단 한 차례도 대상을 받지 못했다는 데서 볼 수 있듯 독자들의 선택지 자체가 크게 달라졌다.

  그때까지의 '만화 독자'는 작가를 향한 애정과 책에 대한 소중함, 누가 알아주지 않아도 이 취향을 유지해야 한다는 일종의 소명 의식을 끌어안으면서 형성되는 부분이 있었다. 하지만 이전까지 중요한 설정값이던 '책'이 시장에서 더는 힘을 쓰지 못하게 되었다. 새로운 환경에서 작가와의 거리는 댓글을 통해 가까워지고, 관객이 아닌 디렉터로서 작품 창작에 개입하는 단계로 나아가기 시작했으며, 독자들 간의 문화가 형성되기 위한 공간의 필요성 또한 희박해지기 시작했다. 독자만화대상의 10년은 그러한 변화를 고스란히 끌어안은 시기였다.

너무나 당연한 일이지만, 슬프거나 노여워할 것도 없이 만화 독자들이 각자의 구심점을 정하며 모여들던 공간 대부분이 그사이에 소멸하거나 박제된 채로 실체를 잃었다. 여기에는 구성원들의 신변 변화도 한몫했다. 누군가는 결혼하고 누군가는 취직했으며 누군가는 사업을 시작했고 누군가는 분야를 바꾸었다. 이처럼 각자 여력이 없어진 이유가 작용했다.

독자만화대상이란 행사가 유지되던 10년은 한국 만화의 헤게모니가 웹툰으로 이전되던 시기였고, 독자들이 모여 무언가를 해 보자며 뭉칠 수 있는 마지막 움직임이었다 해도 과언은 아니다. 독자만화대상 이후 독자들이 주체적 만화 소비자로서 두각을 드러내며 시장에 유의미한 목소리를 내는 사례는 거의 사라졌다. 그나마 남은 목소리들은 만화를 주로 삼지 않는 비교적 음지 성향을 지닌 게시판 커뮤니티들을 통해 파편화되기 시작한다.

얄궂게도 이후의 목소리로 가장 크게 주목받은 것은 2012년 방송통신심의위원회의 청소년 유해매체 지정 시도에 반대하기 위해 만화가 단체들이 주도한 검열 반대 캠페인인 NO CUT 캠페인을 퍼 나르는 역할이었다. 그런데 오히려 독자들의 움직임으로 기록된 건 이 NO CUT을 남성들이 주를 이루는 커뮤니티들이 2016년 안티 페미니즘의 기치 아래에 '너희는 잘라도 된다'는 YES CUT으로 바꿔 공격한 어처구니없는 사건이었다. 독자만화대상의 종료와 더불어 사실상 종언을 맞이한 '만화 독자' 정체성과 이를 유지하기 위한 다양한 공부와 토론 과정의 소멸이 못내 아쉽고 안타까운 까닭이 여기에 있다. 블로그를 넘어 소셜 미디어로, 그마저도 분화하고 파편화된 형태로 활동 영역이 개인화하는 지금에 이르러 연대라는 행위가 가능한지조차 이제는 의문이 든다.

하지만 거창하지 않더라도 향유 문화로서 만화가 어떤 방향으로 나아가야 할 것인가를 고민하는 이들이 만화 독자로서 저마다의 자리에서 취향과 선택에 대해 발화할 수 있다면, 그리고 그것들이 모일 수 있다면, 과거와 똑같지는 않더라도 만화 시장이 조금은 더 나은 방향으로 움직일 수 있도록 견제할 수 있지 않을까. 독자만화대상 첫해 행사 전에 나온 제언문 〈독자들이 만드는 만화상의 필요성〉은, 지나 버린 과거의 목표일지라도 지금 우리에게 시사하는 바가 있다.

"독자들이 만드는 상은 작가의 명망이나 출판사의 규모에 얽매이지 않고 순수하게 독자가 보기에 좋았던 만화를 선정하게 될 것입니다. 또한 만화 독자들의 다양한 취향을 반영하여 출판만화뿐 아니라 온라인만화, 신문만화, 아마추어 작가의 작품, 만화 관련 서적에 이르기까지 만화문화의 다양한 영역을 다룸으로써 한국만화의 현재와 미래에 대한 가장 정확한 지표가 될 수 있을 것입니다"

"독자만화대상이라는 형식을 통해 만화독자들이 스스로 자기가 좋아하는 만화를 밝히는 행위는 한국만화계에 지금까지 소외되었던 만화독자들의 목소리를 적극적으로 개진하는 계기가 될 것이며, 한국만화의 미래를 위해 또 좋아하는 작가와 독자들 자신을 위해 할 수 있는 작은 그러나 모이면 무시할 수 없는 발걸음이 될 것입니다."

자투리 1

독자만화대상이 연말의 본 행사를 넘어 직접적으로 업계의 화두를 두고 난상 토론의 장을 마련한 때가 있었다. 2006년 서울국제만화애니메이션페스티벌 (SICAF) 행사가 한창이던 5월 27일 '만화와 돈'이라는 주제로 토론회가 열린 것이다. 작가, 출판인, 유통인 등 만화 관계자를 한자리에 모아 진중하면서도 적나라한 이야기를 나누어 보자는 취지로 열린 이 행사의 안내 문구는 다음과 같다. "벌써 몇 년째 우리 만화는 바닥을 쳤다고 말들 하는데 정말로 위기인지, 만화로 돈을 번다는 것은 불가능한 일인지, 핵심적인 문제는 무엇이고 대안은 있는지, 실제 데이터를 기본으로 관계자, 전문가, 그리고 독자가 함께 문제를 공유하고 미래를 계획하는 자리가 되기를 희망합니다."

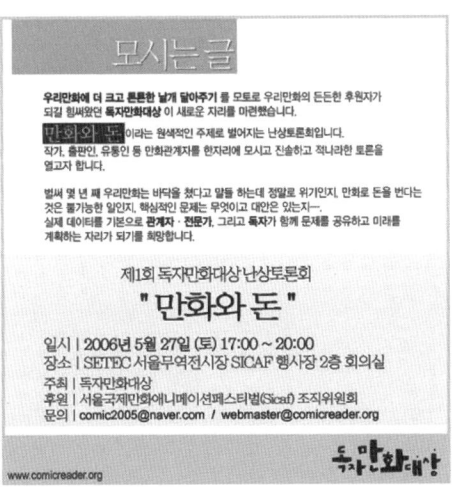

독자만화대상이 서울국제만화축제(SICAF) 2006년 행사에서 개최한 만화계 토론회 '만화와 돈' 알림.

당일 오후 5시부터 근 5시간에 걸쳐 진행된 토론에서 각자의 입장에 따라 다양한 이야기가 나왔지만, 출판 중심의 만화가 시장의 주축으로서 동력을 잃어 가는 과정에서 어떻게 될지에 대한 두려움과 걱정이 '돈'이라는 주제로 모인 자리였다. 돌이켜 보면 이 모든 걱정에도 불구하고 시장은 네이버 웹툰이 본격적으로 발동을 건 2006년을 기점으로 웹툰 중심으로 전환되면서 새로운 시대를 맞이했다. 점차 적응한 자와 적응하지 못한 자로 나뉘며 만화 독자 또한 그 성격이 바뀌는 시기를 겪었다. 독자만화대상은 그야말로 그 분기점 한 가운데에서 자취를 남긴 셈이 되었다.

독자만화대상 첫해인 2002년 행사 때 일종의 백서를 공식 출간한 바 있다. 수상작 목록, 투표 성향 분석, 이벤트 부문 소개, 인터뷰, 신인상 수상 단편 등을 꾹꾹 눌러 담아 만화 독자 운동이 어떻게 시작되어 어떻게 한 회 행사를 마무리했는지를 정리하고 있다.

독자만화대상 2002 도록.

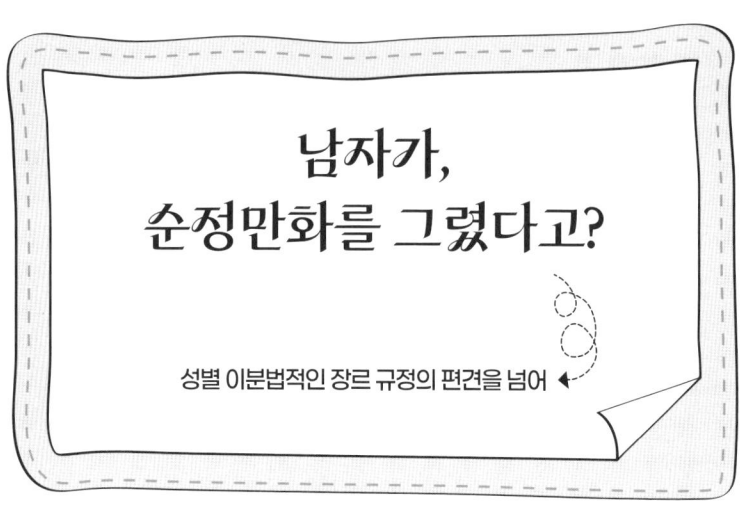

남자가, 순정만화를 그렸다고?

성별 이분법적인 장르 규정의 편견을 넘어

덩치 크고 머리가 짧은 남자가 만화책을 읽고 있다. 슬슬 감정이 올라오는 듯 울먹거리고 있는 남자. 그런데 배경음악으로 듣고 있던 카세트테이프 플레이어를 누군가가 거칠게 끈다. 남자가 놀라서 돌아보니 험상궂게 생긴 남자 친구들이 들이닥쳐서는 보던 만화책을 빼앗아 들고 낄낄거리며 놀려댄다. 이 사달을 겪은 남자는 조용히 야후코리아에 접속해 '순정만화클럽'에 들어가고, 이윽고 '정모'에서 만난 순정만화 동호회 회원들 속에서 만화를 읽으며 참았던 눈물과 설움(?)을 마음껏 쏟아 낸다. 그 모습을 본 동호회 회원들도 어느덧 부둥켜안고 눈물바다를 이룬다….

이상은 2000년경, 지금은 사라졌지만 당시 매우 핫한 웹사이트 검

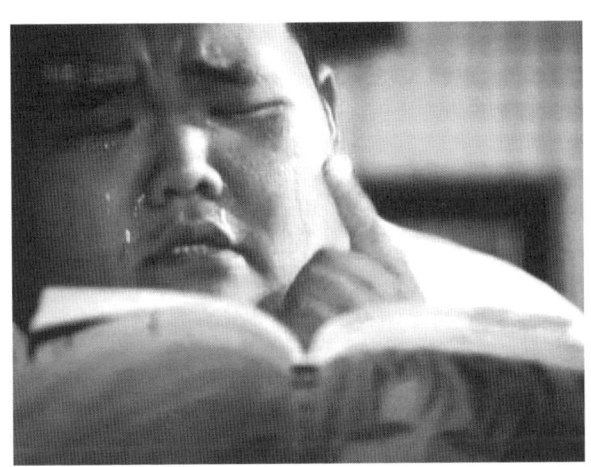

야후 코리아 광고 〈순정만화클럽〉 편의 한 장면.

색 엔진이던 야후 코리아의 '순정만화 클럽' 편 광고 내용이다. 덩치 큰 남자가 읽고 있던 만화는 1990년대를 풍미한 이미라 작가의 《인어공주를 위하여》다. 안데르센의 동화 〈인어공주〉를 모티브로 삼은 슬픈 사랑 이야기 중에서도 단연 눈에 띄는 이 작품이 해당 광고 소재로 쓰인 건 남자도 순정만화를 보며 울 수 있다는 콘셉트에 잘 어울린다는 계산 때문이었을 것이다. 재미난 풍경이지만 한편으로는 이만큼 순정만화에 대한 고정관념이 아이러니하게 드러나는 경우도 드물다.

해당 광고에서 우리는 순정만화를 남자가 읽으면 보통은 놀림받기 일쑤고, 순정만화는 대부분 여성이 읽으며, 이성이 아닌 감성을 자극한다는 점을 엿볼 수 있다. 이것이 순정만화를 둘러싼 1990년대에서 2000년대 초반까지 이어지던 보편적인 인식이다. '순정만화'는 그 자

이미라의 대표작 《인어공주를 위하여》.

체로 '여성의, 여성에 의한, 여성을 위한' 만화 장르라는 인식 틀을 확고히 하고 있다.

'순정만화'의 유래

'순정만화'는 1950년대 이래 거의 40~50여 년에 걸쳐 정착해 온 한국 만화의 주요 갈래다. 표현 자체도 일단은 국산이다. 출판만화 잡지가 무너진 2010년대 이후로는 사실상 로맨스 웹툰이라는 명칭으로 수렴해 가고 있지만, 표현은 여전히 남아 여성 대상의 만화에 대한 정의로 회자되고 있다.

문제는 장르명 자체에 붙은 '순정純情', 즉 순수한 감정이나 애정이

라는 뜻을 지닌 표현이다. 순정만화에 대한 오해 대부분이 '순정'이란 표현에서 온다. 이 말이 붙는 순간 지고지순하고 고분고분하며 수동적인 인상을 주기 때문이다. 김소원이 한국 순정만화와 일본 소녀만화(少女マンガ: 쇼우죠망가)의 역사를 연구한《시대가 그려낸 소녀》(2021, 소명출판)라는 책에 따르면 순정이라는 낱말이 만화 매체에서 처음 쓰인 건 1956년《만화세계》에 실린 정파의 '순정 그림 소설'〈흰 구름 가는 곳〉인데, 그 내용은 주인공 소녀가 겪는 여러 고난을 소녀 취향의 삽화와 함께 그려 낸 것이었다. 이후 등장한 작품들에서도 쓰인 '순정'의 용례는 사전에서 일컫는 순수한 애정이 아니라 "소녀를 주인공으로 한 고난과 불행을 그리는 서사"였으며, 여기에서 연결되어 등장한 순정만화는 "가난하고 착한 주인공 소녀가 역경을 극복하고 행복에 이른다는 권선징악적이고 교훈적인 작품"이 주를 이루었다. 일부 연구에서 사료 발굴을 통해 최초의 순정만화로 지목된 한성학의 1957년 〈영원한 종〉 또한 전쟁 직후 부모와 생이별한 소녀가 주인공이다.

　1960년 권영섭의 〈울 밑에 선 봉선이〉가 그 뒤를 잇는데, 순정만화라는 장르명을 여성 독자층에 맞는 표현 양식과 구성 요소로 버무려 여성 대상의 것으로 구축한 이는 1964년 〈행복의 별〉로 데뷔한 엄희자다. 조원기의 문하로 만화를 시작해 부부의 연을 맺은 엄희자는 조원기가 구성을 맡은 〈행복의 별〉을 시작으로 1960년대를 풍미했다. 엄희자 외에도 민애니, 장은주, 윤애경 등이 이 시기를 대표하는 여성 순정만화가로 활동했는데, 이 가운데 민애니와 김기백, 윤애경과 박

권영섭의 《울밑에 선 봉선이》.

부천만화정보센터(현 한국만화영상진흥원)이 2009년 발간한 한국만화 걸작선 아홉 번째 시리즈 《엄희자 컬렉션》. 표지의 그림이 엄희자의 데뷔작 〈행복의 별〉이다.

수산은 문하생-스승의 연으로 만나 혼인하기도 했다. 이 시기 순정만화가들의 표현 방식은 완전히 독립적이었다기보다는 당시 한국만화의 환경상 일본에서 영향을 받은 부분이 있었다. 다만 그 내용은 일본의 소녀만화와 달리 전쟁 이후 우리나라 상황과 정서를 고스란히 반영하고 있다.

이러한 순정만화는 국가 차원의 검열과 더불어 왜곡된 만화 유통망을 쥐고 흔들던 '만화 출판의 독재자' 합동출판사의 전횡으로 다소간 공백기를 겪는다. 이 시기를 〈캔디캔디〉 등 일본 소녀만화의 해적판이 채우면서 유행하기 시작했고, 1980년을 전후한 시점에 여성 독자층을 대상으로 만화를 그리는 이들이 등장했으니 황미나, 차성진, 김동화, 이진주 등이다. 그 뒤를 따라 해적판 일본 소녀만화의 형식미와 표현 양식을 받아들인 이들이 점차 자기 만화를 들고 등장하기 시작한다.

1985년 첫선을 보인 만화 동호회 '나인'의 《아홉번째 신화》가 이러한 꿈틀거림의 시발점으로 평가받는다. 당시 황미나, 김혜린, 신일숙, 김진, 이정애, 이명신, 유승희 등이 이름을 올린 이 잡지는 2호까지 무가로 배포된 무크지였는데 큰 반향을 얻어 3호는 유료로 판매되었다. 이렇게 모인 에너지가 1988년 《르네상스》 창간으로 이어지면서 1990년대에 이르러 스무 권에 달하는 순정만화 잡지 창간 러시로 연결되었다. 이 시기를 기점으로 순정만화는 PAC, KGB 등 아마추어 활동으로 실력을 쌓아 올리고 있던 작가들을 대거 끌어모으며 잡지 제목 그대로 '르네상스'기를 구가한다.

만화 동인 '나인'의 전설적인 만화 무크지 《아홉번째 신화》 1권의 표지.
(제공: 김성진)

《아홉번째 신화》로 응축된 에너지를 폭발시켜 한국 만화잡지 르네상스 시대를 연 도서출판 서화의 《르네상스》 창간호.

순정만화에 대한 편견

이상과 같이 '순정만화'의 특징은 '순정'이라는 낱말의 사전적 의미와는 별개의 특성을 띠고 있다. 일본 소녀만화의 영향을 받았음을 부정할 수 없으나 소녀만화 그 자체의 계승이 아니라 한국 사회의 흐름 변화와 정서를 고스란히 반영한 서사로 시대별로 독자를 끌어모았다. 전두환 독재가 서슬 퍼렇게 눈을 부라리던 1980년대 초반에 성공한 시민혁명을 그려 대학생들의 필독서로 자리매김한 김혜린의 《북해의 별》이나 장대한 대하 서사극을 선보인 신일숙의 《아르미안의 네 딸들》, 탐미적인 그래픽으로 당시로서는 생소했을 야오이(또는 BL)를 성애만 없이 표현해 냈던 이정애의 《루이스 씨에게 봄이 왔는가?》 같은 작품은 비단 한국의 순정만화가 남녀 간의 로맨스를 여성을 수동적 위치에 놓음으로써 예쁘게만 그려내는 데 국한하지 않았음을 보여 주는 사례라 할 수 있다.

이 시기를 거치며 순정만화는 신일숙의 《1999년생》, 강경옥의 《별빛 속에》, 김진의 《푸른 포에닉스》, 김혜린의 《아라크노아》를 같은 SF를 비롯해 《아홉 번째 신화》 수록작인 김혜린의 〈우리들의 성모님〉, 〈사과 한 개〉 같은 단편이 보여준 리얼리즘, 이미라의 《늘 푸른 이야기》나 《인어공주를 위하여》가 보여 준 개그와 슬픔이 공존하는 청춘 드라마 등 매우 다채로운 스펙트럼을 내포할 수 있음을 증명했다. 이와 같은 특징들은 순정만화가 이 땅에 살고 있는 인물 군상들의 욕망을 대리함은 물론 인간의 생명과 삶을 담아내는 '우리'의 언어적 틀로 일찍이 자리를 잡았음을 나타낸다. 이는 소위 '모험', '우정', '대결' 등의 주제를 주로 다루던 한국의 남성용 만화와는 다분히 다른 점이었다. 순정만화는 이후《END》의 서문다미,《CIEL》의 임주연,《시니컬 오렌지》의 윤지운,《궁》의 박소희 등 개성과 폭발력을 겸비한 작가들을 꾸준히 배출하는 틀이 되었다. 물론 많은 순정만화 작품이 다양한 색채 속에 '로맨스'라는 틀거리를 담아내는 경향이 있다. 2010년대 이후 순정만화의 장르명이 사실상 '로맨스 웹툰'이 된 까닭에는 이러한 연유가 있다.

하지만 그 장르적 틀거리 속에서도—특히 박제되어 가는 이 형국 속에서조차 순정만화가 포괄하는 지점이 어디에서부터 어디까지인지를 명확히 규정할 수 없다는 한계 속에서도—순정만화는 1980년대 이후 끊임없이 더없이 다양한 소재와 시선을 한국 만화에 수혈해왔다. 과거와 같은 대작, 대하 서사가 잘 보이지 않는다면 그건 순정만화만의 문제가 아니라 압도적인 거대 서사를 원하지 않는 세태가 된 것이 한몫했다고 할 수 있다.

따라서 '순정만화'에 대한 편견은, 순정이라는 말 그 자체의 인상이 가리고 있는 부분이 크거나 또는 그 크기에 휘둘리고 있기 때문이라 할 만하며, 나아가 '여자 것'이라는 확고한 규정에 따른 여성 혐오적 편견이 강화되었기 때문으로도 볼 수 있다. 이 시점에서 순정만화의 역사를 간단히 훑은 앞 문장들을 살펴보면, 이 순정만화를 만들어 온 사람 가운데에 남성들도 상당히 끼어 있음을 알 수 있다. 한성학, 권

프랑스 샹송 가수 에디트 피아프의 생애를 그린 차성진의 1993년 《TO YOU》 연재작 〈에디뜨 피아프〉 2012년 복간판.

영섭, 이범기, 조원기, 박수산, 차성진, 이진주, 김동화 등은 순정만화의 역사에서 빼놓을 수 없는 인물들이다.

그중에 차성진은 잡지 《르네상스》에서도 활발히 활동했으며 다양한 장르를 섭렵한 김동화의 비블리오그라피에서도 《아카시아》, 《내 이름은 신디》를 빼놓고 설명할 수는 없다. 《달려라 하니》로 국민 육상 소녀를 만들어 냈던 이진주의 전작은 스위스 베른과 취리히를 무대로 한 알프스 소녀 하니의 억척 로맨스 《깜찍한 사랑 하니》였다. 이들의 존재는 순정만화를 오롯이 '만드는 것도 여자, 읽는 것도 여자'라고만 규정할 수 없다는 점을 보여 준다.

이에 대해 일부뿐 아니냐고 반문할 수 있겠다. 하지만 1990년대를 대표하는 만화 잡지라고 할 《윙크》에서 온갖 만화적 실험을 감행하며

《달려라 하니》 이전의 하니는 알프스 소녀였다. 이진주의 1989년작 《깜찍한 사랑 하니》.

현재 'Boichi'라는 이름으로 일본에서 활동 중인 박무직의 1998년 《윙크》 연재작 〈TOON〉. 순정만화 잡지에 연재한 '만화에 대한 만화'였다.

2004년 세상을 떠나 사람들을 놀라게 한 송채성 작가의 미완작 《미스터 레인보우》. 2003년 시공사의 준성인 순정지 《오후》에 연재된 만화로 야오이/BL이 아닌 남성 동성애자를 주인공으로 등장시켰다. 당시로서는 시대를 매우 앞서 나갔으나 작가의 요절로 멈추고 만 점이 통탄스러운 작품이다.

한국여성만화가협회(여만협)의 유일한 남성 회원이 되기도 한 박무직이나 스토리 작가로 한승희와 순정만화 《천일야화》를 만든 전진석, 너무 일찍 세상을 떠나 안타깝지만 《취중진담》과 《미스터 레인보우》로 세상을 향한 세심하고 따스한 시선을 놓지 않은 고故 송채성에 이르기까지 남성 만화 창작자들의 순정만화 진입은 계속해서 이어져 왔다.

순정만화가 여성이 주로 읽는 여성 대상의 만화라는 것은 많은 부분에서 맞아 보이는 이야기지만, 사실은 여성만의 것도 아니고 여성만이 만드는 것도 아니다. 소위 '남성용'으로 간주되는 만화가 주지 못하는 순정만화 인물 간의 관계, 세밀한 서사, 세상을 보는 시선 등에 감화된 남성들도 적지 않다. 이렇게 놓고 보자면 야후코리아의 2000년경 〈순정만화클럽〉 편 광고에 나온 '남자가 순정만화를 본다고?'라는 희화화는—설령 남성'도' 순정만화를 볼 수 있다는 결론을 낸다고 하나—재고되어야 한다고 본다. '순정만화'를 규정할 때 이제는 단순한 성별 이분법이 아닌, 표현 양식과 서사 구성의 지향점으로 구분되어야 하지 않을까.

자투리 1

일본에서 '스토리 소녀 만화' 1호로 꼽히는 작품은 데즈카 오사무(手塚治虫)가 만든 1953년작 〈리본의 기사〉다. 큰 눈을 비롯해 '소녀만화' 하면 생각나는 다양한 시각 기호를 정립해 이후 많은 작품에 영향을 끼쳤다. 데즈카 오사무 공식 홈페이지에 따르면 "어린 시절을 다카라즈카에서 보낸 데즈카 오사무가 다카라즈카 가극의 분위기를 소녀만화로 대체해 그린 판타지"라고 한다. 과연 만화의 신, 만화에 관해선 건드리지 않은 것이 없다.

학산문화사에서 판매 중인 〈리본의 기사〉 전자책.

기자 출신인 장상용은 《만화와 시대정신 1960-1979》(2013, 한국만화영상진흥원)에서 남성 순정만화 작가들에 대해 "순정만화에서 남자 만화가의 존재는 요리계의 남자 주방장과 비슷"하다면서 1960년대 활동한 순정만화 작가 장은주의 발언을 소개한다. "순정만화 작가는 남녀 불문이다. 여자나 남자나 개인적으로 감성이 풍성한 사람들이 따로 있다. 남자가 어떨 땐 더 섬세한 구석이 있다. 여자 중에 더 남성적인 사람도 있는 것처럼."

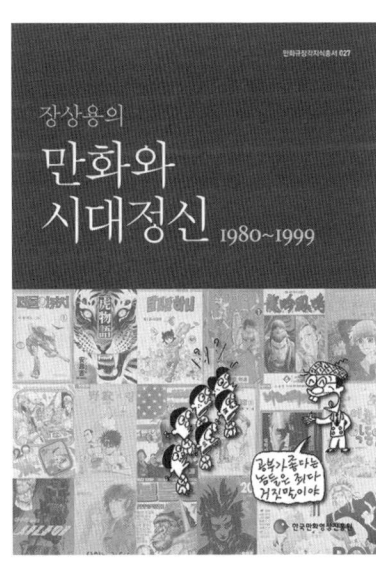

한국만화영상진흥원에서 발간한 만화규장각지식총서 27권 《장상용의 만화와 시대정신 1980~1999》.

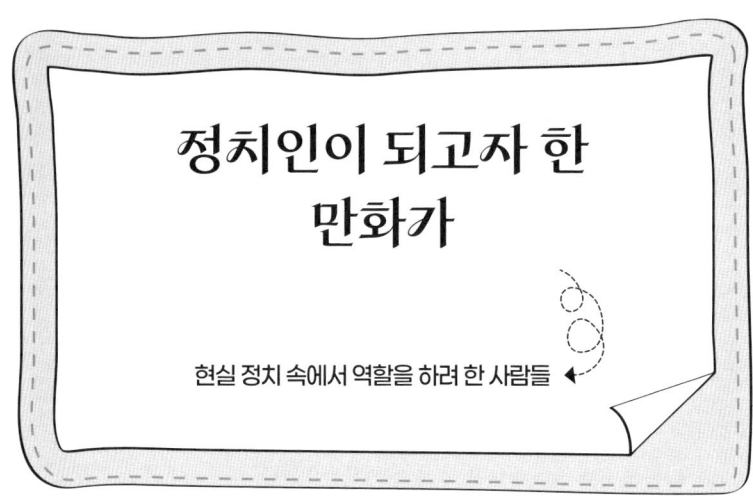

2000년대에 만화가나 업계 관계자들과 만나 농담처럼 나눈 이야기 가운데 하나가 "만화가 출신 국회의원이 나와야 한다."였다. 정부 차원의 탄압 사태를 연거푸 겪다 보니 사회에서 만화의 위상을 높이기 위해서는 단지 잘 팔리게 하는 것을 넘어 정치적 힘을 발휘할 수 있어야 한다는 일말의 기대가 반영된 발언이라 할 수 있다. 당시 입방아꾼들의 하마평에 오른 인물은 다름 아닌 이현세다. 화제성과 상징성은 물론 〈천국의 신화〉 건으로 쌓인 정부 당국의 업보(?)를 정산할 적임자라는 암묵적인 동의(?)가 사람들 사이에 있는 듯했다.

대의제 민주주의 사회에서 정치는 단지 '높은 분'을 만들기 위함이 아니라 직면한 현실에서 자신이 옳다고 생각하는 바에 힘을 싣는 과정이며, 정치인이란 시민의 뜻을 대의하는 사람이다. 그러므로 정치인이 된다는 것은 내 분야만이 아니라 나라가 나아가야 할 방향에 대한 의견을 대신하겠다는 강력한 의지의 표현이자, 각자가 입법부에 속한 헌법 기관으로서 양심과 신념에 따라 입법, 즉 시민들의 삶에 직접적으로 관여하는 법률 제정에 임하겠다는 표현의 발로다.

그래서 뒤풀이 자리 등에서 나온 '국회의원 이현세'는 만화인들의 즐거운 상상이자 표현의 자유를 위한 일말의 바람이었지만, 만화가가 실제로 현실 정치를 하겠다고 나서는 일은 완전히 다른 이야기다. 정치 혐오자들 입장에선 국회의원이 놀고먹는 직종의 대표주자 같지만 실제로 입법/수정 과정은 보통 난도 높은 일이 아니기 때문이다. 이런 국회의원 선거에 만화가가 직접 나선 사례가 한국과 일본에 한 건씩 있다. 차이가 있다면 한국의 출마자는 낙선했고, 일본의 출마자는 당선되어 집권당 국회의원이 되었다는 사실이다.

백무현

《서울신문》에 〈백무현 서울만평〉을 연재한 만화가 백무현은 1964년생으로 여수에서 태어났다. 1988년 《평화신문》 창간 당시부터 만화를 그렸으며, 《언론노보》와 《월간 말》, 《대학신문》, 《노동자신문》 등에서 시사만평과 시사평론 등을 실어 왔다. 그의 가장 큰 경력이라 할 《서울신문》 연재는 1998년부터 2012년까지 진행되었다.

1996년 광복부터 전두환·노태우 구속까지를 다룬 〈만화로 보는 한국현대사〉를 출간한 이래 2005년부터는 《만화 전두환 1~2》, 《만화 김대중 1~5》 등 전직 대통령 시리즈를 출간하기 시작했다. 2012년에는 《만화 문재인》과 《만화 정주영》을 냈고, 노무현 전 대통령의 마지막 하루를 소재로 한 《만화 노무현》을 2015년에 냈다. 전직 대통령 시리즈 가운데 독재자 박정희의 실체를 다룬 2005년작 《만화 박정희》가 특히 화제였는데, 민족문제연구소의 기획으로 백무현이 글을 쓰고 〈장도리〉를 《경향신문》에 연재하던 박순찬이 그림을 그렸다. 그 외의 경력으로는 2002년 언론개혁 시사만평집 《언론, 딱 걸렸어》 출간, 전국시사만화작가회의(현 시사만화협회) 제2대 회장, 전국시사만화작가회의의 만평웹진 뉴스툰 회장이 있다. 백무현이 전국시사만화작가회의 회장직을 수행하며 내건 목표는 냉전, 학벌, 남성 중심 이데올로기에 젖은 시사만화계의 자정이었다.

 백무현은 2012년 《서울신문》에 사표를 내고 문재인 대통령 후보 시민 캠프의 공동 대변인으로 정계에 입문, '운명을 바꾼 남자'라는 부제를 붙인 《만화 문재인》을 낸다. 2012년 문재인이 제18대 대선(2012.12.19.)에 출마했다가 박근혜에 패하면서 빛이 바랬지만, 2016년 2월 정권 교체의 밀알이 되겠다며 제20대 총선(2016.04.13.)에서 고향인 여수의 지역구 국회의원 후보로 직접 출마했다. 당시 상대 후보는 민주당에서 국민의당으로 당적을 바꾼 주승용 의원(당시 3선)이었고, 백무현은 이듬해 있을 대선에서 정권 교체를 하지 않으면 안 된다면서 출마를 강행했다. 선거 포스터의 카피는 "변절 분열정치 심판! 백무현이 있습니다 ― 당당한 새 인물 백무현"이었다. 그런데 선거운동

제20대 국회의원선거 여수시을선거구 기호 2번 백무현 후보의 책자형 선거공보물.

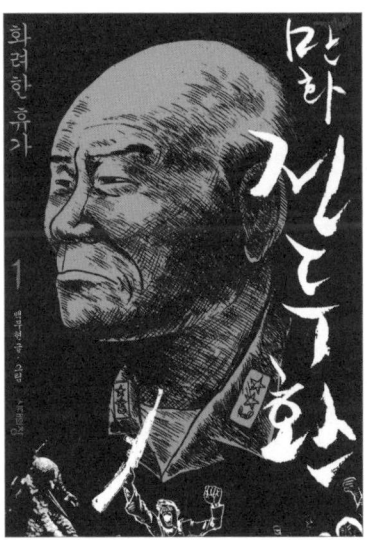

백무현의 2007년작 《만화 전두환》.

백무현 별세 1주기를 맞아 열린 추모전 〈청년 백무현〉.

막바지에 암 발병 사실을 알게 되었다. 발견 당시 위암 3기였고, 그 여파로 선거 막바지엔 유세조차 제대로 할 수 없었다.

토론회에 나가지 못하면서 상대 당에 몸 관리를 못 한 게 아니냐는 비아냥을 사면서도 병명을 남에게 알리지 않고 총선을 완주했다. 그러나 36.8퍼센트 득표로 패배한 백무현은 병원을 옮겨 가며 투병 생활을 해야 했다. 당시 후원회장을 맡은 영화배우 문성근과 고향 선배인 카피라이터 정철이 응원을 부탁하며 병원비를 모금했다. 더불어민주당 전 대표 신분이던 문재인도 네팔에서 돌아오자마자 첫 행선지로 병실에 들러 쾌유를 빌었지만 백무현은 병세를 이기지 못하고 2016년 8월 15일 23시 55분 별세했다. 2016년 8월 17일 《뷰스앤뉴스》가 보도한 〈문재인 "백무현 화백님, 정말 고마웠습니다"〉라는 기사에 따르면 문재인은 빈소를 찾아 기자들에게 "지난번 총선 땐 내년 정권교체가 안 되면 (안된다). 우리 정치를 바꿔야 한다면서 정말로 정치적이지 않은 분인데 무리해서 출마도 하셨다. 완전히 스스로 자신을 불태운 것 같다."라고 언급하기도 했다.

백무현이 제20대 총선에서 국회의원이 되었다면 우리나라 최초의 만화가 출신 국회의원이었겠지만 그러질 못해 아쉬움이 있고, 당사자가 사망하는 바람에 다음을 기약할 수 없게 된 점 또한 아쉽다. 펜을 놓고 현실 정치에 뛰어들어 세상을 바꾸려 한 선택이 쉬 내릴 수 있는 것이 아니었기에 더욱 그러하다.

아카마쓰 겐(赤松建)

2022년 7월 10일 진행된 일본의 제26회 참의원 선거는 집권 여당이던 자유민주당(이하 '자민당')이 과반 의석을 확보하며 압승했다. 이 선거에서 만화가가 참의원(양원제를 채택 중인 일본 국회의 상원에 해당) 비례대표로 당선되어 화제를 모았다. 주인공은 《A. I.가 멈추지 않아》(국내 번역명: 《아이 러브 서티》), 《러브히나》(국내 번역명: 《러브 인 러브》), 《마법선생 네기마》, 《U. Q. 홀더》 등을 그린 아카마쓰 겐이다. 그는 일본만화가협회 이사로 활동하며 만화나 애니메이션의 표현 규제에 반대하는 목소리를 내어 왔다.

2021년 12월 16일 아카마쓰 겐은 트위터(현 'X')에 "나는 표현의 자유를 지키기 위해 오는 여름 참의원 선거에 입후보할 의지를 굳혔습니다."라고 밝히며 정치 입문을 선언해 화제를 모았다. 그런데 이러한 선언은 갑작스러운 일은 아니었다. 2013년 7월 21일 열린 일본 참의원 선거에서 자민당이 압승하는 결과가 나오자, 아카마쓰 겐은 이튿날 트위터에 "표현 규제에 반대했던 의원들이 여럿 낙선했다."면서 좌절감을 표시한 바 있다.

이 트위터 타래에 따르면 아카마쓰 겐은 표현 규제 반대는 표로 연결되지 않고 국민도 흥미가 없음이 증명되었으며, 어느 쪽이든 이제 자민당의 '협력' 없이는 움직일 수 없게 됐고, 욕할 게 아니라 자민당에 머리 숙여 이야기를 들어 달라고 해야 한다고, 예의와 논리성을 갖고 활동해 달라고 규제 반대파에게 요청하기도 했다. 해당 트윗의 타래는 "반대파는 단결하긴 어렵고 아군 등 뒤를 쏘는 건 비교적 잘하는데, 뭉치지 않으면 아무것도 할 수 없습니다. 여야 의원 중에서 같은 편을 늘립시다. 남은 시간이 적습니다."로 끝난다. 아동 포르노 금지법을 비롯해 일본에서도 표현 규제에 해당하는 법안이 있고, 이로 말미암아 창작에 제약을 받지 않기 위해서는 현실 정치에 힘을 실어야 할 당위성을 느낀 것으로 볼 수 있다.

일을 뜻하는 대로 벌이기 위해서는 슬로건만이 아니라 실제로 힘을 휘두를 수 있는 쪽에 들어가야 한다. 보수 우파 중심인 자민당 체제에 비판적이던 아카마쓰 겐이 자민당으로 입후보한 까닭 또한 여기에 있다. "여야에 같은 편을 만들어야 한다."라는 아카마쓰 겐의 2013년 발언은 그런 점에서 우리에게도 시사하는 바가 있다. 공교롭게도 비슷한 시기인 2012년 한국의 국회의원 선거에서 만화가 고故 백무현이 낙선했고, 같은 시기 만화와 연관성 있는 법안을 낸 최민희, 김광진 등이 낙선 혹은 경선 탈락 형태로 정치권에서 멀어지는 일이 일어났다. 일을 추진하기 위한 실질적인 힘에 대한 생각이 비슷한 시기 한일 양쪽에 있었다고 볼 수 있다. 아카마쓰 겐의 참의원 당선은 필요한 힘을 만화가가 직접 쟁취했다는 측면에서 중요한 '사건'이었다.

물론 문제는 있다. 일단 자민당이라는 정치 결사의 기저에 깔린 발상이 표현의 자유와 부합하질 않는다. 자민당도 다양한 스펙트럼을 지녔고 우리가 생각하듯 구성원 모두가 일본 제국주의를 계승하는 극우라고 보기는 어렵지만, 본질은 보수 우파다. 표현의 자유를 추구한

아카마쓰 겐의 자민당 비례 투표 응원 이미지.

아카마쓰 겐의 대표작 《마법선생 네기마》. 마법사 영재 소년을 주인공으로 한 하렘 러브코미디다.

2021년 12월 16일 아카마쓰 겐의 트위터 글. 출마 결심을 굳혔다는 내용이 담겨 있다.

다는 점에서 아카마쓰 겐과 동지 격이라 할 같은 당의 야마다 타로山田太郎는 일본군 '위안부'를 형상화한 평화의 소녀상이 출품된 전시인 2019년 아이치 트리엔날레의 〈표현의 부자유전〉에 대해 "표현이 마음에 안 든다"라는 목소리를 낸 전적이 있다. 해당 전시를 훼방 놓은 오무라 히데아키大村秀章 아이치현 지사도 자민당 소속이다. 심지어 일본 만화 규제 역사에서 빼놓을 수 없을 악명 높은 '도쿄도 조례'를 내놓은 소설가 출신 망언 제조기 고故 이시하라 신타로石原慎太郎도 자민당 소속이었다.

정치적 힘을 위해서는 큰 당에 들어가야 한다는 당위는 유의미하고 일본 정치는 자민당 외의 정당이 거의 힘을 쓰지 못하는 형국이란 점도 고려했을 터다. 하지만 아카마쓰 겐이 내놓은 표현의 자유는 일본 사회가 불편해하는 작품을 '가리려는' 종류의 압력을 향하기보다 '캐릭터를 성적으로 표현할 자유'를 향해 있었으며, 어느 사이엔가 그 자신도 비판자들을 향해 '지나친 젠더론' 같은 발언을 내놓았다.

사실상 아카마쓰 겐 의원은 표현의 자유가 적용되어야 할 지점에서 지극히 자민당식 우파 노선에 편승한 채 가상 캐릭터를 성적으로 표현할 자유에만 집중할 가능성이 컸다. 여기에 보통 국가, 즉 전쟁 가능한 국가로 나아가는 데 당력을 집중하는 자민당 내에서 온전한 표현의 자유를 비례 초선이 밀고 나가기는 쉽지 않았다. 더구나 동지인 야마다 타로는 불륜 문제가 발각되어 2023년 9월 15일 기시다 제2차 기조내각에 임명되었던 문부과학 정무관에서 한 달여 만에 사퇴해 아카마쓰 겐의 활동이 넓어질 가능성은 훨씬 줄어들었다. 아카마쓰 겐의 입후보 자체가 당내 오타쿠 대상 표를 대표하는 야마다 타로에게 문제가 생겼을 때를 염두에 둔 것이었는데, 실제로 그런 문제가 발생하고 만 셈이다.

아카마쓰 겐의 정치 입성에서 봐야 할 점은 '실질적인 힘'에 대한 고민이다. 업계를 대표할 국회의원이 있고 없고는 매우 큰 차이가 있다. 하지만 한국도 일본도 바깥에서 보기엔 국회의원이 대단해 보일지 몰라도 초선, 그것도 비례대표의 추진력에는 한계가 있다. 그러므로 관건은 당선 사실보다 당선인이 업계와 대중의 여론을 얼마나 지속적으로, 그리고 명확하게 한쪽으로 모을 수 있느냐 하는 문제일 것이고, 나아가 그렇게 당선된 사람의 의지를 지지하는 재선 이상의 의원들을 규합하는 입법 로비가 이뤄져야 한다. 아카마쓰 겐의 활동이 어떤 결과를 낼지는 비슷한 일이 산적한 한국에 던지는 많은 시사점이 있을 것이다.

2024년 1월 5일 더불어민주당은 공천관리위원회 위원 중 한 명으로 〈풀하우스〉를 그린 만화가 원수연을 선임했다. 원수연은 초기 연구자들을 중심으로 진행되던 만화진흥법(만화진흥에 관한 법률)을 만화가 측 입장으로 이어받아 중점 추진한 인물로, 행보에 여러 비판이 있었으나 정치인이 될 이를 뽑는 데 이름을 올림으로써 만화가 중 현실 정치에 가장 가까운 자리에 오르는 기록을 남겼다.

원수연의 대표작 〈풀하우스〉.

자투리 2

본인이 정치를 한 건 아니지만 대통령선거에서 공개적인 지지 연설로 목소리를 보탠 만화가로 〈야후〉, 〈미생〉을 그린 윤태호가 있다. 2017년 4월 29일 MBC에서 방영된 제19대 대통령선거 찬조 연설에서 문재인 당시 더불어민주당 후보를 지지하는 연사로 단상에 오른 윤태호는 본인이 〈미생〉을 그리면서 감동적인 만화 만들기를 포기하고 낯선 직장생활의 모습을 그렸듯 우리 정치가 얄팍한 정치공학을 포기하길 희망한다고 말하는 한편 〈내부자들〉의 "국민은 개돼지"라는 대사가 현실에 나오는 걸 보며 소름이 돋았다고 했다. 또한 윤태호는 연설 중 세월호 참사를 언급하면서 눈물을 흘려 깊은 인상을 남기기도 했다.

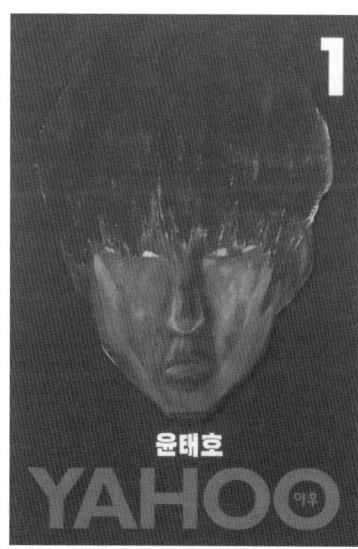 

윤태호의 대표작 〈야후〉와 〈미생〉.

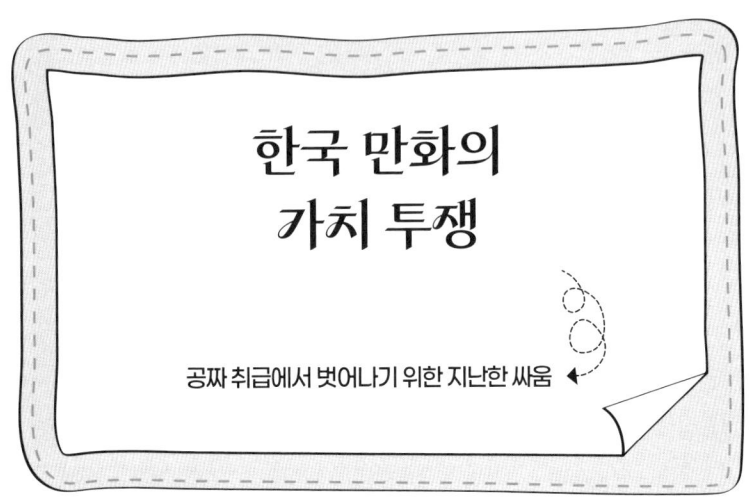

"넌 아직도 만화를 돈 주고 보니?"의 비극

한국 만화의 헤게모니가 웹툰으로 넘어간 데는 청소년보호법 사태, IMF 구제 금융, 도서대여점 창궐, 초고속 인터넷 가정 보급, 불법 스캔만화 같은 여러 요인이 복합적으로 작용했다. 1997년 당시 정부와 집권 여당은 만화를 때려 사회 분위기를 다잡아 보려 했으나 경제 위기를 자초하며 무너졌다. 파탄 난 경제 속에서 대량 실업에 따른 비자발적인 자영업자가 급증했는데, 자구책으로 도서대여점을 여는 이들이 늘어 한 골목에 몇 개나 들어서 경쟁하는 사례가 빈번했다.

도서대여점의 주 품목은 만화와 소설, 그중에서도 명확히 판매용으로 출시한 만화책이었다. 대여비는 권당 500원에서 300원을 거쳐 100원까지 떨어졌다가 매출 감소를 견디지 못한 점포들이 문을 닫으면서 골목당 한 개꼴로 생존해 대여비가 권당 300원가량으로 정착하게 되었다. 이들 가운데 상당수는 만화 총판을 통한 입고, 반품을 통해 결과적으로 만화책을 구매하지 않고 장사하는 이른바 무투자 영업으로 업계에 악영향을 끼쳤다.

여기에 일부 출판사와 작가 들이 골목마다 입점한 도서대여점의 특성에 맞춰 양을 불린 만화를 다수 출판했으니, 이는 전국에 산재한 만화방(대본소)을 중심으로 성립한 1960~1980년대 초중반까지의 대여용 만화 유통 방식으로 퇴행한 것이었다. 차이가 있다면 대본소는 업소 내에 비치된 만화를 돈을 내고 보고 나오는 것이고, 도서대여점은 판매용 책을 2박 3일가량 집으로 가져가서 보고 반납하는 구조였다는 것 정도다.

이 시기에 만화를 접한 이들에게 도서대여점은 만화를 다양하게 만날 수 있는 낭만적인 공간이었다. 2022년 방영된 TV 드라마 〈스물다섯 스물하나〉의 주인공 나희도는 《풀하우스》의 애독자로 '명진 책 대여점'에 드나드는 모습을 보여 주는데, 그 시기 학생들에게 도서대여점이란 빼놓을 수 없는 만화 독서 창구였던 셈이다. 하지만 시기로 포장된 낭만이나 자영업자가 된 이들의 몇 안 남은 호구지책이라는 절박함과 달리 도서대여점은 당시 권당 2000~3000원이던 박리다매형 출판만화 시장의 가치 기준을 뒤흔들었다.

〈서북의 저승사자〉 작가 양세준이 2022년 3월 21일 페이스북에 쓴 글. 〈스물다섯 스물하나〉의 주인공 희도가 도서대여점에서 빌려 온 책을 엄마에게 찢기고 보인 반응을 보며 든 생각을 담고 있다. "그럼 단행본 좀 사지."

유통망 자체가 과거 대본소용 만화 방식에서 벗어나지 못한 탓도 있었겠으나, 최종 소비자가 만화를 더는 '살 것'으로 보지 못하게 만들었다는 사실 만큼은 명백했다. 도서대여점이 없었다 하더라도 만화가 디지털 환경으로 전환되었으리라는 예측은 설득력이 있지만, 그 과정에서 도서대여점이—오롯이 도서대여점의 책임은 아닐지라도—3000원대 만화책을 권당 300원으로 여기게 만들었다는 사실을 빼놓고 이야기할 수는 없다.

사회가 초고속 인터넷 환경으로 전이해 가는 과정에서 도서대여점은 만화를 0원으로 취급하는 이들을 만나게 된다. 도서대여점에서 빌린 책을 정성스레(?) 스캔해서 웹 공간에 유포하는 사례가 확산했기 때문이다. 만화 가치 절하의 가속화가 종국엔 도서대여점의 목을 죄는 상황에 도달했다. 여기에 2000년대 초반 등장한 인터넷 웹 서비스들은 시작부터 광고를 수익 모델로 설정하고 이용자를 대거 끌어모으기 위해 콘텐츠 무료 배포 전략을 펼쳤다.

웹 공간을 열 수 있는 호스팅, 게시판 서비스 등이 모두 무료로 풀리면서 천리안이나 하이텔 등 유료 PC통신을 이용하던 이들이 급속하게 웹으로 활동 반경을 전환했다. 1997년 이후 등장한 〈스노우캣〉이나 〈마린블루스〉 또한 이 시기의 붐을 타고 홈페이지를 개설해 자기 독자를 직접 만든 경우에 해당한다. 〈순정만화〉로 장편 창작극으로서의 웹툰을 정착시킨 강풀도 직접 연 홈페이지에서 〈지치지 않을 물음표〉를 무료로 선보이며 화제를 모았다. 이런 방식은 개인 단위의 노출 전략이다. 문제는 업체다. 업체가 직접 연 '온라인 만화방'이라는 포털 기반 대규모 웹 만화 서비스들은 엄청난 파문을 몰고 왔다. 당시 개를 활용한 재기발랄한 광고를 선보여 화제를 모은 라이코스는 학산문화사와 손을 잡고 온라인 만화방 서비스인 D3C.net을 열었다. 이 업체의 캐치프레이즈는 "넌 아직도 만화를 돈 주고 보니?"였다.

그런데 이 업체는 불법 스캔만화의 원천으로서 각광(?)받게 된다. 초기형 웹 서비스답게 디지털 저작권 관리 기술DRM: Digital Rights management에 대한 개념도 없이 스캔한 데이터를 올렸다가 이를 대량으로 유출, 유포하는 이들을 양산한 것이다. 도서대여점에서 빌린 책을 스캔하던 시기를 지나 업체에서 유출된 데이터가 불법 공유 사이트를 돌아다니기 시작하자 만화는 더는 돈 주고 볼 게 아니게 되었다. "넌 아직도 만화를 돈 주고 보니?"라는 질문에 대한 답은 이렇게

'만화=무료'라는 공식으로 완성되었다.

2003년 이래 다음(현 카카오), 네이버 등의 주요 포털 서비스가 세로 스크롤만화를 상업 연재용 만화로 받아들여 웹툰 시장을 연 시점에도 무료는 중요한 전략이 된다. 포털들은 뉴스 서비스 옆에 만화를 배치하는 식으로, 이용자를 주요 서비스로 진입시켜 머물게 하기 위한 미끼 상품으로 만화를 활용했다. 이런 기조는 스마트폰이 정착되는 2010년대 초반까지 고스란히 이어진다.

가치 회복으로 향하는 머나먼 길

벌어진 일에 '어찌 됐든 결국은 그렇게 됐을 것이다.'라는 운명론적, 예정 조화적인 입장을 취하는 건 간편한 일이다. 하지만 여러 이유를 막론하고 도서대여점과 불법 스캔본, 포털이라는 과정을 거치며 만화는 제값은 고사하고 돈 낼 이유가 아예 없는 대상이 되고 말았다는 사실을 부정할 수는 없다. 한 번 바뀐 인식을 바로잡기까지 10여 년이 넘는 시간이 걸렸다. 유료화 시도가 조금씩 일어나기 시작한 2011년을 지나, 스마트폰을 통한 개인 결제가 가능해지면서 포털 외 웹툰 전문 플랫폼들이 등장한 2013년에 이르러 웹툰도 '돈을 내야 볼 수 있기도 하다'라는 데까지 도달했지만, 그 사이에 있었던 유료 만화 시도는 철저하게 실패했다.

먼저 2002년 한국 SF 만화의 가능성을 연 〈기계전사 109〉의 작가 김준범이 본인의 매니지먼트사로서 해당 작품을 복간한 출판기획 그

김준범 1인 웹진 《엑스타투》(xtaatu.com)의 2002년 11월 하순 대문.

리미와 함께 1인 만화 웹진《엑스타투》를 열고 직접 결제가 가능한 유료 만화의 가능성을 타진했다. 신작과 구작, 비출판작의 다양한 노출이라는 승부수를 띄웠지만 성과를 내지 못했다.

김준범 개인의 작품만 있었기 때문일까? 현재는 대형 만화 기획/에이전시가 된 재담미디어를 이끌고 있는 만화 편집자 출신 황남용의《만끽》은 2007년 1월 출범 이후 영화로 만들어지기도 한 윤태호의〈이끼〉를 대표작으로 삼아 다양한 신인 작가의 작품이 포진하여 화제를 모았으나 유료화가 시작된 시점부터 반응이 급격히 떨어지더니 1년여 만인 2008년 3월 운영을 중단하고 말았다. 이후 윤태호의〈이끼〉와 한의〈사색전 홍紅〉을 비롯해 일부 작품이 포털로 옮겨 연재되

2007년 윤태호의 〈이끼〉를 대표작으로 내세워 개장한 웹진 《만끽》. 편집장이었던 황남용은 이후 재담미디어를 설립해 대형 웹툰 에이전시 겸 제작사로 발돋움한다.

었는데, 작가와 작품에 대한 평가를 논하기에 앞서 포털 이외의 공간에서 노출할 길이 없었다는 점과 유료에 대한 거부감이 결부된 결과였다 할 수 있다.

물론 앞서 유료화를 꾀하던 양 업체의 작품들이 이미 확고하게 변한 만화의 트렌드보다 출판만화의 분위기를 유지하고 있었다는 평가도 가능하지만, 상황은 돈을 주고 책을 사 보던 '만화 독자'가 아니라 그저 재미를 추구하는 통상의 웹 이용자를 끌어내는 압도적인 노출도가 관건이 되는 시대로 바뀌었다. 상황이 이렇다 보니 이들에게 '열람료'를 요구하는 노출을 직접적으로 저해하는 요소였다.

스마트폰이라는 개인 단위 결제가 가능한 기기가 급속도로 보급되면서 비로소 포털에선 쉬 시도되지 못할 소재를 건드리는 웹툰 플랫폼들의 등장으로 웹툰의 유료 결제 시대가 본격적으로 열렸다. 2011년부터 완결 웹툰을 중심으로 유료화를 꾀한 포털 다음에 이어 상황을 다소 회의적으로 바라보던 네이버도 2012년 말부터 두 달간 3770만 원을 벌어들인 주호민의 〈신과 함께〉를 시작으로 웹툰 유료화의 성과를 눈으로 확인한 후 수익 분배 프로그램인 PPS Page Profit Share를 도입해 첫 달 매출 6억을 달성했다. 2024년 기준으로는 적은 돈일지 몰라도 시작 당시에는 엄청난 가능성으로 보이는 액수였다. 이후 포털 웹툰을 비롯해 다양한 웹툰 플랫폼에서 웹툰은 매우 중요한 수익 모델로 자리 잡게 되었다.

유료화 시대로 가까스로 들어왔지만

2012~2013년 당시 네이버 웹툰 유료화의 시작점을 찍은 주호민 작가에게 쏟아진 반응을 보면 웹툰에 대한 가치 판단이 어디까지 떨어졌는지를 확인할 수 있다. 당시의 반응을 발췌하면 다음과 같다.

"작품으로 맘대로 이윤내는 게 정당하다면 대기업이 자본으로 시장 독점해 이윤내는 것도 정당하냐, 경제 논리에 대해 무지하다", "주호민님. 크게 실망입니다. 작가의 말에 유료화 관련 이야기가 있어서 보니 유료화를 적극 찬성하시더군요… 개인적으로 블로그 시절부터 짬등 다 봐 온 사람인데 실망했습니다." 화룡점정은 이것이다. "진보적이고 사람을 생각하시는 분 아니었나요? 영화 판권과 웹툰 원고료로는 부족하셨나요? 무엇 때문에 유료화를 찬성하시는건지 잘 모르겠습니다. 다시 생각해주세요… 다시 한 번 말 하지만 정말 팬입니다."

이에 대한 주호민 작가의 대답이 걸작이다. "일베 분이시군요. 보수도 유료화 앞에선 공산주의자가 된다!" 일련의 논란을 지나 보낸 후 주호민 작가는 이런 글을 트위터에 적기도 했다. 2013년 1월 14일의 일이다. "완결된〈신과 함께〉를 유료화하면서 든 걱정은 '과연 사람들이 돈을 내고 볼까?'였고 댓글에도 '웹툰을 누가 돈 내고 보냐 ㅋㅋ'라는 조롱도 많았는데… 사람들이 돈 내고 본다. 수치가 말해준다."

당시는 완결 작품을 중심으로 시도한 실험이었지만, 문자 그대로 돈 내고 보는 사람의 수를 확인할 수 있었다는 점에서 업계의 중요한 분기점이 되었다. 무엇보다 웹툰이 웹소설 시장의 도래 이전까지는 오랜 시간 포털 업체가 거의 유일하게 '사 오는' 것이 아닌 '만드는' 데 투자하는 콘텐츠였기 때문에 광고 영업을 위한 시식 코너로 치부하는 데 분명한 한계가 다가오고 있었기 때문이다.

2020년대 들어 웹툰 시장 규모가 커진 것은 만화를 무료 배포하던 잘못된 인식 구조를 딛고 유료화 모델을 확립한 결과였다. 그렇다고 포털 업체들을 마냥 칭찬할 수만은 없다. 네이버 웹툰의 김준구 대표는 2012년까지만 해도 "현재 무료 웹툰은 말하자면 프로모션 플랫폼이다.", "섣부른 유료화는 자칫 독자들에게 웹툰을 알리는 통로를 제한할 수 있다."(이정흔,〈포털 한복판 차지한 '간판스타'〉,《머니투데이》, 2012.10.27.)라며 경계하고 있었기 때문이다. 만화가 무료여야 한다는 인식이 독자를 포함해 만화와 관계된 모두가 밟지 말아야 할 선택지

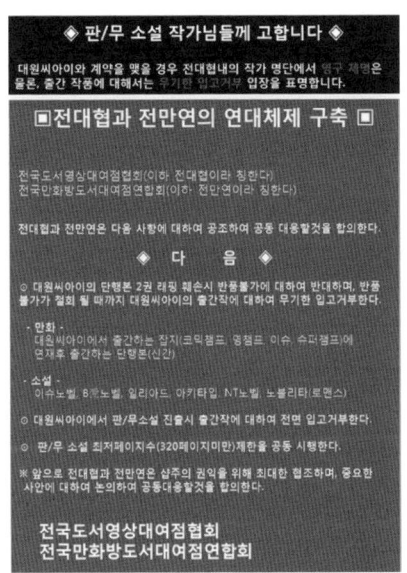

2009년 초 도서대여점 업주 단체가 돌린 연판장. "대여점이 아니라면 소장용 대박급 몇 작품을 제외하고 판매나 되겠습니까? 거의 대부분의 판매실적을 올려주는 곳이 바로 전국의 대여점입니다."라는 문구에서 만화의 시장성에 대한 폄훼와 조롱이 묻어난다. 소설가이자 만화 스토리 작가인 임달영은 이에 대해 같은 해 3월 27일 자신의 블로그에 올린 글에서 업주들이 부모 연배들이고 또한 생계수단이란 점이 있어 불이익에도 묵인해 왔지만, 그 노력이 어디까지나 "대여점이 작가와 출판사에게 고마워 하는 마음이 있을 때 의미가 있는 것입니다."라며 분노했다.

들을 고루 밟은 끝에 형성된 것이었듯, 만화가 유료일 수 있다는 인식 또한 일군에서 이대로는 안 된다고 계속해서 외치고 외친 결과였다.

포털들은 언제 그랬냐는 듯 보도를 통해 자사가 웹툰 유료화의 첨병이며 작가들에게 수익을 많이 분배하고 있다며 평균치 액수를 계속해서 노출하고 있지만, 그들이 잘못 들어선 인식을 활용하여 시장을 장악하고 그에 따른 이익을 오랜 시간 누려 왔던 이들임을 잊어선 안 된다. 시장 지배적 사업자란 무엇이 옳은 방향인가에 대한 방향을 제시할 수 있어야 하고, 그럴 생각이 없다면 그 위치에 서 있어서는 안 된다.

어쨌거나 값을 치르고 만화를 보는 시장이 들어섰으니 문제가 해결된 걸까? 천만에. 어떻게 더 잘 분배할 수 있는가 하는 문제가 남아 있다. 또한 돈을 냈다는 이유로 작가들에게 '갑질'하려는 이들을 어떻게 제재할 것인지도 남은 문제다. 이제는 유명무실해진 도서대여점의 전철을 포털 웹툰이 밟지 말라는 법이 없다. 우리가 들어놓지 않으면 당신네가 돈 벌 수 있을 줄 아느냐며 출판사에 으름장을 놓으며 도서대여점 업주 단체들이 연판장을 돌리던 관행이 아무런 의미가 없어진 것은 2009년 초였다. 그들은 래핑을 뜯은 책의 반품을 받아 주지 않겠다는 출판사의 통보에 분노했지만, 정작 반품을 활용해 비용을 들이지 않고 경쟁적으로 장사하며 스스로 시장을 궤멸 상태로 몰아넣었다. 2009년은 만화 시장의 변화 면에서 볼 때 늦어도 너무 늦은 시기였다. 돈이 벌릴 때는 나쁜 결과를 예측하기 어렵다.

> **자투리**

"광고는 10컷~네이버는 보너스컷으로 컷수 꾸역꾸역 채우며 4컷ㅋㅋㅋ이번 결혼식 에피소드도 한 이야기 분량 다섯토막으로 쪼개서 20컷에 5쿠키 처먹어버리는 마님 굿굿! 댓글이 폭주하는데도 눈막귀막 대처하시는 모습이 아름다워요. 이젠 갈비찜 레시피까지 댓글에 올라왔던데..이미 실패한 작품이라는 게 인증되죠?ㅎㅎ 그런식으로 연재하실 거면 다시 인스타로 돌아가세요"

〈마님이네 미국 시골집 이야기〉라는 제목으로 네이버 웹툰에 만화를 연재 중인 마님 작가의 개인 인스타그램 @manim_toon에 달린 댓글 내용이다. 임신 중 연재라는 일정을 소화하는 작가에게 가하는 어처구니없는 힐난이지만, 유료화 이후 만화의 가치에 대한 사람들의 인식이 엿보이는 대목이기도 하다. 주 1회 70~100컷 이상의 풀컬러 연재를 무료로 진행하는 것을 당연하게 여기는 이들에게 유료 연재에 짧은 만화를 싣는다는 것은 언어도단인 것이다. 하지만 달리는 댓글이란 게 이런 식이다. '분량이 왜 4컷뿐이냐', '당신은 이렇게 쉽게 돈 버는데 밤샘 작업하는 다른 사람에게 미안하지도 않느냐', '당신 같은 사람 때문에 실력은 좋은데 데뷔도 못하는 다른 작가들은 얼마나 짜증날까?'

아무 말이나 늘어놓는 게 웹툰 독자들만은 아니지만, 유료로 돈을 받았으니 남들만큼은 해야 한다는 식의 기준을 제멋대로 세우는 것은 올바르지 않다. 웹툰의 현 노동 환경은 이미 지나치게 가혹하기 때문이다.

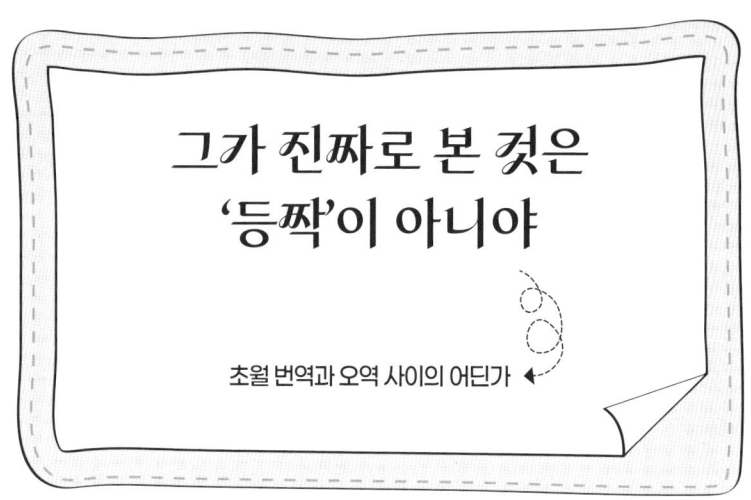

그가 진짜로 본 것은 '등짝'이 아니야

초월 번역과 오역 사이의 어딘가

우리가 외국어 작품을 접할 때 해당 외국어의 모국어 화자(네이티브 스피커)가 아닌 이상 '번역' 과정을 거치는 게 보통이다. 그런데 언어란 그 언어를 쓰는 일원이 구성하는 사회의 산물이자 시대적 맥락이 강하게 작용하는 수단이기 때문에, 어떤 언어도 원어와 일대일 대응은 불가능할뿐더러 받아들이는 사회의 당대 상황에 지대한 영향을 받는다. 이런 연유로 번역은 원래의 말을 충실하게 옮기는 역할과 더불어 이를 받아들이는 우리의 현재를 비추는 거울의 역할도 한다.

'등짝 논란'의 실체

압도적인 작화와 끝없이 어두운 세계관으로 많은 이들의 시선을 모은 일본 만화로 〈베르세르크〉가 있다. 작가인 미우라 겐타로三浦健太郎가 병으로 요절하는 바람에 끝을 볼 수 없게 되었지만 수많은 명장면과 명대사로 정평이 난 작품이다. 그런데 이 만화가 우리나라에서 번역판으로 공개되었을 때 엉뚱한 이슈로 회자된 적이 있다. 문제가 된 장면은 비교적 초반부인 4권, 주인공 가츠가 소년이던 시기의 이야기를 다룬 부분이다. 전쟁에 출정하여 좋은 성과를 올린 소년에게 눈독을 들이던 같은 용병단 소속 도노반이 천막에서 쉬고 있던 가츠를 겁탈하는 모습이 그려졌다.

남자가 대부분인 집단에서 성적 욕구를 풀기 위해 남색을 하는 경우는 역사상으로도 왕왕 있는 일이지만 아홉 살 꼬맹이에 불과한 가츠 입장에서는 그야말로 날벼락이다. 도노반은 큰 덩치로 가츠를 누르고는 천으로 재갈을 물린 채 읊조린다. "소란 피우지 마! 잡아먹는 게 아니야, 잠깐만 얌전히 있으면 돼…… 헤헤…… 등짝을 확인해 볼게 있어", "잠깐만 보면 돼! 이러면 재미 없어. 버둥대지 말아. 잠깐이면 돼", "감비노도 궁금해 하더라고… 등짝! 등짝을 보자!"

이것이 바로 역사에 남을 만한 대사로 회자되는 '등짝' 타령이다. 그런데 원래의 대사는 무엇이었을까? 도노반이 말한 내용은 단지 '남색'이라서 문제인 게 아니었다. "버둥대지 마! 나는 감비노에게 돈을 냈

135

미우라 켄타로의 《베르세르크》 한국어판 4권 표지. 문제의 '등짝' 회차가 담겨 있다.

다고! ジタバタするんじゃねぇ!! こっちはガンビーノに金払ってんだからな!!", "나는 오늘 밤 널 샀어. 감비노한테서 은화 세 닢으로 말야 オレは今夜一晩 おまえを買ったのさ. ガンビーノから銀貨3. 枚でよ.", "넌 팔린 거라고. 감비노한테 おまえは売られたんだよ ガンビーノに." 그러니까 도노반의 말은 단지 비역질이 아니라 양아버지 역할을 하는 감비노한테 가츠를 사서 도노반이 겁탈하는 장면에 대한 묘사였던 셈이다. 번역본에 있는 마지막 "등짝! 등짝을 보자!"라는 부분의 원 대사는 재갈이 물려 제대로 된 말이 되지 못한 가츠의 "거짓말… 거짓말이야!!! 嘘だ…嘘だ!!!"라는 비통한 비명이었다.

가츠의 인생에서 첫 번째 정신적 충격을 가한 사건이라 할 이 장면이 졸지에 한국 한정으로 희화화된 것은 '등짝' 타령이 비참한 상황에 비해 너무 생뚱맞기 때문이었다. 한편으로 남색 장면에서 나올 수 있는 말이기도 해서 읽는 이로 하여금 잠시 어이없는 기분이 들게 하기도 한다. "등짝을 보자"는 게이 비디오로 유명한 양성애자 포르노 배우 고故 빌리 헤링턴William Glen Harold "Billy" Herrington의 추임새인 "ANG?"과 함께 한국에서 남성 동성애를 연상시키는 대목에 적용되는 인터넷 밈으로 널리 회자된다. 동성애 희화화는 당사자들을 모욕하는 처사지만, 이에 대한 문제 제기가 잘 이루어지지 않던 시기의 흔적이라 할 수 있다.

"등짝을 보자"라는 번역을 두고 한국의 간행물 심의와 그 눈치를 보는 출판사를 욕하는 경우도 많다. 《베르세르크》 4권의 한국어 번역판이 발행된 시기는 1999년이다. 청소년보호법이 발효된 것이 1997년 7월이고, 1999년이면 이를 전후한 단속과 만화책 수거, 잡지 휴간 및 폐간, 만화가들 고발과 이현세 선생의 〈천국의 신화〉 재판이 한창 진행되던 시기다. 청소년보호법이 등장해 한국 만화계를 들볶을 당시 단속권자들이 드잡이의 이유로 들었던 것은 일본 만화의 폭력성과 선정성이었다. 바로 그런 시기에 돈을 내고 네 양아버지에게서 널 샀다면서 주인공을 겁탈하는 캐릭터를 작업 대상으로 만났을 때, 한국 쪽 출판사 담당자들과 번역가의 심정이 어떠했을지 미루어 짐작할 만하다.

번역판의 이면

팬들의 불편함과는 별개로 번역판은 당시 우리 상황을 고스란히 반영한다고밖에 볼 수 없다. '등짝을 보자'라는 대사는 우스꽝스럽지만 한편으로 1990년대 후반 우리 만화 출판 환경이 맞닥뜨려야 했던 암울한 상황의 반영일 수밖에 없는 문제다. 일례로 1990년대 초중반의 산물인 강한 현지화도 비슷한 견지에서 언급할 만한 주제다. 현지화에 대한 관점은, 만화 독자들에게 일면 이율배반적이지만 한편으로 무시할 수 있는 문제는 아니었다. 〈베르세르크〉는 서구풍 다크 판타지였기 때문에 현지화가 진행될 일은 없었지만, 막상 일본이 무대인 〈슬램덩크〉 같은 만화가 들어오던 1990년대 무렵에는 만화 속 일본인이나 일본 지명을 모두 한국식으로 바꿀 수밖에 없는 규제가 있었다. 〈슬램덩크〉에서 사쿠라기 하나미치桜木花道와 루카와 가에데流川楓는 강백호와 서태웅이 되고, 〈카드캡터 사쿠라〉의 기노모토 사쿠라木之本桜는 유체리가 된 까닭이 여기에 있다.

〈슬램덩크〉의 현지화는 당시 출판사인 대원의 편집자였던 장정숙(후 학산문화사 이사, 현 레드아이스 대표)이 자신의 졸업앨범을 참조해 현실감 있게 만들어 내면서 독자와의 거리감을 확연히 좁히는 좋은 선례를 남겼지만, 모든 현지화 작업이 그런 폭발력을 보여 주지는 못했다. 만화나 애니메이션 팬 입장에서만 보자면 굳이 왜 바뀌야 하냐는 불만이 터져 나오곤 한다. 하지만 일본 대중문화 개방이 1998년 10월에야 시작되었다는 사실을 생각해 보자. 우리 안에는 우리를 식민 지배한 일본에 대한 좋지 않은 국민감정이 상존했다.

모두가 일본어를 비롯한 외국어를 현지인 수준으로 잘할 수 있는 게 아닌 이상 번역 자체를 무용하다 치부할 수는 없는 노릇이다. 더구

이노우에 다케히코의 《슬램덩크》 한국어 완전판 1권 표지.

SPA 패션브랜드 SPAO가 2019년 봄 선보인 〈카드캡터 체리〉 컬래버레이션. '체리'라는 번역 제목과 한국어판 만화 제호 디자인을 그대로 사용했다. 서울 지하철 2호선 홍대입구역 앞에서 2019년 3월 18일 촬영했다.

나 오역이 아닌 이상 정식 수입 과정에서 우리가 수용할 수 있는 선을 지킬 수밖에 없다. '등짝'이나 한국식으로 바뀐 '이름'은 그 과정의 단편이다. 당연하다고 이야기할 건 아니겠지만, 시대적·사회적 한계점을 읽어 내는 사료로 받아들일 만한 부분은 있다 하겠다.

> **자투리**

번역가도 사람인지라 언제나 잘못된 번역, 즉 '오역'을 할 위험이 있다. 우리말로 글 쓰는 사람도 자기 글 안에서 잘못된 표기를 끝내 잡아내지 못하는 사례가 왕왕 있는데 하물며 남의 언어를 옮기는 작업이라면 말할 것도 없다. 원래 의미를 잘못 알아보는 바람에 생긴 오역이면 변명의 여지가 없다. 그런데 번역가의 우리말 구사 수준이 낮은 경우나 처음 맡은 사람이 이름 같은 고유명사를 잘못 번역했는데 너무 익숙해지는 바람에 바로잡을 기회를 놓치는 경우도 종종 있다.

간혹 워낙 많은 오역이나 이상한 우리말을 구사하는 바람에 (보통은 세간에 오르내릴 일이 없을) 번역가의 이름이 유명해지는 경우도 있다. 《전국 바사라 난세 광무》의 한국어 번역판에서 "그 호랑이와 자웅을 겨룰 때가 됐다고."를 "그 호랑이와 암수를 가릴 때가 됐다고."로 번역한 번역가의 경우는 일본 만화의 한국어 번역에서 나올 가능성이 있는 오류 대부분을 거듭해서 저지르는 것으로 유명하다. 이 때문에 영화 번역의 아무개 번역가와 더불어 곧잘 회자된다.

하지만 이런 사례가 있다 하여 번역 자체를 '원어에 가깝게 일대일로 직역하라.'는 일각의 요구는 '언어 차이'라는 말 뒤에 담겨 있는 의미를 생각한다면 일고의 가치도 없는 이야기다. 한자 문화권이고 어순이 같아서 쉽게 번역할 수 있다고 생각하는 일본어의 경우조차 곧이곧대로 옮기면 뜻이 통하지 않는 경우가 태반이다. 이렇게 보면 언어를 옮긴다는 일이 출발어는 물론 도착어를 쓰는 언중의 삶을 반영하지 못하면 그 자체로 실패할 수밖에 없는 어려운 일이라는 것을 절감하게 된다.

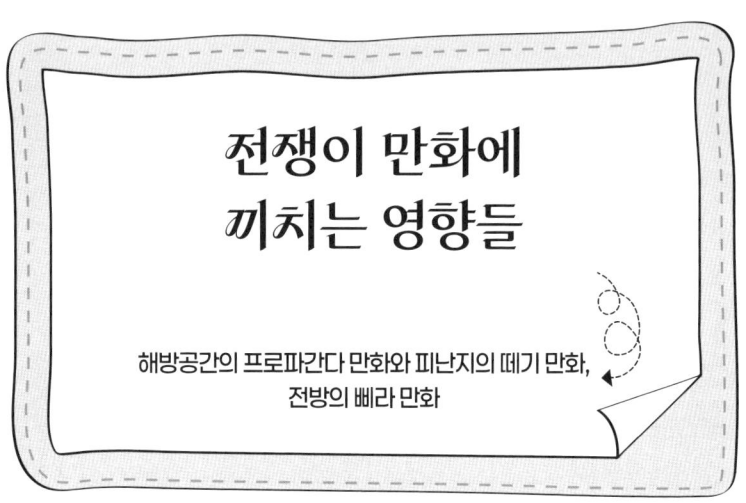

전쟁은 사람의 인생과 사고를 송두리째 바꾸어 놓는다. 그것이 어느 쪽이 됐든 그러하다. 만화도 예외는 아니다. 즐길 거리이자 오락이던 만화가 전쟁을 만나면 그 자체로도, 만드는 입장에서도 완전히 다른 것이 된다. 한국에서 만화는 근현대로 넘어오는 단계에서 일제의 식민지라는 전쟁 상황의 후유증을 겪어야 했고, 곧바로 이어진 한국전쟁으로 만화가들의 재주가 생각지 못한 방향으로 활용되었다.

전쟁, 광복 그리고 해방공간

제국주의 창궐기의 세계는 그야말로 식민지를 얼마나 많이 침략해 인적·물적 자원을 빨아먹느냐의 경쟁이었다. 일본은 이 시기에 제국주의로 진입해 들어가며 중국을 깨고 대한제국을 비롯한 아시아권을 집어삼켜 호황을 누렸다. 주권을 불법 강탈당한 시기의 한국인들은 모든 식민지가 그러하듯 동일한 국민이자 시민으로 편입된 것이 아니라 수탈의 대상인 2등 국민이었으며 일본 군부가 전쟁의 수렁에 발을 들이면 들일수록 수탈의 정도도 심해졌다.

식민지는 어디까지나 식민지고, 침략국은 어디까지나 침략국이다. 식민 지배를 받는 국가가 식민 지배를 하는 쪽과 동등하게 '좋은' 대우를 받는 경우란 없다. 식민 지배를 받았다가 독립한 국가는 대저 비슷한 후유증을 앓게 되는데, 바로 극한적인 내부 갈등이다. 무주공산에 가까운 상황에서 정치적 헤게모니를 쥐기 위한 노선 투쟁이 벌어지기 때문이고, 나아가 반드시라고 해도 좋을 만큼 '식민지 때가 좋았다.'라고 생각하는 부역자들의 생존 본능이 스며든다. 한국은 3.1운동과 임시정부라는 자발적 민주 정치 체제의 성립 과정이 있었으나 일본이 태평양전쟁에 패망하며 찾아온 해방을 미소 분할 점령이라는 형태로 맞이했을 뿐 아니라 부일배들의 미군정 협력으로 식민 지배의 잔재를 청산할 기회를 놓치고 말았다.

광복 이후 정부 수립에 이르는, 이른바 해방공간이라 불린 이 시기는 그야말로 혼란의 도가니였다. 이념 싸움은 어떤 정부를 세울 것인지에 대한 세勢 대결이니 치열할 수밖에 없지만, 모스크바 3상 회의 결과가 발표(1945.12.28.)되기도 전에 "소련은 신탁통치 주장, 미국은 즉시 독립 주장"이라며 사실을 정반대로 왜곡한 《동아일보》의 보도

모스크바 3상 회의 결과가 발표되기도 전에 왜곡 보도를 해 결과적으로 한반도를 분단이라는 운명으로 귀결시킨 1945년 12월 27일 자 《동아일보》.

(1945.12.27.) 직후 국론은 급속하게 신탁을 둘러싼 찬반 양상으로 갈라졌다.

흔히 좌파가 소련의 사주를 받고 느닷없이 찬탁(신탁통치 찬성)으로 돌아섰다고 알려졌지만 사실과 다르다. 실제로는 모스크바 3상 회의에서 5년 이상의 신탁통치를 주장한 건 오히려 미국이었다. 소련은 즉시 독립을 주장하는 쪽이었으나 당시 조직력에서 다소 밀리는 양상이었던 우파가 자주독립을 바라는 민중의 민족주의적 감정을 이용해 찬탁을 민족을 배신한 매국, 반탁을 민족주의, 반공 애국으로 포장했다. 부일 세력도 이 구도를 활용해 자신들의 정체성을 적극적으로 세탁했다. 정작 민족을 팔아먹은 부일배와 그 후계들이 상대를 향해 "민족을 팔아먹는 좌익 빨갱이"라는 선전전을 벌이는 웃지 못할 풍경이 여기에서 시작되었다.

서울대 박태균 국사학 교수는 2015년 4월 7일《경향신문》이 게재한 〈광복 70주년 특별기획 - 김호기·박태균의 논쟁으로 읽는 70년 구독 (2) 찬탁과 반탁〉이라는 기사에서 "일본의 식민지 정책과 전쟁 정책에 협력한 사람들이 스스로를 정치적으로 민족주의자로 포장하기 위한 것이었으며, 결과적으로 좌익이 갖고 있던 해방정국의 주도권을 돌려놓고자 한 정치적 시도"였다는 연구를 소개하며 "해방이 된 한국 사회에서 민족운동을 한 세력과 일본 제국주의와 그들의 전쟁을 지지한 세력 사이의 대립 구도가 3상 결정으로 인해 좌우익 간의 대립으로 재편된 것"이라 지적했다. 분명한 것은 모스크바 3상 회의를 둘러싼 오보와 이를 획책 내지는 묵인한 미국, 그리고 실제로는 신탁통치 안이 아니었던 3상 회의 결과를 구도 재편에 재빨리 활용한 우파 및 부일배들이 만든 자발적 유사 식민 체제가 2024년 현재 대한민국의 정치적 역학 관계와 분단 현실에 그대로 작동하고 있다는 사실이다.

찬탁과 반탁이라는 양분은 단순히 어느 쪽이 어느 나라의 입장을 따른 결과가 아니라 세계정세를 읽어 내 사회 통합을 꾀하는 대신 반쪽짜리 주도권을 확실하게 쥐고 상대를 부수려는 이들의 책동이 빚은 결과였다. 해방공간은 이 책동 속에서 한국민주당의 송진우 총무가 찬탁을 했다면서 암살당하는 등 숱한 정치 테러와 폭력의 장이 되고 말았고, 갈라진 여론은 서로 돌아오지 못할 강을 건넜다.

왜 그리 근시안적이고 중의를 한데 모으지 못했을까 하는 아쉬움도

지나고 나서의 이야기다. 여기서 다시 언급할 만한 것은 식민지 시기를 겪은 나라 가운데 독립 직후의 무주공산에서 혼란을 겪지 않은 곳이 없고, 착한 지배 따위 또한 없으며, 신생 독립국이 백마 탄 초인을 찾는 여론 속에서 독재자를 옹립하기 쉽다는 점이다. 식민 부역자들이 끼어드는 것이 바로 이 틈새다. 불행히도 이 시기를 거쳐 새로 들어선 정부에서 권력을 최종적으로 잡은 대한민국의 첫 대표자는, 유사 임금이 될 욕망에 충실할 뿐 능력이 없는 인정투쟁가이자 학살자이자 독재자라는 평가를 받을 자, 바로 이승만이었다.

그것은 역사 속 공산주의자들이 만든 처참한 결과와 함께 명확히 인정해야 할 이 나라의 비극이었다. 그 비극은 정부 수립을 전후해 정파적 무력 충돌과 '빨갱이 몰이', 부일배들의 미 군정경찰화 같은 문제가 중첩된 결과물로 나타났다. 여운형 암살(1947.07.19)과 김구 암살(1949.06.26.)이라는 정치 테러에 이어 무고한 양민이 숱하게 학살당한 제주 4·3 사건(1948.04.03.)과 문경 양민 학살 사건(1949.12.24.) 등이 이 시기의 난맥상을 여실히 보여 준다.

해방공간의 만화

해방공간은 이렇듯 끝없는 충돌의 장이었지만 다른 한편으로는 서로 다른 생각들이 폭발하는 장이기도 했다. 특히 일제에 의해 막혀 있던 표현욕의 폭발은 거대했다. 출판·간행의 자유가 불완전하게나마 돌아오면서 신문과 잡지를 비롯한 출판물이 범람하고 민족의식을 고취하기 위한 노력이 이어졌으며 대중의 문화적 표현욕이 터져 나왔다. 해방 직후 출판물 홍수와 관련하여 1946년 3월 23일 《동아일보》에 실린 〈심수록(12) 출판홍수〉라는 기사를 보면 "신문이 쏟아지고 잡지가 밀린다. 삐라가 깔리고 포스터가 덮인다. 쓰는 대로 글이 되고 박히는 대로 책이 된다. 활판과 석판이 몸부림친다. 사진판, 등사판까지 허덕거린다. 8.15 이후의 장관은 실로 유흥계와 쌍벽으로 출판계였다."라고 당시 상황을 알리고 있다.

주창윤 서울여대 언론영상학부 교수는 〈해방공간, 유행어로 표출된 정서의 담론〉이라는 2009년 논문에서 조상호의 《한국언론과 출판 저널리즘》(1999, 나남출판)을 인용하여 "해방 직후 4개월 동안 서울에서 창간되거나 복간된 신문만 17종이나 되었고, 해방 직후 3년 동안 출판량은 1946년 552종, 1947년 956종, 1948년 1,176종으로 2년 만에 두 배로 늘어났다."라고 언급한다. 그렇게 쏟아진 물량 속에서 서로 다른 생각들이 인쇄물을 통해 맞부딪쳤다. '신문이 쏟아지고 잡지가 밀린다, 삐라가 깔리고 포스터가 덮인다'라는 말에는 해방공간을 장식한 온갖 주의·주장이 정파적 의견을 담고 사람들 앞에 노출되었음을 뜻한다. 주창윤 교수는 같은 논문에서 "언어 표현의 자유는 곧 사상의 자유로서 신문은 좌·우익 이데올로기의 장이 되었다."라고 언설한다.

흔히 'BILL'을 일본어로 적은 데서 유래했다 알려진 '삐라'는 전단을 뜻하는 비속어로 널리 쓰인다. 정기성을 지닌 신문과 잡지에 비해 각 진영의 주의·주장을 비정기적으로, 나아가 날것 그대로 흩뿌리는 데 쓰였다. 삐라에 만화가 적극적으로 쓰인 시기는 한국전쟁 때로, 해방공간에서는 특히 이념성을 강하게 띤 신문들에서 만화를 이용해 대중 선전전을 펼치는 경우가 왕왕 있었다.

그도 그럴 것이 해방공간의 혼란을 비집고 헤게모니 쟁탈전을 벌인 정치결사만 해도 1945년 10월경 100여 개에 달했고, 3상 회의 이후 대립 구도가 격화할수록 유리한 쪽으로 대중의 시선을 끌어야 한다는 강박이 강해졌기에, 그 수단으로 만화는 매우 유용한 도구였다. 한국의 첫 만화로 꼽히는 이도영의 〈삽화〉를 《대한민보》가 1면 한복판에 실은 이유도 한일병탄 직전의 국난 상황을 민족정신에 입각한 시각으로 대중에게 보여 주기 위함이었음을 보자면 대중 매체로서 만화가

1909년 6월 2일 발행된 《대한민보》 창간호. 한복판에 이도영의 〈삽화〉가 있다.

지닌 역할을 새삼 확인할 수 있다.

해방 직후에는 《조선일보》, 《서울신문》, 《중앙신문》, 《민보》, 《대동신문》, 《평화일보》 등이 만화를 실었는데, 개중에 일부 매체의 극단적인 논조를 고스란히 담은 사례는 당시의 대립 상황을 잘 보여 준다. 이를테면 우파의 시각을 매우 극단적인 논조로 설파한 《대동신문》에서 만평을 그린 백의인은 1946년 2월 19일 자 만평에서 전단을 읽는 원숭이와 여우를 그려 놓고 "여우는 민족반역자 원숭이의 흉내를 잘 내는 일본식 개인 적구赤狗 그들의 화합은"이라 일갈한다. 하지만 만화가 실제로 하고픈 말은 원숭이 뒤편의 벽에 걸린 문구에 적혀 있다. 한자로 휘갈겨 적힌 문구에는 그들의 행동강령이 적혀 있는데 민주주의민족전선대회(좌익 계열의 연합체)의 계획이란 이런 것이다라는 내용으로 '매국', '민족 분열', '요인 살해' 따위가 적혀 있다. 《동아일보》의 모스크바 3상 회의 오보 사건 이후 우파가 취한 좌익=빨갱이=민족반역자=일본놈=매국노라는 도식을 답습한 결과물이라 할 수 있다.

1946년 1월 22일 자 〈텅텅 빈 창고〉 편처럼 정치 야욕자들을 간판으로 내세워 명예욕을 채우는 이들에 의해 정당이 난립하고 있다고 정치인들을 비판하는 경우도 있지만, 해방공간에서 우파 입장을 대변하는 만화로 가장 많이 언급되었을 1946년 2월 7일 자에선 '미소공동위원 환영회 개최'라는 인민당과 '삼일운동기념행사 개최'라는 공산당의 주장을 양손에 다 든 채 물에 빠진 남자가 "사람 살려쥬!!"라고 외치는 모습을 그렸다. 그 모습을 본 사람들은 저만치에서 배를 몰며 "이제는

《대동신문》 1946년 2월 19일 자 백의인 만평.

《대동신문》 1946년 1월 22일 자 백의인 만평.

《대동신문》 1946년 2월 7일 자 백의인 만평.

출처: 국립중앙도서관 대한민국 신문 아카이브

속지 않는다"라고 말한다. 좌파끼리도 교통정리가 안 되었잖느냐고 힐난하면서, 그래서 너희를 믿을 수 없다고 말하고 있는 셈이다.

반면 일제강점기 《동아일보》 등에서 삽화와 캐리커쳐를 맡은 데 이어 서울 동문사에서 발행한 만화 《콩쥐팥쥐》, 《아리바바》, 《베토벤》, 《뀌리부인》 등을 그린 정현웅의 동 시기 시사만평은 백의인의 만평과

《서울신문》 1946년 1월 22일 자 정현웅 만평.

《대동신문》 1946년 2월 17일 자 백의인 만평.

출처: 국립중앙도서관 대한민국 신문 아카이브

는 다른 이야기를 보여 준다. 손상익의 《한국만화통사》 하권 33쪽에 따르면 조선총독부 기관지 《매일신보》를 해방 이후 미군정 당국이 인수하여 내기 시작한 《서울신문》에서 정현웅은 1945년 1월 3일부터 만평을 실었는데, 개중 1946년 1월 22일 자가 알려져 있다.

내용은 이렇다. 셔츠에 넥타이를 맨 남성과 전형적인 소련식 노동자 복식을 한 콧수염 남성이 양쪽에서 줄을 쥐고 있다. 각 줄 끝에는 닭이 묶여 있다. 즉 투계판이다. 피 터지게 싸우고 있는 닭들을 사이에 두고 남자들이 얼굴을 한껏 구기고 있다. 작가는 그 모습 아래에 "닭싸움 붙인 자는 누구란 말이냐?"라는 문구를 넣었다. 다시 말해 싸우는 건 닭들이지만 이 닭들을 싸우게 만드는 이가 따로 있다는 이야기다.

손상익은 이에 대해 "당시 지도층의 '사상 편싸움' 조장을 비판하고 있다"라고 해석하고 있는데, 이런 의견에 따르면 제2차 세계대전 직후 쌍방 간에 1차 목표가 한반도일 수 없었던 미국과 소련의 상황을 오판 또는 역설적으로 이용하여 주도권 싸움에 매몰된 당시 정치인들의 모습을 싸잡아 비판한 것으로 읽을 수 있다. 이와 같은 해석으로 보자면 백의인이 1946년 2월 17일 자 《대동신문》에 의외로(?) 온건한 논조로 그린 만화와 비슷하다. 두루마기를 입은 채 물에 빠진 남자를 양쪽 뭍에서 끌어당기는 사람들을 그려 놓았다. 한가운데의 남자는 "아이구 사람살려주"라고 외치고 있는데, 아래 달린 문구는 이렇다. "아이구 건져주는 건 고마우나 양편에서 잡아당기니 사람 죽겠소." 물에 빠진 건 한국 사람이겠고 양쪽 사람들은 미국과 소련인, 또는 민중을 이용하려 드는 양쪽 정치인들일 수 있다. 그런데 정현웅의 만화에서 근육질 팔을 걷어붙이고 위협적인 자세로 정면을 보는 넥타이 차림 남자, 즉 미국 측/우파 측으로 해석될 인물이 왼쪽에 배치되어 있다. '누가' 닭싸움을 붙였냐고 묻고 있는 이 만화의 제목과 연출에서 '누구'에 해당하는 인물을 '양쪽 다'라고 놓을 수만은 없다는 작가의 의도를 읽을 수 있다.

그렇다면 해방공간에는 이런 식의 선전(프로파간다)만 넘실댔을까? 이 시기 우리네 현실을 비교적 고루 다룬 작가로 〈코주부〉로 유명한 김용환을 들 수 있다. 영자 일간지 《서울타임즈》와 《중앙신문》, 《새한민보》, 《동아일보》 등 매체 성향을 가리지 않고 활동한 김용환은 4컷 만화 〈코주부〉 연재와 더불어 완전 독립, 분단에 대한 우려, 언론 자유를 틀어막으려 드는 미군정에 대한 비판, 갈라진 여론에 대한 우려, 미소공동위원회가 잘 굴러가게끔 좌우 갈등을 다스리고 조정해야 한다는 의견 등을 수준 높은 그림과 함께 담아냈다.

해방공간 시기 김용환 만화의 백미라 할 만한 작품은 〈삼팔선 블루-스〉다. 1947년 1월 1일 《동아일보》에 실린 이 만평은 얄타 회담(1945년 2월 4일부터 11일까지 미국, 영국, 소련의 우두머리들이 모여 제2차 세계대전에서 나치 독일을 패배시키고 그 뒤를 어떻게 할 것인가에 대해 논의한 회담)을 상징하는 '얄타 악단'의 연주를 배경으로 미국과 소련의 군인이 한복 입은 한국 여인을 안고 춤추는 장면을 그렸다. 소련군은 여인의 허리 위를, 미군은 여인의 허리 아래를 안고 있는 모습을 통해 우리나라가 해방되었으되 둘로 나뉘어 점령당했음을 묘사했다.

1947년 1월 1일 자 《동아일보》에 실린 김용환의 만평 〈삼팔선 불루-스〉.

김용환은 대한민국 단독 정부 수립 직후인 1948년 9월 15일 창간된 《만화행진》에서 대통령에 당선된 이승만의 얼굴을 한 늙은 어미에게 아이들이 하나같이 그릇을 들이밀고 있는 〈이 새끼들을 다 어떻게 먹여 살리나?〉라는 만평을 그렸다가 정권의 탄압을 받고 잡지가 폐간되어 시사만화가 활동에 제동이 걸린다. 만평에서 새끼(아이)들이 들고 있는 그릇에 엽관獵官이라는 글자가 적혀 있는데, 이는 선거에 승리한 자들이 운동원과 지지자들에게 대가로 관직 임명 따위의 혜택을 주는 관행을 뜻한다. 그러니까 이 만화는 대통령이 됐으니 도움 준 우리에게 관직을 내어 놓으라고 하는 자들이 넘쳐 났음을 지적한 것이다. 부정부패와 부정선거로 끝이 난 대통령 이승만의 치세는 이렇듯 시작부터 싹수가 노랬다.

1948년 9월 15일 자 《만화행진》 김용환 만평 〈이 새끼들을 다 어떻게 먹여 살리나?〉.
출처: 부천만화정보센터 《삼팔선 불루스에서 성웅 이순신까지》

　입이 틀어막힌 김용환은 1949년 3월 13일 주간지《만화뉴스》를 직접 창간한다. 《코주부 김용환의 재발견-삼팔선 불루스에서 성웅 이순신까지》(2005, 현실문화)라는 책에 따르면《만화뉴스》는 창간호 1만 부, 최고 7만 5000부, 평균 4만 5000부 발행을 기록했다고 하니 당시로서는 굉장한 물량이 아닐 수 없다.

한국전쟁기 피난지 만화

　광복 후 3년, 민중의 바람이 무색하게도 1948년 한반도 남북에 각각 단독 정부가 들어섰고 1950년 6월 25일 북한의 남침으로 한국전쟁이 시작되었다. 3일 만에 서울이 점령당하고, 대한민국은 밀려 내려가며 같은 해 6월 27일 대전, 7월 16일 대구, 그리고 8월 18일 부산을 각기 임시 수도로 삼았다. 전쟁이 마무리되는 1953년까지 부산은 밀려들어 온 피난민을 모두 품어 안으며 마지막 보루 역할을 했다.

이 고통스러운 시기에도 사람들은 만화를 찾았다. 전쟁 전까지 신문과 잡지 등에서 이념 선전 수단으로든 시사 풍자 수단으로든 쏟아져 나오는 출판 물량 속에서 나름의 역할을 한 만화의 터전이 박살 났지만, 박복한 상황에서도 일말의 엔터테인먼트는 필요했다. 이 시기 길거리 노점에서 만화를 늘어놓고 손님을 맞이하는 사진이 한국 현대 만화사의 초반을 서글프게 장식하고 있다.

국제시장 같은 부산의 노점 좌판이나 문방구에서 팔려 나간 이 만화들은 과자 따위를 살 때 경품으로 주는 상품에 빗대어 '떼기 만화'나 '뽑기 만화' 같은 표현으로 불렸다. 얄팍하고 조악하기 이를 데 없는 품질이었고, 상당수는 미군 부대 군수물자나 밀수품 속에 섞여 들어온 미국과 일본 만화의 표절품이었으나 피난민, 그중에서도 특히 어린이들에게는 유일하다시피 한 오락거리로 활용되었다. 이 시기 대표적인 표절 만화로 거론되는 것은 서봉석이 일본 야마가와 소우지 山川惣治의 그림책《소년 케냐》를 베껴 만화로 번안한 1952년의《밀림의 왕자》, 그리고 그전 해인 1951년 미국 만화의 표절작으로 나온《타잔과 청룡새》다. 제17회 부천국제만화축제BICOF 주제전〈만화, 시대의 울림〉전시를 큐레이션한 백정숙의 전시도록 원고〈가만히 있지 않았다는 것을 기억하기〉에 따르면《타잔과 청룡새》라는 만화는 저자 이름도 없는 상태로 '미국 어린이 만화 시리즈'라는 부제를 달고 출

서봉재의 1952년작 《밀림의 왕자》. 일본 그림책 《소년 케냐》의 표절작이다.

간되었다고 한다.

　전쟁 상황에도 만화가 나름대로 유행하는 데 한몫한 떼기 만화의 유통 형태는 전쟁 후 한참이 지난 1980년대 이르기까지 문방구 한편에서 조악한 만화를 팔던 풍경과 만화방(대본소) 만화 영업의 원형이 되었다. 부산대학교 윤기헌 교수의 〈1950년대 초 피난지 부산만화의 만화사적 의의〉라는 2023년 3월 발표 논문에 따르면, 이들 피난지 만화는 "베끼기에서 출발한 노점에서 판매되던 만화들은 점차 창작 이야기만화로 진화"했으며, "《밀림의 왕자》가 서점 단행본으로 히트하면서 정식 판매점과 만화 도매 체계가 자리 잡았다". 즉 전쟁 후 1960년대 이후를 주름잡은 만화방 중심의 만화 유통의 시작점이 부산 피난지 만화라는 것이다. 물론 전쟁통이라고 부산에서만 만화가 나온 것

최상권의 1952년작 《헨델박사》. 당시엔 보기 드문 SF 장르였다.

은 아니었다. 일례로 1952년 당시로서는 매우 획기적이었던 SF 장르를 채용한 《헨델박사》는 임시 수도로 잠시 쓰인 대구에서 간행되었다.

이 시기 만화를 주로 그린 건 비교적 나이가 어린 청소년들이었는데 이유는 매우 단순하다. 앞서 데뷔한 이들이 모조리 군대에서 전쟁용 삐라를 그려야 했기 때문이다. 윤기헌의 논문은 이 시기 피난지 속 청소년 작가의 이름을 열거하는데, 신동우, 고우영, 박기준, 손의성 등이 그들이다. 훗날 만화사에 이름을 올릴 굵직한 이들이 이 시기를 통해 만화를 시작했다.

한국전쟁기 선전물과 만화

후방의 피난민에게 떼기 만화가 유행이었다면, 전방에서는 남북한이 전쟁 중 서로에게 뿌린 선전물에 만화가 동원되었다. 전쟁 삐라로 불린 선전용 유인물에 쓰인 만화는 서로의 체제를 비난하며 '우리 편으로 넘어오라'라는 메시지를 강하게 던지는 한편, 같은 편 국민에게는 '너를 힘들게 하는 건 저들, 우리(정부)는 정당함'이라는 입장을 공고히 하게 만든다. 일부 삐라는 들고 오면 안전을 보장하겠다는 회유용으로 제작되었다. 북한군이 삐라로 담배를 말아 피우는 것을 파악한 후 아예 말아 피우기 좋은 재질로 삐라를 제작해 심리적 동요를 유발한 사례도 유명하다.

이처럼 삐라는 심리전의 중요한 수단이었기 때문에 동원된 물량 또한 어마어마했다. 항공기와 대포 따위로 살포된 한국전쟁기 삐라의 종류는 남북 양쪽에서 28억 장에 달한다. 대한민국 쪽이 유엔군과 함께 제작해 뿌린 삐라가 1000여 종 약 25억 장, 북한군이 370여 종 약 3억 장을 뿌렸다고 하는데, 40억 장으로 추산하는 경우도 있으니 이 또한 정확한 집계는 아니다. 분명한 사실은 살포한 삐라를 펴 놓으면 이 나라 땅을 몇 겹이나 덮을 정도가 되고도 남을 물량이었단 점이다. 이와 관련해서는 당시 미 육군부장관이었던 프랭크 페이스Frank Pace Jr.가 한 "적을 삐라로 파묻어라Bury the enemy in paper"라는 말이 회자되곤 한다.

재미있는 점은 남북 삐라 살포량 차이가 제작 방식의 차이 때문이라는 사실이다. 2020년 7월 12일 《뉴시스》가 보도한 〈[군사대로]최초의 삐라는 광복군이 뿌려…6·25 땐 28억장 살포〉라는 기사에 따르면 "유엔군은 삐라를 인쇄해 대량 살포한 반면 북한군은 펜글씨로 만화 형식 삐라를 제작해 대량 인쇄가 어려웠기 때문"이라고 한다. 그래서인지 북한 쪽의 삐라 중에는 "인민군 편으로 넘어온 영삼이가 행복하게 된 이야기 / 괴뢰군(대한민국 국군이 미국의 꼭두각시라는 의미에서 쓴 표현)에 있던 칠성이가 거지 된 이야기"같이 동일 너비 8칸으로 나누어 칸만화로 연출한 삐라가 눈에 띈다.

이렇게 형태의 차이는 있지만 만화가 지닌 전달력을 선전 수단으로 활용하려는 것은 어느 쪽이나 마찬가지였다. 서로 자기네 체제에 있으면 행복할 것이며 반대편에 있으면 불행하다는 것을 시각적으로 대비해 보여 주고 있다는 점이 삐라 만화에서 주목할 만한 점이다. 아들이 죽거나 납치당한 어미의 외침처럼 감정적 분노를 일으키는 장면도 있고, '너희는 배고파질 것'이라고 강조하며 일제 수탈로 배고팠던 경험과 정서를 되살리는 경우도 있었다.

이를테면 "공산군이 오면 이렇게 된다"라는 삐라를 보면 비교적 단순한 펜선으로 ① 공산군이 오기 전에는 풍족하던 가족 식탁이 ② 공산군이 들이닥치자 모든 식량이 공산군에게만 가고 ③ 가족들은 굶주리고 심지어 죽어 없어진 사람도 있다는 식의 3칸 만화 형식으로 연출하고 있다. 또한 스탈린을 많이 닮은(?) 노서아(러시아) 군인이 한 상 가득 고깃덩이와 와인에 샐러드까지 푸짐하게 차려놓고는 그야말로

와구와구 먹으면서 "아이 몸도 비둔하다! 막내자식 김일성이도 기특해. 그놈 덕에 팔짜를 고치게 되니 세상이 무심하지는 않어!"라고 읊조리는 이 옆에서 빈 밥공기를 들고 쪼그라든 북한 노인이 "원쑤의 공산당 놈들 때문에 연명조차 못하게 되니 참 기막힐 노릇이다. 어서 공산당이 망해야지!"라고 말하는 모습을 보면 굶주림에 대한 공포를 자극하는 방법이 효과적이라고 생각했음을 알 수 있다. "굶주릴 필요가 어디 있는가?"라며 행복한 표정으로 김이 모락모락 나는 쌀밥을 먹고 있는 남자의 표정을 통해 넘어오면 배가 고프지 않을 것이라는 강력한 메시지를 던지는 삐라도 마찬가지라고 할 수 있다.

이 밖에 "김일성 괴뢰 도당들아! 내 아들을 돌려 보내라! 내 남편을 내놓아라!"라고 외치는 노파나 국가 정비가 다 되지 않은 상태에서 참전해 인해전술로 밀고 내려온 중국군을 상대로 한 중국어 만화도 있었다. 적들이 몰려오면 가족인 여성들이 적에게 겁탈당할 것이라는 메시지를 시각적으로 자세히 묘사한(?) 삐라를 보면 분노를 끌어내기 위한 메시지와 이를 묘사하기 위해 동원된 만화적 표현 사이에서 여러 상념이 든다.

물량 공세로 마구잡이 식으로 '살포'된 비정규적 전단 외에도 비교적 정규성을 띠고 신문과 책자 형태로 제작되어 살포된 선전물도 있다. 대한민국 국방부 정훈국은 군 미술대와 종군화가단을 운영했다. 종군화가단에 만화반을 두어 선전만화 제작을 맡겼는데, 전쟁 시기 《만화승리》라는 이름의 만화 신문을 발행하여 전후방에 배포했다. 《역사비평》 118호(2017년 봄)에 수록된 백정숙의 논문 〈전쟁 속의 만

삐라 〈인민군 편으로 넘어온 영삼이가 행복하게 된 이야기〉.

삐라 〈괴뢰군에 있던 영삼이가 거지 된 이야기〉.

삐라 〈공산군이 오면 이렇게 된다〉.

삐라 〈아이 몸도 비둔하다〉.

삐라 〈굶주릴 필요가 어디 있는가〉.

부천의 한국만화박물관에는 한국전쟁기의 삐라가 일부 전시되어 있다.

화, 만화 속의 냉전—한국전쟁기 만화와 심리전〉에 따르면《만화승리》는 국방부 정훈국 미술대에서 군인들에게 배포하기 위해 제작한 신문인《승리일보》의 부록으로 전황 등을 만화로 전달하는 역할을 했다. 미국 공보원USIS: U.S. Information Agency에서도《공산 침략과 유엔의 응수》라는 제목으로 만화 공보물을 간행하는 등 만화를 활용해 제목 그대로 전쟁이 남침으로 시작되었음을 역설하는 선전전을 진행했다. 북한도 시사만화 잡지《활살》을 발행해 선전전에 활용했는데 백정숙의 논문에 따르면 "한반도를 침략한 미 제국주의를 주적으로 삼아 그들의 만행을 고발하는 만평"이 주를 이룬다고 한다.

전시 상황이 만든 기구한 만화가들의 이야기

해방공간이 치열한 이념 대립의 장이 된 데서 알 수 있듯, 광복 이후는 어떤 나라를 만들어야 한다는 다양한 생각이 강하게 충돌하던 시기다. 만화가들 또한 각자의 위치에서 서로 다른 소리를 냈다. 그러나 내부의 충돌을 넘어 서로 다른 정부가 수립되고, 전쟁이라는 형태로 부딪치는 것은 차원이 다른 이야기다. 한 시기 잡지나 신문 등에서 한 배 또는 다른 배를 타고 작품 활동을 하던 만화가들 또한 죽고 죽이는 위치에 선 남북한 양쪽 중 하나를 선택해야 했다. 대한민국 종군화가단, 미술대 만화부에 들어간 이들로는 웅초 김규택, 〈코주부〉작가 김용환, 〈풍운아 홍길동〉작가 신동우의 형이자 이후 애니메이션 감독이 되는 신동헌, 고우영의 큰형으로 얼마 후 세상을 뜨는 고상영 등이 있다.

앞서 "닭싸움 붙인 자는 누구란 말이냐"를 그려 해방공간 만평으로 드러난 좌우 갈등의 중요한 사례로 소개되는 정현웅은 한국전쟁이 터지고 서울이 북한에 점령된 시기 남조선미술가동맹의 서기장을 맡고 북한 인민군의 선전만화를 담당했다가 인천상륙작전 성공으로 같은 해 9월 28일 서울이 수복되자 가족을 남겨두고 퇴각하는 인민군과 함께 월북했다. 정현웅과 함께 인민군 선전만화를 그린 사람들 가운데에는 임동은, 이갑기, 김용환, 김규택 등이 있었다. 정현웅과 이갑기 등이 월북했다면 임동은은 해당 시기 북한 부역자라는 이유로 취조라는 명목의 고문과 린치를 당해 죽고 말았다.

그런데 김용환과 김규택의 이름은 양쪽에 모두 등장한다. 전쟁 전에는 국민보도연맹원(정부 수립 이후 첫 정부가 국가보안법에 따라 사상 통제용으로 설립한 단체. 훗날 전쟁기 인민군 부역 우려 등으로 집단 학살을 당하기도 한다)으로 반공만화를 그렸다가 인민군이 밀고 들어올 때 못 도망 쳤고, 서울 수복 이후에는 인민군 부역자 취급을 받아 신변이 위험할 뻔했다. 하지만 당대 톱이었던 만화 실력자를 없앨 수는 없었는지, 이번엔 대한민국 국군과 연합군 쪽에서 선전물을 그리게 됐다. 정작 이들이 인민군 점령기에는 대한민국에서 보도연맹에 가입한 전력으로 위험할 뻔했는데도 실력 덕분에 '활용'된 사실을 보노라면 세상사란 당최 알 수 없다는 생각을 지울 수 없다. 이 둘의 기구함과 관련해 강성현 성공회대학교 동아시아연구소 교수가 《한겨레21》 제1263호에 게재한 〈반공만화는 어떻게 '반공시민'을 만들었나〉(2019.05.24. 웹

사이트 게재)라는 기사에서 기술한 바를 인용하면 다음과 같다.

(전략) 이들은 전쟁 전에는 국민보도연맹원으로 반공만화를 그렸다. 전쟁 직후에는 피란의 때를 놓쳐 북한군에 붙들렸고, 보도연맹원이기에 '반동'으로 몰릴 수도 있었지만, 가진 재능 덕분에 북한 선전물 화보와 포스터를 만드는 데 동원됐다. 이 때문에 서울 '수복' 후에는 부역자 혐의로 서대문형무소에 갇혔고, 또 '골'로 갈 수도 있었지만 살아남았고, 또 가진 재능 덕분에 유엔군과 국군의 심리전문관으로 선발됐다.

김용환은 "보도연맹 때의 안면으로" 중앙동 합동수사본부의 오제도 검사에게 인사하러 갔다가 육군본부 작전국 심리전과 이기건 대령에게 '픽업'됐고, 김규택도 일본 도쿄 유엔군최고사령부 심리전과의 요청으로 부산에 와서 만화가를 구하던 김을한 특파원을 만나 발탁됐다. 김규택은 1959년까지 잡지 만화작가로 일했는데, 그 후임 작가로 김용환이 가게 되었다. 반전의 반전을 거듭한 그들의 삶을 보면, 자연스레 '인간사 새옹지마'란 말이 떠오른다.

김용환은 특무대 수사실에서 취조받으며 경찰서 유치장과 형무소에서 미결 상태로 구금됐고, 문화인 동료들의 죽음까지 목도한다. 특히 유명 만화가인 임동은의 죽음은 김용환에게 충격적이었던 모양이다. 그는 그 대목을 회고하고 김규택 등의 예도 들어가며 공산 치하에서 역도에게 자발적으로 협력한 '부역자'(附逆者)와 공산당이 강제노역에 동원해 마지못해 협력한 '부역자'(賦役者)를 구

분해야 한다고 구구절절 설명한다. (후략)

이들의 인민군 부역 경력은 이후 사상 검증에 시달리는 원인이 되기도 하는데, 김용환은 일본에 유학해 창씨개명한 이름으로 활동한 전적까지 겹쳐 훗날 입방아에 오른 바 있다. 김용환의 이러한 행적에 관해서는 〈도전자〉 작가 박기정을 비롯해 시대적 상황에 빗대어 옹호한 이들도 있었다고 하나, 한편으로는 해방 직전까지 일제의 조선인 징집 교육용 잡지에 참여하는 등의 행적까지 있어 비판을 피하기는 어려웠다. 만화평론가 손상익은 《한국만화통사》 하권의 '전후 대표 작가' 챕터 김용환 편(83~88쪽)에서 이렇게 기술한다. "만화 작가로서는 뛰어난 기량을 갖춘 김용환이었지만, 웬만한 지식인이면 누구나 감지하고 있었던 일본패망의 기미도 알아차리지 못한 채 그들의 수족手足 노릇을 자청하고 말아, 해방 후에 많은 논란 거리가 됐다." 손상익은 같은 글에서 김용환의 행보를 '사상적 좌충우돌'이었다 평한다.

한편 전쟁과 관련해 빼놓을 수 없는 일화를 지닌 만화가로 〈고바우 영감〉 작가 김성환과 〈꺼벙이〉 작가 길창덕을 꼽을 만하다. 먼저 김성환은 만 17세였던 1949년 《연합신문》에 4칸 만화 〈멍텅구리〉를 투고해 데뷔, 이듬해이자 한국전쟁이 발발한 1950년 김용환이 만든 《만화뉴스》에 입사했다. 전쟁 중에는 국방부 정훈국 미술대 소속으로 포스터와 삐라를 그렸다. 김성환의 만화가 본격화하는 건 피란지에서 나온 학생잡지 《학원》에 연재한 〈꺼꾸리 군 장다리 군〉이었지만 김성환의 대표작은 누가 뭐래도 〈고바우 영감〉인데, 이 만화를 구상한

게 다름 아닌 1950년이었던 것이다.

쌀이 떨어져 서울에서 개성 친지 댁에 곡식을 구하러 다녀오던 길에 다리가 아파 잠시 머문 곳에서 잠 못 이루다 떠올린 캐릭터가 고바우였고, 이를 인민군으로 끌려가지 않기 위해 집 다락방에 숨어 지내던 시기에 구체화했다고 전한다. 고바우 캐릭터는 1950년 11월 초 《만화신보》에서 고사리 군의 아버지로 등장했다가 1950년 12월 육군본부가 발행한 《사병만화》에서 조금 더 본격화하는데, 이후 1955년 2월부터는 《동아일보》를 시작으로 우리가 아는 그 시사만화 〈고바우 영감〉의 형태가 된다.

〈꺼벙이〉를 그린 길창덕은 평안북도 신천 출생으로 역무원으로 일하던 22세 때 한국전쟁이 터지자 홀로 월남, 대한민국 육군으로 복무하며 신병훈련교재를 만화로 그려 1953년 화랑무공훈장을 받았다. 폐암을 앓으며 1997년 만화 일선에서 물러난 이후 2003년 보관문화훈장을 받은 후 2010년 81세에 별세했는데, 묘비명으로 만화가가 아닌 '육군 하사'가 적혔다. 만화평론가 박석환은 2012년 1월 30일 네이버 캐스트의 한국인 시리즈의 길창덕 편에서 그를 마음의 스승으로 평생 모신 〈맹꽁이 서당〉의 윤승운이 《신판 보물섬》(길창덕, 2010, 만화규장각) 단행본에 실은 〈내 인생의 등대가 되어주신 선생님〉이라는 글에 "남들은 하나 받기도 힘든 훈장을 두 개나 받았으니 '가문의 영광'"이라 남긴 추모사를 인용하며 "넉살 좋은 추모사를 썼으나 행간에는 아쉬운 표정이 역력했다."라고 적었다.

(전략) 길창덕은 현재 국립대전현충원에 묘지번호 제33984호 '육군하사 길창덕'이라는 묘비명 아래 안장되어 있다. 고인에게도 가족에게도 영광스러운 일이나, 윤승운(1943년 생)이 나이 열아홉 살에 독자편지로 인연을 맺었던 만화계의 우상이자 스승이었던 '만화가 길창덕'의 이름 앞에 '육군하사'라는 계급이 붙어 있었으니 세상이 야속해 보였을 법하다. 젊은 날 화랑으로서 국가를 구한 것은 인정되지만, 평생 만화를 그려 국민을 위한 것은 인정되지 않는 것처럼 여겨졌음이 아니었을까. (후략)

일본에서 태어나 광복 후인 1946년의 해방공간에 한국 땅을 밟은 김종래는 이듬해부터 전쟁기를 모두 보내고 1954년에 이르기까지 한국 육군에 복무했다. 일본 교토 회화전문학교에서 동양화를 전공한 김종래는 1952년 김용환의 후임으로 육군본부 작전국 심리전과에 배속, 처음으로 만화를 접한다. 김종래는 군 복무 시기 그린 반공만화 〈붉은 땅〉을 제대 후 출판하며 본격적으로 만화를 그리게 되었는데, 그의 대표작이라 할 작품이 바로 〈엄마 찾아 삼만리〉(1958)다.

김용환의 〈토끼와 원숭이〉(1946), 김성환의 〈고바우 영감〉(1950~2000)과 더불어 대한민국 등록 문화재로 등재된 이 만화는 한국전쟁 전후의 피폐한 사

김종래의 1958년작 《엄마 찾아 삼만리》. 2013년 2월 21일 대한민국 등록 문화재 제 539호로 지정되었다.

회상과 이산의 슬픔, 사회 부패를 세계 명작 동화 중 하나인 에드몬도 데 아미치스(Edmondo de Amicis)의 1886년작 〈쿠오레〉(Cuore, 마음, 번안 제목은 〈사랑의 학교〉) 수록작인 〈아펜니노산맥에서 안데스산맥까지(De los Apeninos a los Andes)〉를 모티브로 삼아 조선 시대에 빗대어 낸 것이 특징으로, 수려하고 힘 있는 동양적 필체로 담아냈다.

 참고로 에드몬도 데 아미치스가 해당 작품을 썼을 때는 이탈리아가 서로마 제국 멸망 후 1400년에 걸친 분열을 끝내고 왕국으로 독립과 통일(1861)을 한 지 얼마 안 된 시기였고 작가 또한 독립 전쟁에 참전한 경험이 있었다. 김종래가 이 작품을 모티브로 삼은 까닭도 우리가 정서적 공감대를 형성할 만한 작품이었기 때문으로 생각되며, 일본에서 제작한 TV 애니메이션이 국내 소개될 때도 같은 맥락에서 많은 이들의 심금을 울린 바 있다. 그러나 막상 이탈리아는 통일 왕국 이후 식민지 경영을 꾀했고 이후 제2차 세계대전 때는 나치 독일, 제국주의 일본과 함께 추축 동맹을 맺는다. 역사는 이렇듯 가끔 미묘한 아이러니를 낳는다.

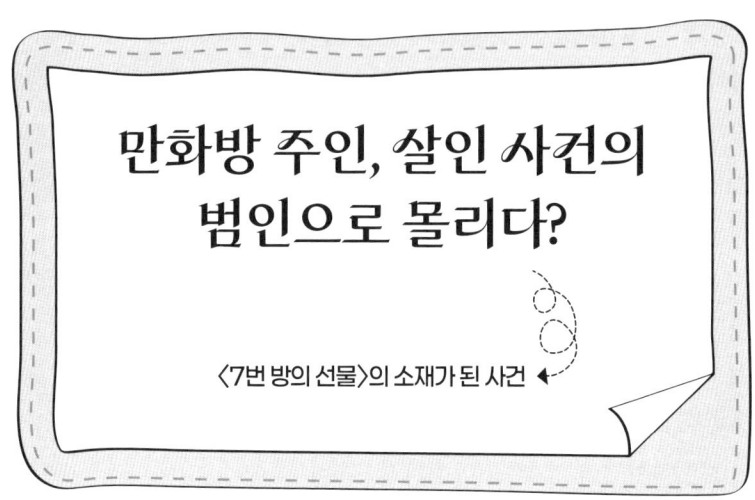

만화방 주인, 살인 사건의 범인으로 몰리다?

〈7번 방의 선물〉의 소재가 된 사건

〈7번 방의 선물〉이라는 영화가 있다. 2013년 개봉해 1200만 관객을 모은 영화로 성남 교도소 7번 방에 들어오는 지적장애인 아빠와 그 아빠를 따라 몰래 같은 방에 들어오는 딸아이의 이야기를 담아 화제를 모았다. 류승룡을 비롯한 배우들의 코미디 연기가 일품인 이 작품은 경찰청장 딸을 죽였다는 억울한 누명을 쓰고 살인범으로 몰린 주인공이 폭행과 협박을 당한 끝에 자기 딸을 지켜 내기 위해 거짓 자백 후 사형을 확정받고는 형장의 이슬로 사라지는 이야기로 관객을 웃기고 울렸다. 그런데 이 작품의 소재가 되는 실제 사건이 만화와 연관이 있다. 1972년 9월 일어난 '춘천 역전 파출소장 딸 살해 사건', 훗날 '춘천 강간 살인 조작 사건'으로 명칭이 바뀌는 사건이다.

영화 〈7번 방의 선물〉 포스터.

사건 전개와 결과

사건은 1972년 9월 27일 일어났다. 강원도 춘천시 우두동에서 춘천경찰서 역전파출소장 장 아무개 경위의 아홉 살 난 딸이 저녁 7시 30분에 방영되는 텔레비전 일일 연속극을 보러 근처 만화방으로 나갔다가 돌아오지 않았다. 소녀는 이틀 뒤 춘천 측후소 뒤의 논둑에서 옷이 다 벗겨진 시체로 발견되었다. 충격적인 강력 범죄가 일어나자 경찰은 불량배 30여 명을 연행해 조사했지만 모두 알리바이가 있어 수사에 진척을 보지 못했다. 언론에 〈아무런 단서 못잡아 불량배 30명 알리바이로 허탕 春川(춘천)소녀강간살해사건〉(《경향신문》, 1972.10.09.)라고 보도된 것이 10월 9일까지의 일이었다. 그런데 딱 하루 뒤인 10월 10일 느닷없이 범인을 잡았다는 '발표'가 난다. 범인으로 지목된 사람은 파출소장 딸이 자주 찾던 동네 만화방의 주인, 38살 정원섭이었다.

〈춘천 어린이 살해범 범행자백 "난행하고 絞殺"〉(《동아일보》, 1972.10.10.), 〈만화가게 주인 검거 경찰 "경위 딸 살해 자백 받았다"〉(《동아일보》, 1972.10.10.) 등 관련 기사가 쏟아졌고, 사건을 해결한 공으로 김 아무개 경장, 이 아무개 순경 등 세 명이 1계급 특진했다. 당시 만화방에서 텔레비전을 볼 수 있게 해 주는 표(티켓)가 소녀의 주머니에서 발견되었고, 하늘색 연필이 근처 논두렁에 떨어져 있었으며, 이 연필을 정원섭의 아들이 내 것과 같다고 말했다는 것이 경찰이 댄 근거였다.

10월 10일 정원섭이 내가 그랬다고 자백했다는 내용까지 붙어 범인으로 대서특필되었고, 이듬해 1973년 3월 30일 춘천지방법원은 강간, 살인 등의 혐의로 무기징역형을 선고했다. 정원섭은 같은 해 8월과 11월 서울고법과 대법원에 항소와 상고를 했지만 기각되었다. 고문을 당해 자백했다고 재판 과정에서 주장했지만 받아들여지지 않았다. 정원섭은 15년 2개월간 옥살이를 하다가 모범적인 수감 생활을 인정받아 1987년 12월 성탄절 특사로 가석방되었다.

이후 1999년 11월 서울고등법원에 재심 청구를 했지만, 법원이 2001년 10월 기각했다. 대법원에 재항고했지만 역시 기각했다. 이후 정원섭은 2005년 진실·화해를 위한 과거사 정리위원회(진실화해위)를 찾았다. 이곳에서 사건 당시 정원섭을 고문한 경찰의 진술과 정원섭의 만화방 종업원들이 협박과 회유를 받아 "성폭행 당했다" 등의 거짓 증언을 했음을 확인했다. 무엇보다도 국립과학수사연구원(국과수) 분석 결과 범인의 혈액형이 A형이었음을 확인했다는 기록도 확인되었는데, 정작 정원섭은 B형이었다. 이와 관련해 2013년 프로파일러 표창원은 SBS 웹사이트 토요판의 〈죄와 벌〉 시리즈 연재 5번째 편 〈7번 방의 선물, 그리고 정원섭 씨 "나는 파출소장 딸을 죽이지 않았다"〉(《한겨레》, 2013.03.15.)에서 이렇게 기술한다. "너무 놀랍고 어처구니없게도 경찰과 검찰은 처음부터 그가 범인이 아닌 줄 알았다."

진실화해위 권고에 따라 2007년 11월, 사건 당시 정원섭을 재판한 춘천지방법원에서 다시 열린 재심은 무죄로 결론이 났다. 2009년 2월 서울고등법원도 무죄, 그리고 2011년 10월 대법원도 무죄 판결을 내렸다. 이 사안이 대법원까지 갔다는 것은 검찰이 계속해서 항소와 상고를 했기 때문이다. 그러나 재심 제1심 재판을 맡은 정성태 부장판사가 판결 당시 말했듯 검사가 제출한 증거들은 "정 씨와 참고인 증언과 조서 등은 고문과 협박 등에 작성된 것으로 보여 유죄라고 인정할 만한 증거가 없다", "증거로 사용될 수 없거나 믿을 수 없는 것들이어서 유죄를 인정할 수 없는 것"이었다. 결국 이 사건은 유죄를 인정해서는 안 될 것이었다.

당시의 판결과 함께 나온 재판부의 반성은 본인들의 잘못을 인정하지 않기로는 검찰과 쌍벽을 이루는 사법부로서는 매우 이례적인 일이었다. 1998년 검찰이 〈천국의 신화〉를 음란물로 낙인찍으려 시도한 과오에 대해 2019년 이현세 작가를 직접 찾아 반성한 문무일 당시 검찰총장의 행동과 더불어 이 나라 사법 역사에 몇 없을 사례다.

"신의 눈을 갖지 못한 재판부로서는 감히 이 사건의 진실에 도달했다고 자신할 수는 없다. 다만 한 가지 분명한 것은 대한민국의 헌법과 법률이 규정한 적법절차의 원칙에 따르자면 검사가 제출한 증거들은 증거로 사용될 수 없거나 믿을 수 없는 것이어서, 그것들만으로 피고인의 유죄를 인정할 수 없다. 이 사건 수사 과정에서 자신이 마땅히 누려야 할 최소한의 권리와 적법절차를 보장받지 못한 채 고통을 겪었던 피고인이 마지막 희망으로 기대었던 법원마저 적법절차에 대한 진지한 성찰과 고민이 부족했고 그 결과 피고인의 호소를 충분히 경청할 수 없었다는 점에 대해서는 어떠한 변명의 여지도 없다."

— 춘천지방법원 정성태 부장판사,
정원섭 강간치사 혐의 사건 재심 제1심 재판 판결 중 발언(2008.11.)

정원섭이 최종적으로 무죄 판결을 받은 건 2011년 10월 27일, 그러니까 범인으로 몰린 지 39년 만인 77세의 가을이었다. 하지만 정원섭을 고문한 경찰들은 공소시효가 끝나 누구도 처벌받지 않았으며, 억울한 세월에 비해 턱없이 부족한 형사 보상금 9억 5000만 원을 두고 소송을 걸었지만 항소 법원은 소송 확정일부터 6개월 안에 손해배상 소송을 진행해야 하나 10일이 지났다는 이유로 1심에서 선고받은 배상금 26억 원조차 줄 수 없다고 판결했다. 손해배상 소멸 시효는 1심까지만 해도 3년 이내였는데, 소송 진행 도중 법원이 기준을 바꾼 것이다.

정원섭은 무죄 판결은 받았으나 끝내 합당한 보상을 받지 못한 채 고문 후유증으로 치매와 합병증을 앓다 2021년 3월 28일 87세를 일기로 별세했다. 치매로 기억을 잃어가는 와중에도 고문에 대한 기억만은 잊지 못했다고 전한다.

사태의 원인

이 사태의 가장 큰 문제는 피해자인 경찰소장 딸을 죽인 진범을 놓치고, 애꿎은 사람을 범인으로 '만들어' 괴롭혔다는 데 있다. 그 과정에서 정원섭은 5일에 걸쳐 잠 안 재우기, 협박, 고문 기술자 이근안이 개발한 것으로 알려진 '통닭구이' 고문 등을 당했다. 통닭구이는 만화 〈짐승의 시간〉으로도 소개된 '민주주의자' 김근태 전 의원이 1985년 남영동 대공분실에 끌려가 당한 것으로도 잘 알려진 악명 높은 고문법이다. 대체 왜 이렇게 무리한 수사를 해야 했을까? 답은 소녀의 시체가 발견된 1972년 9월 29일, 사건이 대통령에게 보고되었다는 사실에 있다. 대통령은 문자 그대로 '격노'했고, 당시 서울시장에 이어 내무부 장관을 맡고 있던 '불도저' 김현옥에게 국가와 공권력에 대한 도전이라며 반드시 범인을 잡으라고 지시한다. 이튿날인 9월 30일 언론에 "10일 내 해결 못 하면 문책하겠다"라는 김현옥의 지시 내용이 기사로 뜬다. 〈김내무 "은행 고객 피랍, 부산 유괴 살해 등 10일 내 해

서울역사박물관에서 2016년 7월 1일부터 8월 21일까지 진행한 기획전 〈도시는 선이다 – 불도저 시장 김현옥〉.

결 못하면 문책")이라는 《동아일보》 당일 기사 내용을 보자.

　　김현옥 내무부 장관은 30일 국민은행 아현지점 납치 강도사건, 부산 영선동 하삼문 군 살해사건, 춘천의 장○○양 난행 살해사건 등 요즘 잇따라 일어난 강력 사건들을 오는 10월 9일까지 열흘 안으로 모두 해결하라고 지시했다. 김 장관은 "열흘 안으로 이 사건들의 범인을 못 잡을 경우 범인들을 잡아야 할 관계관들에게 책임을 묻겠다"고 말했다. (후략)

　　이 사건만은 아니고 당시 강력 사건들에 대해 대통령이 반드시 해결하라는 격노 섞인 명령을 내리자 내무부 장관이 열흘 준다고 담당자들을 닦달한 셈이다. 다시 말해 이 사건을 해결해야만 하는 입장에 놓인 경찰들은 내가 죽을 것인가 아니면 누구라도 잡을 것인가 하는 기로에서 후자를 택하고 말았다. 이들은 만화방에서 일하는 종업원 등을 닦달해 허위 증언을 끌어내고, 고문으로 정원섭에게 거짓 자백을 받았다. 참으로 어처구니없는 것은 10월 10일 정원섭이 범인으로 '발표'되자 내무부 장관 김현옥이 냉큼 한 발언이다. 당일 《동아일보》 기사를 보자. 〈김내무, 문책 않을 방침 밝혀 - '기한부'는 분발 위해〉라는 제목이다.

잇따라 일어나는 모든 강력 사건을 십일 이내에 해결하라고 지시한 김현옥 내무부장관의 시한부 수사 마지막날인 9일까지 춘천의 소녀난행살해사건만이 해결됐을 뿐 나머지 사건들은 10일 오전 현재 제자리 걸음을 걷고 있는 가운데 10일 0시를 기해 비상검문검색령을 내리고 범인들이 숨어 있을 것으로 보이는 곳에 집중 검색을 하도록 전국 경찰에 지시했다.
김 장관은 10일 오전 "사건을 해결 못하면 문책하겠다고 말한 것은 수사관들로 하여금 더 분발하도록 하기 위한 것이었다"고 말해 수사관 등에 대한 책임은 묻지 않을 방침임을 밝혔다.

결국 '분발'을 위한 불도저 장관의 발언에 겁먹은 수사관들이 범인 급조에 나섰고, 급기야 해결했다고 상까지 받은 셈이며, 혈액형 같은 중요한 자료까지 확보했는데도 당장 범인이 '필요'했기 때문에 법원까지 가세하여 서둘러 확정을 지었다는 이야기가 된다. 재판 과정에서 정원섭이 자신의 혈액형을 외쳐도 아무런 소용이 없었던 것은 답이 정해져 있기 때문이었다. 그러므로 이 문제의 최종 책임자는 김현옥, 나아가 박정희였으며, 그 이하는 알아서 길 수밖에 없었다는 비극적인 이야기가 된다. 그래서 《SBS》 러브FM의 〈한수진의 SBS 전망대〉 2013년 7월 18일 인터뷰 〈15년 억울한 옥살이…국가배상 받았다〉에 출연한 정원섭은 "당시 강압 수사했던 경찰이나 위증했던 분들도 계시던데 이미 이분들을 마음속으로 용서하셨다는 인터뷰도 봤어요. 어떻게 용서하셨는지 궁금한데요."라는 진행자의 질문에 피해 당사자로서도, 보통 사람으로서도 참 어려운 발언을 내어놓는다. "네. 허위 증언했던 사람들은 그럴 수밖에 없었어요. 제가 이해를 해야죠. 나 자신이 그러니까 내가 그 사람들을 이해해야죠."

그렇다면 박정희는 왜 이 사건에 그렇게까지 격노했을까? 이를 알기 위해서는 시점을 확인할 필요가 있다. 불도저 장관이 10일을 준 시점은 1972년 9월 30일이었다. 즉 1972년 10월 10일까지 확정된 범인이 필요했다. 바로 전날인 10월 9일까지만 해도 단서가 없다는 보도가 나갔는데, 그사이 5일에 걸쳐 닦달한 끝에 범인을 만들어 낸 것이다. 그렇다면 왜 10일까지 범인이 필요했을까? 그 이상 가면 지장이 생길 일이 딱 일주일 후에 있었다. 1972년 10월 17일은 국회 해산과 헌법 정지 등을 골자로 하는 박정희의 10월 유신이 선포된 날이었다.

조급함이 만들어 낸 폭력

박정희는 유신을 앞두고 1971년 12월 국가비상사태를 선포했다. 헌법을 뒤집어엎고 반대파를 쓸어내 종신 집권을 하기 위한 밑 준비를 진행해 놓은 상황이었다. 1972년 9월은 유신체제가 들어설 막바지였다. 춘천 역전파출소장 딸 살해 사건은 유신을 불과 20일도 남겨 놓지 않은 상황에 터진 강력 범죄였다.

이 시기 박정희는 마음이 급했다. 자신이 구축한 독재체제 속에서 경제는 일면 급속 성장했지만 이촌향도 현상이 극에 달했다. 산업예비군이자 도시 빈민화한 이들이 도시 언저리에서 판자촌을 형성했고, 공장 주변에는 벌집촌이라는 형태로 모여들었다. 급속한 성장의 한계점과 이면의 문제점이 터져 나오기 시작했다.

전태일이 근로기준법 준수를 외치며 분신하고(1970.11.13), 빈민을 구제한다며 김현옥이 별명 그대로 불도저처럼 판자촌을 걷어 내고 지은 아파트 가운데 하나인 와우아파트가 붕괴했다(1970.04.08.). 입주 조건을 둘러싼 공무원 비리와 건축비 횡령 등에 따른 부실 공사가 원인으로 드러나기도 했다. 여기에 서귀포에서 부산으로 가던 배 남영호는 과적·선박 불법 개조 등으로 침몰했다(1970.12.15.).

그에 앞서 1968년 북한이 청와대 습격을 위해 124부대 소속 31명을 침투시킨 1.21사태(김신조 사건)와 이승복 어린이 살해로 잘 알려진 울진·삼척 무장공비 침투 사건(1968.12.09.)을 일으켰다. 이에 박정희는 전 사회에 걸친 반공 기조를 더욱 강하게 드높이고 5대 사회악 수사(1966.05.04), 7대 사회악 집중 단속(1970.01.)을 진행함으로써 혼란을 잠재우려 했다. 이때 가장 많이 쓰인 방법이 만화 단속이었다. 당시 신문 기사에 실린 '만화 공해', '불량 만화' 등의 표현은 이 시기 정부가 만화를 어떻게 보고 있었는지를 명확히 보여 준다. 국가비상사태가 선포된 직후인 1972년 1월 31일 발생한 정병섭 군 자살 사건은 안 그래도 만만한 만화에 십자포화를 퍼붓기 좋은 빌미를 제공했다. 그 결과 만화는 불태워지고, 만화방은 불법의 온상이 되었다.

1958년부터 등장한 만화방(대본소, 또는 만화가게)은 1960년대 초중반에 전국 4500여 개소로 늘어나고 있었다. 핵가족화로 형제로 몇 없던 아이들에게 만화방은 유일한 문화공간이었다. 아이러니한 상황이지만 이 시기 아이들을 키운 건 만화방이었다. 만화방은 당시 보급되기 시작하던 흑백 텔레비전을 들여놓고 프로레슬링과 복싱 같은 인기 스포츠 프로그램과 일일 연속극을 보여 주며 별도의 관람료를 받기도 했다. 가정마다 텔레비전을 필수 가전으로 들여놓을 수준은 아니었던 때여서 만화방의 텔레비전 보여 주기는 눈길을 끄는 영업 방식이었다. 이 때문에 만화방 때리기의 주요한 레퍼토리 또한 텔레비전 보여 주기였다. 1966년 5월 22일 《조선일보》의 〈만화가게 급습〉이라는 기사는 당시 공권력이 만화방을 어떤 식으로 대했는지 잘 보여 준다.

> 21일밤 서울동대문경찰서는 관내 신설동 숭인동 창신동 등지의 만화가게를 급습, 어린이들에게 돈을 받고 텔레비전을 구경시키던

만화가게 주인 12명을 연행하고 텔레비전 12대를 일단 압류했다.

경찰에 의하면 이들 만화가게에서는 이날밤 프로레슬링의 중계방송이 있음을 이용, 좁은 장소에 어린이들을 초만원으로 들여놓고 1인당 10원에서 20원까지의 관람료를 받아 극장처럼 상행위를 했다는 것이다.

연행된 이금동(30·보문동 1가 102) 씨 가게의 경우 저녁 8시부터 10평도 안 되는 좁은 판자집에 1백 명을 모아놓고 10원씩 받았고 민삼기(35·신설동 4) 씨는 80명으로부터 20원씩 받았다.

경찰이 급습하자 구경하던 어린이들은 레슬링이 끝날 때까지만 참아달라고 매달려 경찰이 진땀을 빼기도 했다.

상인들은 평소 만화 구경을 하는 어린이들에게는 텔레비전을 도료로 보이다가 스포츠 중계 등 프로가 좋은 날은 미리 예고해서 돈을 받고 좌석과는 상관없이 들어설 자리도 없게 입장시킨다. 어린이들 사이에는 서로 좋은 자리를 차지하려고 싸움이 흔히 벌어지며 칼부림 사건을 빚은 일도 있다.

춘천 역전파출소장 딸 살해 사건의 피해자인 파출소장 딸의 경우 사건 당일 저녁에 방영하는 인기 텔레비전 연속극을 보기 위해 만화방으로 왔다가 집으로 돌아오는 길에 범행을 당했다. 주머니 속에 만화방에서 책을 빌린 이에게 텔레비전을 보여줄 때 준 표가 있었다는 것이 만화방 주인 정원섭을 범인으로 몰아세운 중요 이유 중 하나가 되었다. 일찍이 만화와 만화방 영업 방식을 '사회악' 취급하던 정권이었고 만화 화형식도 일삼았으니, 일선 수사관들 입장에서도 만화방 주인이 얼마나 써먹기 좋은 카드였을지 불을 보듯 뻔한 일이다.

하지만 이러한 일련의 흐름이 단순히 때리기 좋아서라고만 보기엔 박정희 앞에 놓인 상황이 한가롭지 않았다. 새마을 운동을 시작(1970.04)한 이듬해 제7대 대통령선거(1971.04.27.)에서 2위 김대중과의 표차가 94만 표였다. 이 승리가 신승이었던 까닭은 앞 대선에서 윤보선에게 보인 116여만 표보다 줄어들었기 때문이다. 박정희의 리더십이 흔들리고 있음은 학생들의 반정부 시위가 이어지는 것으로도 나타났다. 국가비상사태 선포에 이은 10월 유신은 바로 이러한 상황 속에서 추진되었다.

10월 유신이 박정희의 권력 공고화에 얼마나 중요한 일이었는지는 유신 직후 벌어진 사건을 통해 증명된다. 민주화운동기념사업회의 〈유신헌법—헌정 질서를 파괴한 종신 총통시대의 개막〉이란 박선욱의 사료에 따르면 박정희는 1971년 국회에서 있었던 내무부 장관 해임안으로 격노한 바 있으며 이에 따라 국회의원들을 손볼 필요를 느끼고 있었다. 결국 유신이 시작된 직후 박정희는 김영삼과 김대중이라는 맞수와 연관 있는 국회의원 열둘을 끌고 가 고문을 가한다. 발동된 계엄령 앞에서는 국회의원이라도 어쩔 수 없음을 아주 잘 보여 준다.

(중략) 비상계엄 선포와 동시에 국회가 해산되고 정치인의 정당 활동이 일절 금지되었다. 표현의 자유도 당장 제약이 가해졌다. 한반도에는 갑작스레 정치적 빙하기가 찾아왔다. 모든 것이 급속도

로 결빙되었다.

그날 밤, 박정희 대통령의 지시로 야당 국회의원들이 줄줄이 모처로 잡혀 들어갔다. 박 정권은 이들 야당 의원들에게 커다란 반감을 갖고 있었다. 1971년 10월 2일, 야당인 신민당의 주도로 국회에서 오치성 내무부장관 해임안이 가결되어 통과된 일이 있었다. 신민당은 당시 물가 폭등, 실미도사건, 사법파동의 책임을 물어 오치성 내무부장관, 김학렬 경제기획원장관, 신직수 법무부장관에 대한 해임안을 제출해 표결에 붙였던 것이다. 국회 표결 결과 내무부장관 해임안이 통과되어 경질된 일로 인해 대통령이 크게 격노한 바 있었다.

신민당에는 대통령 박정희와 맞서는 두 사람의 정치 지도자가 있었다. 김영삼과 김대중이었다. 이날 끌려간 의원들은 이들 두 의원과 관련이 깊은 인물들이었다. 박정희는 열두 명의 의원에게 치욕을 안김으로써 10월유신에 대해 아무도 반대 의견을 내지 못하도록 했다. 일종의 희생양으로서 보안사에 끌려간 그들은 알몸으로 집단 구타와 물고문을 당했다.

"우리는 너 같은 새끼 하나 죽여 시체를 산에 갖다 묻고는 자살했다고 상부에 보고하면 그만이야. 넌 살아서 못 갈 줄 알아." 기관원들은 아무 질문도 없이 무조건 옷을 벗겼고, 시멘트 바닥에 쓰러뜨린 뒤 각목으로 사정없이 온몸을 구타했다. 그들은 물 적신 모포를 몸에 감아서 마구 때렸다.

생지옥 같은 이 일들은 사건이 일어난 지 3년 뒤인 1975년 2월

28일자 《동아일보》에 기사가 실리면서 비로소 밝혀졌다. 보안사에 끌려간 이들은 조윤형, 홍영기, 이종남, 조연하, 김녹영, 김경인, 최형우, 박종률, 강근호, 이세규, 유갑종, 김상현 등 제8대 국회의원 12명이었다. (후략)

춘천 역전파출소장 딸 살해 사건은 권력을 다잡을 필요가 있었던 박정희의 계획 직전에 민심이 불안으로 흔들릴 가능성을 내포한 사건이었다. 정원섭은 박정희의 격노와 내무부 장관이 '열흘'로 내건 말미에서 비롯된 조급함의 희생자였다. 신학대학교를 나온 전도사로, 앞서 큰아들을 잃고 실의에 빠져 고향에서 만화방을 열고 찾아오는 아이들을 보며 마음을 달래려 했을 뿐인 정원섭에게는 그야말로 견딜 수 없는 재난이었을 것이다. 하필 그 시기에 정권의 손쉬운 먹잇감이던 만화에 손을 댄 것이 잘못이었을까? 그렇지 않다. 실제로는 일제에 부역한 만주군 군관에서 남로당, 반공주의자로 변모하며 끊임없이 기회를 엿보다 끝내 권력을 찬탈한 독재자가 문제였을 뿐이다. 나쁜 정치는 애꿎은 사람을 죽인다. 박정희는 나쁜 정치를 했다. 악당이 만든 폭력의 희생자였는데도 용서를 말하던 고인에게 지면을 빌려 애도의 뜻을 표한다.

자투리 1

1972년 무렵 서울시가 도심 과밀 억제를 내세워 강남 개발에 나서자 가장 먼저 강북의 유흥업소들이 세금과 규제가 없는 강남에 자리를 잡았다. 같은 시기 고향을 등지고 서울에 온 많은 이들이 마지막 선택지로 이런 유흥업소를 선택하는 경우가 많았는데, 여기서 유래한 호스티스 문화가 대중문화 전반에 걸쳐 소재로 활용되었다. 특히 소설이나 영화 등에서 나타난 현상을 가리켜 아예 '호스티스 멜로'라는 장르명을 붙이는 경우도 있었다. 호스티스물 또는 호스티스 멜로란 말하자면 유흥업소에서 일하는 여성, 몸 파는 여성 등을 주인공으로 하는 작품을 일컫는다. 대중문화가 정치적, 사회적 맥락을 띠지 않는 것이 중요했던 시기에 이러한 소재에 대해 오히려 관대한 것이 하나의 흐름을 이끌었다고도 볼 수 있다.

이 시기 유난히 심한 규제를 받은 만화는 그나마 '반공' 정도를 표현할 수 있는 상황이었다. 공산주의를 상징하는 붉은색을 쓸 수 없다거나, 남녀 연애를 다룰 수 없다는 등의 조항도 있었고, 사회 기조에 따라 반공과 모범, 친일파 처단 외의 이야기를 구현하기 어려웠다. 이념과 거리가 멀다며 허락됐던 영웅만화도 점차 폭력적이란 이유로 검열대에 오르기 시작했다. 만화가 이희재는 〈한국만화 수난사〉라는 만화를 통해 이 시기에 대해 다음과 같이 언급한다. "70년대 유신으로 들어서며 심의는 더욱 강화되었다. 아예 성인을 위한 만화는 금지시켜 버리고 만화의 범주를 아동에 국한시켰다. 성인만화 영역에서 고우영 강철수 등이 살아남은 것은 압력을 버틸 수 있는 언론사의 품에 있었기 때문이다."

결국 만화는 이즈음에도 반공 이슈 외에 별다른 소재를 선택하기 어려웠고 작가들도 이 흐름에 동참할 수밖에 없었다. 만화평론가 백정숙은 제17회 부천국제만화축제(BICOF2014)의 주제전 '만화, 시대의 울림'의 도록인 《2014 부천 국제만화축제를 만나다》에 실은 해설 원고 〈만화, 시대의 울림: 가만히 있지 않았다는 것을 기억하기〉에서 이 시기의 반공만화에 대해 다음과 같이 언급한다. "박부성, 이종진, 신동우 등의 작가들은 당대를 풍미한 인기 작가였는데, 이들도 〈소년유격대〉〈호야의 증언〉〈붉은이리〉 등의 반공만화를 제작하여 당시의 반공 이데올로기를 만화 속에 녹이는 일을 하기도 했다."

그런데 이러한 반공 기조에 앞서 '호스티스 문화'가 결합하며 반공 성인만화라는 신장르가 나타났다는 것은 굉장한 아이러니입니다. 제목부터도 굉장한 박부길의 〈김일성의 밀실〉, 〈김일성의 침실〉은 김일성을 호색한으로 묘사했으며 표지 제목 옆에 '반공실록극화'라는 표현이 붙어 있다. 수사실화(1권)/실록극화(2권)라는 부제를 붙인 박수산의 〈기생간첩 김소산〉같이 해방기의 실존 인물을 끌어온 작품도 있었다.

당시 정부의 반공영화 제작 요구를 받아들여 제작된 특수수사본부 시리즈 첫 영화도 김소산을 소재로 한 〈기생 김소산〉이었는데, 여성 스파이로 유명했

박부길이 그린 〈김일성의 밀실〉.

던 마타하리에 빗댄 "한국의 마타하리 사건"이 광고 문구였다. 성적 매력을 십분 이용하는 스파이 캐릭터에 반공 서사를 뒤섞는 발상은 그 시기 정책에 부응한 대중문화의 생존법이자 대중적 욕망의 타협점이었던 셈이다. 한국의 마타하리라던 김소산 말고도 직접 마타하리를 소재로 한 향수 작가의 만화 〈세기의 여간첩 마타하리〉도 있었다.

자투리 2

2024년 3월 30일 《뉴스1》이 보도한 기사 〈파출소장 9세딸 성폭행 피살…박정희 엄명 탓 '7번방' 갇힌 그 목사〉에 따르면 춘천에서 살해당한 소녀가 정원섭의 만화방에서 시청한 텔레비전 프로그램은 KBS 일일 연속극 〈여로〉였다. 당시 저녁 7시 30분부터 50분까지 20분가량 방영된 이 연속극은 비공식적으로 시청률 70퍼센트가 넘은 사상 최고 인기작이었다. 소녀는 작품을 다 본 후 집에 가겠다고 가게를 나섰다. 기사는 이를 바탕으로 사건이 일어난 시각을 1972년 9월 27일 20시경으로 적시하고 있다.

KBS가 유튜브에 운영 중인 KBS Archive 채널 '오래된 TV'에서는 〈여로〉를 다음과 같이 소개하고 있다.

국민드라마 여로 | 20060220 KBS방송
▶ 작가 : 김지연
▶ 연출 : 한성순, 이성현, 연규완
▶ 출연자 : 조형기, 송승환, 이경진, 김상현, 김연진,
　　　　　 태현실, 박주아, 배국남, 박세환

TV가 집마다 보급되어 있지 않던 시절, 사람들은 천진스러운 바보 영구와 지고지순한 그의 아내 분이를 보기 위해 TV가 있는 곳이라면 어디든 모여들었다. 저녁 7시 30분만 되면 개미 새끼 한 마리 없을 정도로 길거리가 한산했으며 전국 가정의 부엌마다 밥 타는 냄새가 진동했다고 한다. 대한민국 드라마 사상 70퍼센트라는 최고의 시청률을 기록하며 온 국민을 웃기고 울렸던 드라마 '여로' 속으로 들어가 보자.

'OSMU'와 '한국 것'과 '만화 원작'의 강박적인 상관관계

경쟁이 일상적인 콘텐츠 시장에서 수익과 노출 효과를 극대화하기 위한 다매체 전략은 새삼스러운 일이 아니다. 2020년대를 전후해 웹툰 플랫폼들이 웹소설과 함께 밸류체인Value Chain(가치사슬)을 구축하는 과정에서 웹소설과 웹툰, 영상, 게임 등을 유기적으로 엮어 대중에 공개하는 일도 일반화했다. 만화를 원작으로 삼아 영상과 게임을 만드는 일이나 그 반대의 경우는 1990년대부터도 곧잘 있었으나 이를 좀 더 전략적으로 여기기 시작한 것은 한국 내 상황이 변했기 때문이다.

영어권에서 미디어 프랜차이즈, 일본에서 미디어믹스라 부르는 다매체 전략을 한국에서는 2000년대 들어 원 소스 멀티 유스One Source Multi Use, 줄여서 오에스엠유OSMU라는 한국식 영어 조어로 불렀다. 한국에서 생긴 국내용 영어 조어인지라 한국 만화가 가야 할 길을 모색하는 세미나에 초청받은 한 서양인 토론자가 이 용어에 대해 "왓 이스 오스무?"라고 묻는 촌극을 보이기도 했지만, 어쨌든 한국의 만화계는 이러한 OSMU의 중심에 자연스레 만화를 놓곤 했다.

이는 출판만화의 시장 규모가 축소되며 웹툰이 명확하게 수익성을 높이지 못하던 당시의 한국 만화가 가야 할 길을 OSMU로 상정했기 때문이다. 최소한 만화 쪽에서는 OSMU로 엮이는 다양한 매체 연계의 중심축을 만화로 놓는 경향이 있었다. 이는 만화가 소위 '원작 산업'이라는 프레임을 구축하려는 의도 때문이기도 하고, 그래야 한다는 강박 때문이기도 하다. 웹툰을 넘어 웹소설이 가치사슬 전략의 시작점이 되는 2020년대 초반에 이르면 그러한 발상도 빛을 잃지만 말이다.

2000년대까지만 해도 한국 만화는 작품이 '해외 수출'되거나—여기서 '해외'는 대체로 일본이다—작가가 해외 잡지에 연재하게 되면 매우 큰 성공이고 '해외에서 영상으로 제작'되면 영광이라는 인식이 있었으며, 일본에서 리메이크된 〈신과 같이〉처럼 해외에서 한국 만화를 가져가 자국 작가의 그림으로 새로 제작하는 경우라도 '한국 만화의 우수성을 인정'했다는 식으로 여기는 사례가 많았다. 이는 야구팬들이 한국 프로야구KBO의 수준을 미국 메이저리그MLB와 일본 프로

야구NPB 다음에 놓으며 '진출'에 대한 로망을 품는 것과 크게 다르지 않았다. 2000년대 초반 한국 작가들이 일본 만화 잡지에 연재한 일본 만화 〈신 암행어사〉 같은 작품을 굳이 '한국 만화'라고 여기는 경우도 같은 맥락에서다. 여기에는 2000년대로 넘어가며 한국 출판만화의 기세가 대폭 꺾이는 상황이 빚어진 데 대한 일종의 보상 심리도 있었다.

반면 텔레비전 드라마인 〈꽃보다 남자〉나 영화 〈올드보이〉, 〈설국열차〉처럼 일본이나 서구권 만화를 원작으로 하여 한국인 제작자가 만든 영상물이 등장하는 경우엔 역으로 영화나 텔레비전 드라마와 같이 '실사 기반을 잘 만드는 한국의 풍토'와 '만화가 원작인 작품'이라는 양가적 기준점이 작동하는 면도 있다. 즉 '한국 만화를 원작으로 하지 않았지만 어쨌든 한국 것이고 만화와 연결점이 있다.'라는 연결점을 강조한 셈이다. 그런데 역으로 만화를 원작으로 하지 않았는데 한국과 연결점이 있는 해외의 사례를 만날 때, 우리는 굉장히 생소한 감각을 경험하게 된다. 이를테면 이런 것이다. 한국 것이긴 한데 한국 만화가 아닌 것이 해외—역시 일본에서—만화로 제작된다고? 왜?

한국 소재 만화를 넘어 한국 드라마의 만화판을 만들다

일찍이 일본인이 한국의 과거를 소재로 삼아 만화를 만든 사례가 없는 건 아니었다. 스메라기 나츠키皇なつき의 만화 〈이조 암행기李朝・暗行記〉는 제목에서 보이듯—조선을 이씨의 것이었다고 일컫는 이조李朝

스메라기 나츠키의 〈이조 암행기〉.

라는 표현의 폄훼성은 차치하고서라도—조선의 암행어사가 소재다. 스메라기 나츠키는 동양 문화 전반에 걸쳐 관심이 있어 〈연경미인가〉 같은 작품을 고혹적인 동양화풍 필체로 그려 내기도 했는데, 국내에 '오리엔탈 러브 스토리' 여섯 번째 타이틀로 소개된 〈이조 암행기〉는 개중 조선을 다룬 것이다.

도쿠가와 이에야스德川家康의 손자로 미토 고몬水戶黃門이라는 별칭으로도 불린 도쿠가와 미쓰쿠니德川光圀가 암행어사 박문수와 비슷한 역할을 일본에서 한 것으로 알려져 있는데, 강력한 중앙 군주의 명을 받고 신분을 숨긴 채 탐관오리를 처벌하는 공식 직책은 아니었기 때문에, 옆 나라 조선의 '암행어사'라는 존재가 꽤 특이하게 받아들여졌을 법하다.

클램프의 〈신 춘향전〉.

〈도쿄 바빌론〉, 〈마법기사 레이어스〉로 유명한 만화 창작 집단 클램프CLAMP가 한류가 존재하지도 않던 1992년에 〈춘향전〉을 각색해 가상의 국가 고려를 무대로 언월도를 휘두르는 춘향을 만든 적이 있다. 이들은 의뭉스러운 구석이 있고 오망성 아이템을 마패처럼 쓰는 암행어사 이몽룡을 그린 〈신 춘향전〉을 내놓기도 했다. 〈이조 암행기〉가 고풍스러운 작화와 여진족까지 등장하는 고증으로 있음직한 이야기를 만든 것이라면, 〈신 춘향전〉은 한복을 그리고 싶어서 만들었다는 일화가 있을 정도로 완전한 퓨전이다. 작품은 계속해서 '이 춘향은 다릅니다'를 강조하며 춘향이의 팔팔함을 과시(?)한다.

이렇게 뒤섞인 가상 국가로서의 옛 한국 '스타일'은 훗날 한국 사극 드라마의 영향을 강하게 받아 캐릭터 이름부터 한국식으로 나오는 쿠

쿠사나기 미즈호의 〈새벽의 연화〉. 한국 삼국시대를 모티프로 삼은 듯한 복식과 한국식 캐릭터 이름이 강한 인상을 주는 판타지 사극이다.

오노 하루카사이가 나츠키의 〈궁정여관 명화: 태양궁의 거울과 운명의 왕비〉.

사나기 미즈호草凪みずほ의 〈새벽의 연화〉나 오노 하루카小野はるか 원작에 사이가 나츠키斎賀夲月가 만화를 그린 〈궁정여관 명화: 태양궁의 거울과 운명의 왕비宮廷女官ミョンファ 太陽宮の影と運命の王妃〉와도 연결점이 있다. 《궁정여관 명화》는 책 소개 문구에 아예 "두근대는 운명의 한류 판타지"라는 문구가 들어가 있다.

그런데 한국 또는 한국풍의 무언가를 소재로 삼은 게 아니라 '한국 텔레비전 드라마'를 원작으로 만화를 만드는 건 또 다른 이야기다. 한국에서 만화가 제작되어 수출되는 것이 아니고, 한국의 영상물이 해외에서 상당한 수준의 인기를 끌어 그 인기를 이어 나가기 위해 또 다른 형태로 제작된다는 의미이기 때문이다. 여기서 만화는 부차 콘텐츠로서, 타지에서 원작이 만들어 낸 인기를 받아 드는 역할을 한다.

일본 공영방송 NHK에서 방영된 〈대장금〉의 만화판은 2000년대 일본의 한류 붐이 〈겨울연가〉, 〈별은 내 가슴에〉에 국한된 것이 아님을 보여 준다. 2006년 일본 고단샤講談社의 여성지 《BE LOVE》 3호(1월 14일 발행)부터 연재를 시작한 만화판 〈대장금〉은 〈은빛 날개銀色の翼〉를 그린 미하라 요우코三原陽子가 제작을 맡은 3권 분량의 연재만화로 제목은 드라마 〈대장금〉의 일본어판 제목을 따른 〈궁정여관 장금의 맹세宮廷女官チャングムの誓い〉다. 임금에게 절대적 신뢰를 받은 서장금의 반평생을 역동적으로 그린 이 작품은 우리나라에서 제작된 애니메이션 〈장금이의 꿈〉이 수라간 각시 시절을 다룬 것과 달리 의녀 시기를 다루고 있다. 작가는 연재 정보가 공개된 2005년 "올해에 이어 내년도 자신에겐 계속 '한국의 해韓國年'"라면서 "김치 파워로 노력할

일본에서 제작된 《대장금》의 만화판인 미하라 요우코의 《궁정여관 장금의 맹세》.

거야!" 같은 애교 섞인 각오를 다진 바 있다.

〈궁정여관 장금의 맹세〉에 앞서 등장한 한국 텔레비전 드라마의 만화판은 원조 한류의 주역인 〈겨울연가〉였다. 2004년 7월 첫선을 보인 만화판은 〈겨울 소나타冬のソナタ - Winter Love Song〉라는 제목 그대로 일본 월간잡지 《할리퀸》에서 작품 활동을 하던 호시아이 미사오星合操라는 작가가 그렸다. 이 만화는 한국 콘텐츠의 수출 사례로 해당 시기 부천국제만화축제 등지에서 실물로 소개되기도 했다.

〈겨울연가〉가 촉발한 1차 한류 열풍을 고스란히 받아 제작되었으나 캐릭터 이름 외에는 다분히 일본 소녀만화의 스타일을 그대로 보여 주는 작품이라 할 수 있지만, 《궁정여관 장금의 맹세》의 표지가 드라마 《대장금》의 장면을 작품 띠지에 채용하는 정도로 소개했다면,

 복사골문화센터에서 열린 제7회 부천국제만화축제(BICOF2004) 행사장에서 외국 만화 도서로 전시된 호시아이 미사오의 〈겨울연가〉 만화판 1권. 당시 3권까지 전시되었으며 총 8권으로 완결되었다.

만화판 《겨울연가》는 표지에 그림이 아니라 드라마 속 주연인 '욘사마' 배용준과 '지우히메' 최지우의 모습이 들어 있다는 점이 특기할 만하다. 이는 드라마 캐릭터의 얼굴이 그만큼 더 중요했다는 방증이라 하겠다.

  세로 스크롤 스타일의 웹툰이 일본에 전래되면서 웹툰을 서비스하는 업체에서 연재되는 한국 드라마 원작의 일본 만화도 등장했다. 2017년에 한국 tvN에서 방영된 이민기, 정소민 주연 드라마 〈이번 생은 처음이니까〉는 일본에서 〈이 사랑은 처음이니까この恋は初めてだから - Because This is my first life〉라는 제목으로 소개되었다. 2022년 윤난중의 스토리를 코다 유우키幸田悠希가 구성하고 소와카SowaKa가 만화를 맡은 동명의 만화판이 코미코Comico에 공개된 것이다.

〈이번 생은 처음이니까〉를 2022년 일본에서 만화로 제작한 코다 유우키·소와카의 〈이 사랑은 처음이니까〉.

칸젠 게쇼쿠가 그린 한국 드라마 〈그녀는 예뻤다〉의 일본 만화판.

또 2015년 MBC에서 방영되었던 한국 드라마 〈그녀는 예뻤다〉의 만화판은 2021년 7월 간젠 게쇼쿠^{完全月蝕}라는 작가의 손으로 만화화되어 원제와 같은 뜻인 〈彼女はキレイだった – She was pretty〉라는 제목으로 메챠코믹에서 연재되었다. 작가는 공식 홈페이지를 통해 손 글씨로 "그녀는 예뻤다 애청자로서 이번 작업에 참가하게 되어 정말 기쁘게 생각합니다."라는 소감을 밝혔다. 미하라 요우코가 그러했고 사이가 나츠키, 구사나기 미즈호가 그러했듯 일본의 만화가들 가운데에서도 한류 드라마를 보고 성장한 이들이 한국 소재, 한국 드라마 원작인 작품을 다루는 사례가 보인다는 점에서 일본 내 한류가 4차 붐까지 지속되는 중인 현재와 향후의 형태에 주목해 볼 만하다.

한류의 영향이 보여 주는 사례들

텔레비전에서 방영되는 '한국 드라마'를 일본에서는 문자 그대로 한국 드라마라 하여 칸코쿠 도라마^{韓国ドラマ}, 줄여서 '칸도라^{韓ドラ}'라 부른다. 〈겨울연가〉 이후로 시작된 소위 '한류' 이래 수많은 드라마가 일본인의 사랑을 받았다.

일본에서 한국 드라마(와 나아가 영화)가 왜 인기 있느냐는 물음에 대해 다양한 분석이 가능하지만, 대체로 연애에 국한되지 않는 다양한 소재와 비현실적인 배경도 납득하게 하는 흡인력, 정치나 사회 문제도 진지하게 건드리는 발상, 들인 돈값을 하는 화면, 현실감을 만들어 내는 배우들의 고르고 깊이 있는 연기력 등이 꼽힌다. 혹자는 험한 부류의 주장대로 국가가 지원해 해외 진출을 우선시하기 때문이라는 식의 분석으로 일관하기도 하지만, 적은 인구로 말미암아 해외 진출이 필요하다는 것과 해외에서도 먹히는 작품을 만들 수 있는 역량은 다른 궤에 놓이는 이야기다.

한국인들이 만든 작품이 현대 기반의 연애 소재 일변도인 것만은 아닐뿐더러 다양한 사회 문제를 깊고 진지하게 다뤄 세계에서 호평받고 있다는 점은 이와 같은 논란을 반박하는 논거로 쓸 만하다. 2020년 미국 아카데미상을 수상한 영화 〈기생충〉에 대해 일본 내에서 속 쓰려 하는 평가들이 그러하다. 넷플릭스에서 공개되어 제74회 에미상을 수상한 〈오징어 게임〉의 경우, 일부 일본인들이 데스게임 부류의 작품과 유사성을 제기하는 와중에도 가벼운 소재를 다룬 일본 작품과 달리 현실 사회와 연결 짓는 점에 주목하는 여러 목소리가 등장했다. 문화평론가이자 저널리스트인 마쓰타니 소이치로松谷創一郞가 2021년 11월 16일 《PRESIDENT Online》에 올린 다음 글은 한국 창작자들이 보여 주는 바가 세계의 화두와 조응하고 있다는 점에서 의미심장하다.

(전략)

격차 사회·경쟁 사회의 배경에는, 그것을 긍정하는 「능력주의(메리토크라시)」가 있다. 「능력」은 개개의 노력만으로 얻을 수 있는 것은 아니며, 원래 생육 환경에 큰 영향을 받는다는 것은 각종 조사로부터 밝혀지고 있다.

요즘도 마이클 샌델이 지적하듯이(《공정하다는 착각》 중) 이런 능력주의(메리토크라시)는 자기책임론을 낳기 쉽다. 하면 된다는 메시지(능력주의)에는 못하면 자기 탓이라는 격렬한 메타메시지(자기 책임론)가 숨어 있다.

종래의 데스 게임 작품의 대부분이 등한시해 온 것은, 이 자기 책임론이다. 등장인물의 대부분은 게임에 농락당할 뿐, 게다가 가벼운 어조로 그리는 것으로 죽음의 무게를 덮고 있었다.

하지만 〈오징어 게임〉은, 참가자의 죽음을 확실히 그린다. 비통하고 잔혹하고 절망적인 그 끝을 끝까지 보여 준다. 그것은, 신자유주의 사회의 자기 책임론을 데스 게임의 메타포를 사용해 최대화하고 있기 때문이다.

물론 이는 현실 사회에 대한 강렬한 아이러니다. 그리고 〈오징어 게임〉의 글로벌 히트는 전 세계가 강한 아이러니와 공진하는 것이다.

한국과 일본, 대만 엔터테인먼트에 정통하다는 니시모리 미치요 西森路代가 2021년 10월 14일 미디어 비즈니스 매체 《VR Digest》와 인터뷰한 〈진화를 계속하는 한국 엔터테인먼트와 인기의 이유, 일본과의 차이는 어디에?〉라는 기사에 따르면 그 흐름이 드라마, 영화, K-POP에 이어 이제는 한국 문학으로 연결되고 있다고 한다. 또한 일본의 텔레비전 엔터테인먼트가 '알기 쉬움 わかりやすさ'을 너무 내세워 '알기 어려움'이라는 재미를 느끼고 싶어 하는 이들을 놓치고 있는

인상이 있는 데 비해 한국은 반대로 알기 어려움을 그리고 싶어 하는 욕망이 있는 것 같다고도 언급한다. 이는 일본의 텔레비전 엔터테인먼트가 주제의식이나 표현 등에서 '알기 쉬움 지상주의'를 표방해 왔다는 지적이다.

물론 일본의 실사 기반 영상물들이 텔레비전 드라마나 영화를 막론하고 만화의 에너지에 많은 빚을 지고 있지만 만화 언어와 영상 언어의 차이를 염두에 두지 않은 채 만화이기에 용납될 수 있는 장면을 실사 화면에 무작정 옮기며 무리하는 대목이 많고, 장편 이야기를 축약하는 과정에서 모두 행복해지자는 식으로 뭉뚱그려 마무리 짓는 경우가 잦은 것도 문제로 지적된다.

실제 사회에서 진보적 의제로 채택되기에는 갈 길이 멀지만 일본에 비해 한국 쪽 엔터테인먼트가 젠더적 화두에서 주목받을 메시지를 전달하는 사례가 있다는 측면에 일본 여성들이 주목하는 것도 눈길을 둘 만한 사실이다. 즉 한류는 그저 맛이 좀 다른 로맨스로 부각되는 것이 아니라 현실과의 조응, 또는 나아가야 할 가치관과 방향성 면에서 일본의 작품들과는 다른 느낌을 주고 있기에 작동하는 것으로 볼 수 있으며 혐한들의 노력과는 별개로 젊은이 사이에서는 어느 정도 확고하게 정착된 이슈가 되었다고 할 수 있다. 1차 한류 붐의 시작점이었다 할 〈겨울연가〉 또는 〈별은 내 가슴에〉 당시만 해도 국내에서는 소위 '국뽕' 맞지 말라는 힐난이 많았던 것을 생각하자면 감회가 남다를 수밖에 없다. 그러니 이후 흐름에서 '대체 왜 일본 만화가 한국 드라마의 만화를 만들지?', '한국 제작사가 넣어 달라고 사정한 것 아냐?' 식의 의문은 무색해진다. 물론 이렇게 나온 만화의 편수 자체가 아주 많은 건 아니지만 말이다.

일본에서는 이제 한국 드라마의 만화판 제작과는 다르게 한국의 한류 붐에 적극적으로 편승하는 만화가 다수 등장하고 있다. 다야마 미도리タヤマ碧의 〈걸크러시ガールクラッシ〉는 트와이스나 NiziU, 르세라핌, 아이브를 비롯해 일본인들이 참여하거나 일본인으로 구성된 K-POP 걸그룹이 늘어나고 있는 상황에서 한국의 걸그룹 멤버가 되기를 희망하는 여자아이들이 주인공으로 등장하고 있다. 야쓰다 데키八田てき의 〈야쿠자의 덕질やくざの推しごと〉은 한 조직의 부두목쯤 되는 아저씨가 두목의 외동딸이 꼬드김을 거절하지 못하고 K-POP 그룹의 콘서트를 직관했다가 남자 아이돌 MNW의 멤버인 JUN에게 한눈에 반한

다야마 미도리의 〈걸크러시〉. 박진영으로 추정되는(?) 인물이 프로듀서로 등장하기도 한다.

야쓰다 데키의 〈야쿠자의 덕질〉. 작가가 BTS 팬덤인 아미 사이에서 유명한 금손으로 알려져 있다.

후 진지하게 형님으로 모시겠다는 다짐을 하게 됐다는 설정을 보여 준다. 작가가 방탄소년단BTS 팬으로 알려져 있는데, 정말 높은 수준으로 제작된 프로페셔널한 조공을 공개적으로 맛보는 기분을 느낄 수 있다.

이러한 사례들은 이제 한국과 일본의 문화적 관계가 상국上國을 향해 황송해하거나 대업을 이루었다는 유의 감각으로 받아들여지던 시기를 넘어 상당한 영향을 끼치는 단계에 이르렀음을 확인하게 해 준다. 여전히 일본은 한국에 비해 인구에 따른 거대한 문화 시장 규모를 지니고 있고 만화 또한 그러하다. 하지만 한류가 일회성 시류에 그치지 않고 그 영향을 받은 이들이 만들어 내는 작품들이 속속 등장하는 모습을 보노라면 앞으로의 풍경을 한층 더 기대하게 된다.

자투리 1

드라마 〈겨울연가〉의 대흥행과 만화판의 등장은 곧이어 권상우·김희선이 주연을 맡아 큰 인기를 끈 드라마 〈슬픈 연가〉가 일본에서 만화로 소개되는 데까지 연결되었다. 이쪽은 한국 작가인 신지상과 지오 듀오가 제작했는데 쇼가쿠칸(小學館)이 단일 만화로는 2006년 당시 국내 만화 수출 사상 최고가인 2000만 엔(약 2억 원)에 계약해 화제가 된 바 있다. (〈대원씨아이 슬픈연가 최고 로얄티로 日수출〉,《한국경제》, 2006.04.02.)

드라마 〈슬픈연가〉의 만화판은 한국 작가 손지상, 지오 듀오가 그려 일본에 소개되었다.

〈오징어 게임〉의 흥행과 수상 소식을 두고 고퀄리티 한국 드라마라고 말하는 경우가 왕왕 있다. 하지만 〈오징어 게임〉이 받은 에미상은 정확히는 국제 부문이 아니라 프라임타임 에미상으로 미국 프로그램에 주어지는 상이다. 즉 〈오징어 게임〉을 제작한 곳이 미국 기업인 넷플릭스라는 사실은 명확하다. 다만 연출 역량과 인적 자산이 한국의 것임은 부인할 수 없다. 이에 비해 〈설국열차〉의 원작은 자크 로브(Jacques Lob)가 쓰고 장마르크 로셰트(Jean-Marc Rochette)가 그린 프랑스 만화지만, 영화를 봉준호가 감독을 맡고 한국의 모호필름과 오퍼스픽쳐스가 제작한 한국 영화다.

〈오징어 게임〉의 국적 논란(?)은 마치 2003년 열린 제2회 독자만화대상에서 〈신 암행어사〉를 '한국 작품의 범주에 넣어 경쟁시켜야 한다'라고 주장하던 이들을 연상케 한다. 〈신 암행어사〉는 쇼가쿠칸(小学館)의 《선데이GX》에서 연재된 작품으로 망한 나라 '쥬신'을 배경으로 총을 쏴대는 암행어사 문수, 본디지 패션을 한 호위무사(산도) 춘향, 그리고 문수가 마패로 양반탈을 쓴 특수부대 '팬텀솔져'를 소환하는 장면 등이 화제를 모은 작품이다. 캐릭터 이름이나 소품에서 보이듯 다분히 한국적인 요소가 돋보이고 양경일의 작화 역시 뛰어나지만, 그렇다고 연재에 한국 자본이 한 푼도 들어가지 않은 이 작품을 '한국 만화'로 규정할 수는 없는 노릇이다.

이런 논란은 국제 자본이 투자된 작품이 늘어나는 콘텐츠 업계 상황에서 계속해서 불거질 것이다. 한국이 성과를 내는 모습을 보고 싶은 이들 입장에서는 잘나가는 작품을 한국 것이라 말하고 싶은 마음이 굴뚝 같겠지만, 국경을 넘어 영향을 주고받는 상황이 늘어날수록 억지를 부려서는 안 될 문제다.

법안명에 만화 사이트 이름이 오르다?

레진코믹스 차단과 레진코믹스법 발의에 얽힌 설왕설래

대한민국 역사상 수많은 법안이 제정되었지만, 만화를 온라인 서비스하는 업체명이 법안명의 통칭으로 등장한 경우는 전무한 일이었다. 2015년에 그런 법이 발의되었는데, 소위 '레진코믹스법'으로 불린 '방송통신위원회의 설치 및 운영에 관한 법률' 일부개정법률안과 '정보통신망 이용촉진 및 정보보호에 관한 법률' 일부개정법률안이 그것이다. 제19대 국회에서 새정치민주연합(현 더불어민주당) 소속으로 국회 정보위원회에서 2년간 활동한 김광진 의원이 발의한 이들 법안이 느닷없이 업체명이 붙은 명칭으로 회자한 까닭은 그 시기에 터진 정권발 업체 차단 사건과 연관이 있다.

사건의 시작

박근혜 정권 당시였던 2015년 3월 24일 방송통신심의위원회(방심위)는 제22차 통신심의소위원회 결정에 따라 레진코믹스를 차단했다. 이날 결정에 따라 레진코믹스 도메인에 접속하면 불법 성인 사이트에

레진코믹스 로고. 마스코트 '돈독이'.

불법 및 유해한 사이트를 차단할 때 나오는 warning.or.kr 화면.

들어갈 때 나오는 'warning.or.kr' 화면이 떴다.

운영사 레진엔터테인먼트는 2013년 영업을 시작하여 미래창조과학부(2017년 과학기술정보통신부로 개칭)에서 글로벌 K스타트업 최우수상과 구글 특별상을 수상하고, 이후 2014년 회원 700만 명에 매출 100억을 달성하며 대한민국 인터넷 대상 국무총리상을 수상하고, 박근혜 전 대통령의 런던 순방 행사에도 참여하는 등 전도유망한 웹툰 업체로서 승승장구하고 있었다.

방심위가 레진코믹스의 접속을 차단한 이유로 든 건 무엇이었을까? 레진코믹스 홈페이지에 청소년 접근 제한 조치 없이 성기가 노출된 일본 번역 만화가 게재되는 일이 발생했다. 다수의 문제성 음란물이 게재되었는데도 청소년 보호를 위한 수단이 부족했고 사업체 서버가 해외에 있기 때문에 정보통신망법 제44조의7 1항 1호(즉 "음란한 부호·문언·음향·화상 또는 영상을 배포·판매·임대하거나 공공연하게 전시하는 내용의 정보"를 유통해선 안 된다는 것)를 위반했다는 것이 문제였다.

그런데 업계 안팎의 여론 전반이 '표현의 자유 침해'라는 쪽으로 형성되자 방심위는 3시간 만에 보류 조치를 내리고 접속 차단을 해제했다. 여론이 이렇게 움직인 이유는 포털 중심으로 형성되던 웹툰 체제에 비포털 웹툰으로서 레진코믹스가 상업적 성과를 내며 웹툰 유료화의 첨병 역할을 해 왔기 때문이었다. 다시 말해 웹툰에 다양성을 수혈하는 업체로서 주목받고 있었기에, 그런 사이트의 접속 자체를 차단하려 드는 정부 기관의 어이없는 행태에 사람들이 분노를 표출한 것이다.

게다가 레진코믹스 접속 차단이 사전 통보나 경고도 없이 이뤄진 터라 방송통신위원회의 설치 및 운영에 관한 법률 제25조 2항(제재 조치를 할 경우 미리 당사자 또는 그 대리인에게 의견을 진술할 기회를 줘야 한다)을 위반했다는 비판도 나왔다. 해외 서버 논란과 관련해서도 당시 이성업 이사는 "레진코믹스는 700만 이용자에게 안정적인 서비스 제공을 위해 구글 클라우드를 사용하고 있으며, 빠른 웹툰이미지 전송을 위해 국내 위치한 LG U+의 CDN을 이용하는 대한민국의 합법적인 웹툰 서비스"라고 설명하며 "일부 언론에서 지적한 의도적으로 해외 서버를 두고 운영한다는 보도는 사실이 아니다"라고 해명했다.

레진코믹스 사태는 당시 실시간 검색어 1위를 찍을 정도로 화제의 중심에 올랐다. 이 상황을 나름대로 활용(?)해 "실시간 검색어 1위, 여러분의 성원에 감사드립니다"라며 결제 시 보너스를 주는 이벤트를 진행하기도 했으나 차단 여부가 완전히 취소될지 아닐지 결정 난 상황은 아니었다. 결국 이 사건은 일어난 지 3일 만인 3월 27일 방심위가 제23차 통신심의소위원회 임시회의에서 시정요구 자체를 철회함으로써 일단락되었다.

3월 27일 방심위 위원장 및 심의위원들의 발언은 당시 상황이 '실수'였음을 인정하는 것이었다. 《미디어오늘》 강성원 기자가 2015년 3월 27일에 보도한 〈성기 노출 논란 '레진코믹스' 차단 철회로 결론〉이라는 기사에 따르면 이 사건은 '사무처가 격무에 시달려 관행적으로 한 실수를 걸러 내지 못한' 데서 비롯했다. 어처구니없는 일이지만 실수를 인정했다는 것만은 칭찬해 줘야 할지도 모를 일이다.

(전략)

장낙인 통신심위소위 위원장은 "해당 사이트엔 국내 웹툰 작가가 부분적으로 일본 만화를 번역한 것이 있는데 국내 만화에는 문제 삼을 만한 내용 없고 일본 만화 중 논란의 여지가 있는 내용이 있었다"며 "지난 소위 때 음란정보 900여 건을 처리하다 좀 휩쓸려 한꺼번에 처리 내용이어서 정확히 음란물인지 청소년 유해물 여부의 판단도 필요하다"고 밝혔다.

그러면서 장 위원장은 "일단 시정요구를 철회하고 심의위 사무처에서 심도 있게 검토해 다시 문제가 되는 내용을 심의하는 게 옳다고 생각해 시정요구 철회 안건으로 올렸다"고 설명했다.

이에 대해 하남신 심의위원은 "사무처가 격무에 시달리다 보면 관행적으로 실수가 있을 수 있고 그런 부담은 사무처에서 지더라도 우리 위원들 역시 결과적으로 스크린을 못한 채 휩쓸려 안건을 처리한 도의적 책임을 피할 수 없다"며 "700만 명이 가입한 사이트의 네티즌 반발 등 여론 분위기를 의식한 것이 아니라 우리의 실수를 솔직히 인정할 건 인정하고 반성하는 것이 진정한 용기라고 본다"고 말했다.

(후략)

방심위의 부적절한 대응

그런데 방심위는 그냥 물러나지는 않았다. 2015년 4월 9일, 방심위는 레진코믹스의 일부 만화에 관해 제재가 불가피하다는 의견을 밝혔다. 당일 《경향신문》이 보도한 〈방심위 "레진코믹스 만화 부적절, 조치 취할 것"〉이라는 기사에서 방심위 관계자의 발언을 발췌하자면 다음과 같다.

① 망가가 전반적으로 여성을 성적 도구로 묘사하거나 성기 노출 또는 과도하고 변태적인 성행위 등 문제 장면이 노출되는 등 음란성의 소지가 상당하다. ② 음란물로 인해 우리 건전한 사회질서 및 정신건강이 피폐하게 되고, 음란의 수위가 더욱 변태적·폭력적·엽기적인 성으로 변질되고 있는 등 심각한 사회문제를 야기하고 있다. ③ 우리 사회의 성도덕이 더욱 문란하게 되거나 파괴되는 현상을 더 이상 방치해서는 안 된다는 데 인식을 같이했다.

다만 앞서 저지른 '실수'처럼 통보 없이 차단부터 하지는 않으려는지 "문제가 된 망가에 대해 레진코믹스에 의견진술 기회를 부여할 방침", "침착하고 면밀한 심의를 진행하여 신중한 결론을 내릴 예정"이라고 덧붙였다.

앞서 밝혔듯 방심위는 당시 어떤 작품이 문제가 있었다고 밝히지 못하고 '실수'였는지 '내부 혼선'이었는지 알 수 없는 상황에서 일단 수습을 위해 실수를 인정한다는 선택지를 밟았다. 하지만 그러면서도 상황을 정비해 재심의를 하겠다는 의중을 밝혔다. 방심위가 백기를 든 3월 26일 당시 나는 레진코믹스 측과 재심의와 관련해 전화 통화를 했다. 당시 내용은 다음과 같다.

"바라보는 견해차가 있기에 입장에 관해 소통을 활발하게 하겠다로 이해하고 있습니다. 다시 심의한다는 말은 활발히 논의하겠다는 게 그런 식으로 표현된 게 아닐까요. 어떤 입장을 지니고 있는지 들어 봐야 하고, 우리 입장도 명백하게 전달할 필요가 있고. 아직 재심의는 전달받은 바 없습니다."

얼마 후 4월 9일 나는 레진코믹스에 다시 전화를 걸었다. 비슷한 답이 돌아왔다.

"일단 이게 뉴스거리가 될 건지 모르겠는데, 끝난 것도 아니고 결정 난 것도 없기 때문입니다. 현재 방심위 측은 의견서를 요청하는 것이고, 저희는 적법하게 잘 지키고 있으니 의견을 받고 잘 소통하고, 검토해서 대응해야 할 듯해서 현재로서는 공식적으로 전달할 내용은 딱히 없습니다. 잘 확인하고 잘 협조하고… 이전처럼 일방적으로 조치를 취한 것보다 의견을 묻는 건 좋은 것 같습니다. 오해가 있으면 오해를 풀어야 하고, 소통하자는 건데… 그거(문제시된 것) 하나로 모든 걸 결정하는 분들이 없으면 좋을 것 같아요. 지금은 그런 과정에 있어서 공식적으로 전달할 내용은, 없습니다."

이와 달리 출판만화 시장의 몰락기, 정확하게는 청소년보호법 발효 당시 엄혹한 시기를 겪은 이들은 우려를 제기했다. 복수의 관계자가 비슷한 논조를 보여 주었는데, 정리하자면 이런 톤이었다. '이건 레진코믹스가 표적이 된 것이다. 방심위가 차단을 풀었을 때 조용히 넘어갔어야 하는데 이벤트를 여는 바람에 찍혔을 것이다. 방심위는 이제 공격을 위한 무기를 개발해 접근해 들어올 것이다. 이 사람들이 IT 쪽 베이스라 잘 모르는 모양인데 만화 심의는 상식이나 논리가 통하지 않는다. 여론전이 발동하면 그걸로 끝난다.'

실제로 1997년 청소년보호법 사태와 2012년 웹툰 유해매체물 지정 건의 흐름은 애초에 상식적이지 않았고, 앞서 언급했지만 관(官)이 움직이기 전에 언론을 통한 여론전을 먼저 발동하여 쑥대밭을 만든 다음 법적 조치를 단행하는 형태를 띠기 때문에 막으려야 막을 수가 없다. 문제를 삼으면 일단 얻어터질 수밖에 없기 때문에 걱정이 쌓일 수밖에 없었다. 출판의 만화 소매 시장이 어이없게 사라진 이유도 청소년보호법 시행 당시 성인물 책장을 별도로 두지 않으면 만화를 팔 수 없게 한 것이 컸다. 그래서 2012년 방심위가 23개 웹툰에 대해 '청소년 유해매체물 결정 관련 사전통지'를 보냈을 때 작가들이 그 앞으로 몰려간 것이다.

한술 더 떠서 당시 여권(새누리당, 현 국민의힘)과 정부 입장에서 여론을 호도해야 할 필요가 있는 사안이 있었으니, 하나가 4.16 세월호 1주기였고 다른 하나가 4.29 재보궐 선거였다. 정권 입장에서는 설상가상으로 성완종 전 의원(경남기업 전 회장)이 2015년 4월 9일 자살하며 전 대통령 비서실장들에게 거액을 주었다는 폭로가 나온 상태였다.

  이 때문에 레진코믹스 재심의에 얽힌 우려는 정부 차원의 여론 호도용 이벤트로 레진코믹스가 타오를 것인가, 아니면 방심위가 차단 보류 시기에 레진코믹스가 벌인 코인 이벤트에 자존심이 상해서 다시 시비를 건 것인가로 나뉘었다. 혹자는 돈을 잘 벌게 된 업체에 정권이 촌지를 요구하는 것이라는 음모론도 제기했다. 어쨌든 새벽 두 시에 방심위가 벌인 행태에 대해 여론은 다시금 끓어올랐다.

레진코믹스법의 발의와 치졸한 여론전

김광진 당시 새정치민주연합 의원은 뜻에 동의하는 의원 아홉과 함께 '방송통신위원회의 설치 및 운영에 관한 법률' 일부개정법률안과 '정보통신망 이용 촉진 및 정보보호에 관한 법률' 일부개정법률안을 3월 26일 제출했다. 김광진 의원이 밝힌 개정안 발의 이유는 다음과 같다.

  "국회 입법조사처 조사 결과 선진 민주주의 국가 중 인터넷에 대해서 이토록 광범위하게 불법정보를 규정하고, 접속차단을 실시하는 국가는 대한민국 뿐.", "모호한 규정과 자의적 판단으로 국민의 알 권리와 표현의 자유를 무분별하게 침해해온 현행 접속차단 제도를 이 기회에 철저하게 개선하겠다."

김광진 전 의원의 개정안은 warning.or.kr로 대표되는 방심위의 검열 시도를 적절한 수준으로 제어하기 위함이다. 검열 논란에서 늘 문제가 되는 건 법적 기준이 모호하여 죄형법정주의를 위반하는 위헌적 소지 때문이고, 이 문제를 해소하기 위해 법률을 개정해야 한다는 접근이다. 그래서 개정안은 심의기관의 '자의적 판단'을 줄이고 성인들이 성인 콘텐츠를 문제없이 볼 수 있게 하는 데 집중하고 또한 접속 차단에 대해서도 '모든 사람에 대한 접속 차단(국가안보사항 등)'과 '미성년자에 한정한 접속 차단(성인물 등)'으로 이원화함으로써 무조건 모두가 볼 수 없게 하는 일을 막으려 했다. 그러니까 불법 콘텐츠는 막고 성인 콘텐츠는 성인에게 허용하자는 것이 골자다.

김광진 전 의원이 개정안을 발의한 날짜는 차단이 일어나고 이틀 뒤인 3월 26일이었다. 엄밀히 말하자면 김광진 의원이 방심위의 차단 이슈에 맞춰 법안을 발의한 것은 아니었다. 하지만 시기가 절묘하게 맞아떨어지면서 개정안의 별칭이 졸지에 '레진코믹스법'이 되었다. 의도한 바는 아니겠지만, 결국 이 법의 핵심은 레진코믹스가 얻어맞은 warning.or.kr 차단 조치를 국가 차원에서 함부로 내릴 수 없게 하는 데 목적이 있다.

기준이 모호한 warning.or.kr 조치는 인터넷 공간의 국가보안법과 같아서 음란물뿐 아니라 특정 정치 세력의 입맛에 맞지 않는 대상을 원천 차단하는 데 쓰이기 쉽다. 이 문제는 결국 '레진코믹스법'으로서가 아니라 '김광진 의원이 발의한 정보통신법·방통위법 개정안'으로서의 해당 개정안들에 관한 찬반으로 비화할 수밖에 없었다. 그런 연유로 이 법안에 대한 신경전이 곳곳에서 일어났다. 2015년 4월 12일 당시 국가기간 뉴스 통신사라 할 《연합뉴스》가 내놓은 기사를 살펴볼 필요가 있다.

기사 제목은 〈'레진코믹스법' 발의에 시끌..표현의 자유 논란 확산〉이었으며, 내용은 김광진 의원이 발의한 '정보통신망 이용촉진 및 정보보호 등에 관한 법률 일부개정 법률안'과 '방송통신위원회 설치 및 운영에 관한 법률 일부개정법률안'이 입법 예고 기간 중에 각기 1만 486건, 1만 329건의 의견이 올라왔는데 대부분 반대 의견이었다는 이야기다. 《연합뉴스》는 이와 관련해 "비슷한 시기 입법 예고 기간이 종료된 다른 법안은 의견이 아예 없는 게 대부분이고 많아도 20건 내외인 것과 비교하면 중복 게재가 가능하다는 점을 고려해도 상당한 숫자"라면서 반대 의견 일부를 소개하고 있다.

공영방송이라 할 KBS 뉴스도 이와 관련해 2015년 4월 13일부터 16일까지 투표를 진행했다. 그런데 제목부터가 〈'음란' 논란 웹툰 사이트 차단, 어떻게 보십니까?〉였다. 설명도 지극히 의도적이다. "최근 방심위가 다시 레진코믹스의 일부 음란성 콘텐츠를 논의하기로 했습니다"라고 적는가 하면, 투표 문항 1번에 "비윤리적 게시물에 대한 현재의 심의 방식은 적절하다"라고 적는 방식으로 다분히 답을 유도하는 문항 설계를 보였다. 이런 소식이 전해지자 인터넷에서는 "아예 음란 사이트로 정해 놓고 투표를 하느냐"며 거센 논란이 일어났고, 사람들이 대거 몰려들었다. 하지만 문제가 된 1번 문항은 결과적으로 27.7퍼센트를 얻는데 그치고, 2번 문항인 "표현의 자유를 더 보장하는 방향으로 법 개정이 이뤄져야 한다"에 몰린 답변은 68.9퍼센트로

1번 문항의 두 배수를 넘었다.

'법 개정'은 김광진 의원이 낸 개정안을 뜻하는데, 이와 관련된 내용 또한 다음과 같이 적혀 있었다. "최근 새정치민주연합 김광진 의원 등 10명이 음란물의 기준을 아동·청보법상 음란물로 명확하게 규정하는 내용을 담은 이른바 '레진코믹스법'을 발의했습니다. 또 사이트 차단 조치도 법률로 명시한 불법행위에 대해서만 할 수 있도록 했습니다. 이를 두고 비윤리적 게시물을 통제하기 위한 최소한의 장치마저 없애는 게 아니냐는 의견이 있는 반면, 작가가 누릴 수 있는 표현의 자유를 보장해줘야 한다는 얘기도 나옵니다."

《연합뉴스》와 KBS는 'warning 일병 구하기'라는 점에서 동일했다. 게다가 《연합뉴스》가 언급한 입법예고 시스템에서의 수치는, 1만여 건이라는 수치로 보자면 매우 놀라운 여론 흐름으로 볼 수 있지만 실제로는 명확한 조작이었다. 당시 나는 직접 수집 프로그램을 작성해 댓글 빈도를 분석했다. 그런데 입법 예고에 달린 투표 의견을 분석하고 내 예상이 맞아떨어졌다는 사실에 쓴웃음을 지을 수밖에 없었다.

1만 486개로 번호가 찍혀 있는 의견(즉 투표 수) 가운데 실제로 화면에 출력 가능한 개수는 1만 237개이고, 중복 작성을 제외하면 고작 386개가 나왔다. 비율로 보면 3.8퍼센트에 지나지 않는다. 입법 예고 기간이 3월 31일부터 4월 9일까지였는데, 의견은 4월 7일부터 4월 9일까지 사흘에 걸쳐 집중적으로 올라왔다. 세부적으로 보면, 4월 7일에 한 개(0%), 4월 8일에 887개(8.7%), 4월 9일에 9349개(91.3%)가 올라왔다. 작성자를 보면 여*은 씨가 1128개, 김*숙 씨가 920개,

이름	제목	내용	중복 수	비율
이O순, 박O자 등	절대반대합니다. 강력 반대합니다	-	3169	30.96%
노O숙	반대합니다	반대합니다	1206	11.78%
이O은	-	명예훼손·공포심조장관한부분은 개인간의 민사소송·분쟁조정신청등을 통해 해결할 수 있으니까 국가가 개입하는것은 위의적(?)이라고 하면서 모든 조항을 삭제해달라! 한개인이 치명적인 명예훼손을당해도, 공적인 폭력물이 공포를 조장해도 개인 스스로의 문제로 돌리자는 어처구니 없는 제안이다. 무분별상태·집단스트레스사회로 몰아가는 본법을 개탄한다!!! 명예훼손·공포심조장관한부분은 개인간의 민사소송·분쟁조정신청등을 통해 해결할 수 있으니까 국가가 개입하는것은 위의적(?)이라고 하면서 모든 조항을 삭제해달라! 한개인이 치명적인 명예훼손을당해도, 공적인 폭력물이 공포를 조장해도 개인 스스로의 문제로 돌리자는 어처구니 없는 제안이다. 무분별상태·집단스트레스사회로 몰아가는 본법을 개탄한다!!!	437	4.27%
곽복희	-	국가의 강력한 개입만이 음란이 넘치는 통신환경을 개선할수있다. 본 법은 절대 반대 ——	385	3.76%
김O순, 민O길, 신O기, 이용덕, 정O남, 황O수 등	반대합니다	반대	315	3.08%
이O은	-	김광진·강동원·김영록·박홍근·배재정·부좌현·우원식·이기호·전희철·주승용의원 10인은 법안 철회하고 국민에게 사죄하라! 김광진·강동원·김영록·박홍근·배재정·부좌현·우원식·이기호·전희철·주승용의원 10인은 법안 철회하고 국민에게 사죄하라!	315	3.08%
전O옥	결사 반대합니다	위험이 더욱 높아지게 됨	296	2.89%
김O정	-	온갖종류의 음란물이 정보통신망을따라 넘칠 것이 뻔하다. 헌법을 그대로를 지지합니다	287	2.8%
이O균	-	헌행법에 따르면 방송통신위원회는 음란물, 명예훼손, 공포감을 주는 정보물은 정보통신망에서 유통하지 못하도록 제한 할 수 있다. 그런데 본 개정안은 그런 조항을 삭제 함으로써 표현의 자유를 보장해준다는 것이다. 무책임한 개정안입니다. 김광진 위원이 발의한 법이도 하면 폭력물과 명예훼손 음란물이 난무합니다. 그래서 반대 해야 합니다.	274	2.68%
이미엔, 박O연 정O옥 등	-	김광진·강동원·김영록·박홍근·배재정·부좌현·우원식·이기호·전희철·주승용의원 10인은 법안 철회하고 국민에게 사죄하라!	272	2.66%
이O광, 민O예, 이영훈, 김O슬 등	-	반대합니다.	245	2.39%
이O균	-	정보통신망 이용촉진 및 정보보호 등에 관한 법률 일부개정법률안을 반대합니다. 헌행법에 따르면 방송통신위원회는 음란물, 명예훼손, 공포감을 주는 정보통신망에서 유통하지 못하도록 제한 할 수 있다. 그런데 본 개정안은 그런 조항을 삭제 함으로써 표현의 자유를 보장해준다는 것이다. 무책임한 개정안입니다. 김광진 위원이 발의한 법이도 하면 폭력포르 명예훼손 음란물이 난무합니다. 그래서 반대 해야 합니다.	203	1.98%

이름	제목	내용	중복 수	비율
이O은	-	현행법은 44조에 음란한 부호·문언·음향·화상·영상을 배포,판매,임대, 전시하는것을 불법이라고 고사항을 명확히 제시하고 있다. 그런데 개정안은 음란한 내용의 명확성이 부족하고 표현의 자유를침해한다면서 이 내용을 모두 삭제한다. 이것이 통과된다면온갖종류의 음란물이 정보통신망을따라 넘칠 것이 뻔하다. 헌법을 그대로를 지지한다! 헌행법은 44조에 음란한 부호·문언·음향·화상·영상을 배포,판매,임대, 전시하는것을 불법이라고 고사항을 명확히 제시하고 있다. 그런데 개정안은 음란한 내용의 명확성이 부족하고 표현의 자유를침해한다면서 이 내용을 모두 삭제한다. 이것이 통과된다면온갖종류의 음란물이 정보통신망을따라 넘칠 것이 뻔하다. 헌법을 그대로를 지지한다	159	1.55%
박O욱, 김O건, 정O진, 김대정 등	반대합니다.	개인의 표현의 자유를 두텁게 하기위한 개정안이라 한다. 그보다 우선하는 가치는 대다수 국민정서와 우리 자녀들의 윤리식을 보호하는 것이다. 본개정안 절대 반대한다.	149	1.46%
이O원, 이지원	반대합니다	명예훼손·공포심조장 관한부분은 개인간의 민사소송·분쟁조정신청등을 통해 해결할 수 있으니까 국가가 개입하는것은 치의적(?)이라고 하면서 모든 조항을 삭제해달라! 한개인이 치명적인 명예훼손을 당해도, 공적인 폭력물이 공포를 조장해도 개인 스스로의 문제로 돌리자는 어처구니 없는 제안이다!!!명예훼손·공포심조장 관한부분은 개인간의 민사소송·분쟁조정신청등을 통해 해결할 수 있으니까 국가가 개입하는것은 치의적(?)이라고 하면서 모든 조항을 삭제해달라! 한개인이 치명적인 명예훼손을 당해도, 공적인 폭력물이 공포를 조장해도 개인 스스로의 문제로 돌리자는 어처구니 없는 제안이다. 무분별상태·집단스트레스사회로 몰아가는 본법을 개탄한다!!!	140	1.37%
이O원	강력히 반대!!!!!!!!!	김광진의원은 국회의원으로서의 의식도 사명감과 책임감을 가지고, 법안을 제안하시오	127	1.24%
고O상, 고균상	반대	개인의 표현의 자유보다 우선하는 가치는 대다수 국민정서와 우리 자녀들의 윤리식을 보호하는 것이다. 본개정안 절대 안된다	112	1.09%
박O연	-	인터넷오락게임규제법이 아닌 공인사건이나 중대 범죄사건에서조차도 단서수집과정에서 통신기록 조회를 하게 되기에 특검세력 영향력사만 장악하고 있으면서 되고 영장청구를 기각해도 초등단계의 수사를 퇴방할 수도있음	104	1.02%
곽복희	-	국가의 강력한 개입만이 음란이 넘치는 통신환경을 개선할수있다. 본 법은 절대 반대 ——	101	0.99%
박O연	-	정보통신망 이용촉진 및 정보보호 등에 관한 법률 일부개정법률안 반대	100	0.98%

입법 예고 시스템에서 김광진 의원의 '레진코믹스법'에 달린 투표 의견을 수집 분석한 결과 여론 조작임이 드러났다.

박*연 씨가 840개, 김*미 씨가 703개, 이*연 씨가 670개, 이*균 씨가 559개, 곽*희 씨가 515개… 등으로 한 사람이 수백 건 내용을 바꿔가며 올린 것으로 집계되었다. 일부는 같은 내용을 이름을 바꿔 올리기도 하고, 특수문자만 바꿔 쓴 경우도 있었다.

 IP 확인이 되지 않아 동일인인지 아닌지 일일이 확인할 수 없으나 이름으로 파악한 작성자 수는 221명이었다. 그 가운데 의견을 한 개만 작성한 사람은 81명에 지나지 않았다. 그러니까 달리 말하면, 두 개 이상의 의견을 단 140명이 81명분을 뺀 글 305개를 이틀에 걸쳐 1만여 개로 부풀려서 쓴 것이다. 이것조차 81명이 각기 다른 개인일 것이라고 믿을 때의 이야기다. 의견이 달린 날짜가 사흘간이라곤 하지만 4월 7일에 올라온 건 하나뿐이고 그나마도 4월 8일에 올라온 것과 동일하니, 사실상 의견은 이틀 동안 몰아서 쓴 셈이었다. 양상을 보면 '반대 의견이 있다'라고 말하기 위해 근거를 급하게 마련했다는 인상을 준다. '중복 게재가 가능하다는 점을 고려해도'라는 전제를 깔기엔 드러난 숫자만 봐도 어처구니가 없었다.

차단 시도의 결말

지리멸렬한 차단 시도와 여론전의 결과는 2015년 4월 28일에 나왔다. 방심위는 사업자 의견 진술을 받은 후 4월 28일 레진코믹스가 일부 음란성 콘텐츠에 대해 판매 금지 내지 적절한 조치를 취하겠다고 밝혔다면서 심의 의결을 보류했다. 심의 대상 중 여덟 건 중 세 건은 자체적으로 판매 금지, 다섯 건은 방심위와 협의해 적절한 조치를 취하겠다는 입장을 전달했다고 한다. 방심위는 해당 다섯 건에 관해 '자율 규제'로 처리하겠다고 밝혔다. 4월 28일 당일 《연합뉴스》가 보도한 〈웹툰 '레진코믹스' 음란성 논란, 자율 규제로 일단락〉이라는 기사에 따르면 방심위 관계자는 "사안이 복잡한 안건의 추가 심의를 위해 의결보류를 내리는 경우는 있지만 이번같이 사업자에게 자율 규제 기회를 부여하고자 위원회가 심의 의결을 보류한 것은 매우 이례적인 일"이라고 밝혔다.

말은 자율 규제지만, 방심위는 시비를 건 당일 3시간 만에 불같은 여론에 밀려 보류한 데 이어 언론사들의 여론전과 동원된 조작에도 힘을 받지 못한 채 시비가 걸린 업체가 자체 조치를 들고 숙이고 들어오자 성급하게 마무리를 짓는 모양새를 보였다.

방심위는 2012년에 유해한 만화를 지정했다가 불벼락 같은 업계

'NO CUT'은 2012년 방송통신심의위원회가 237개 웹툰을 청소년 유해매체물로 지정한 데 반발한 작가들이 검열 반대를 위해 내건 슬로건이다.

2012년 2월 27일 만화가들이 서울 목동의 방송통신심의위원회 앞에 모여 기자회견을 열었다. 모자이크 처리되지 않은 이들 기준으로 왼쪽부터 이종규, 조관제, 윤태호, 김형배.

같은 날 방송통신심의위원회 유해정보심의팀에 집단 탄원서를 모아 제출하는 만화가들. 시위에 참여한 만화인들은 이날 오후 부천의 한국만화영상진흥원으로 이동해 유해매체물 지정에 대한 공청회를 개최했다.

성명서를 낭독 중인 '방심위 심의 반대를 위한 범만화인 비상대책위원회' 위원장 윤태호(가운데)와 공동위원장 백정숙(오른쪽), 그리고 한국만화가협회 회장 조관제(왼쪽)

반발과 'NO CUT' 슬로건을 내세운 여론에 밀려 업계 자율 규제로 선회한 이력이 있다. 그런데 2015년에 다시 만화를 건드렸다가 '실수'를 인정하고는 자존심을 세우려다 다급히 수습하는 행태를 반복했다.

한편 레진코믹스법이라는 별칭을 얻은 김광진 전 의원의 법안은 이듬해인 2016년 5월 29일 임기 만료로 폐기되었다. '아동·청소년이용음란물'의 기준점이 모호한 아동·청소년의 성보호에 관한 법률(아청법) 2조 5호를 판단의 기준점으로 삼는 등 그 나름의 문제점이 있었지만, 적어도 warning.or.kr에 대한 본질적인 문제를 직접 법으로 다루려 했다는 데 큰 의미가 있다. 압도적인 여대야소 구도 속에서 쉽지 않은 싸움이었겠지만, 대중문화에 대한 많은 부분이 정치 및 법률 입법/개정과 관련되어 있음을 새삼 느낄 수 있는 사례였다.

김광진 전 의원이 냈던 두 개정안의 제안 이유와 주요 내용은 의안정보시스템에서 의안번호로 확인할 수 있다. 그 내용은 다음과 같다.

■ 방송통신위원회의 설치 및 운영에 관한 법률 일부 개정 법률안 제안 이유 및 주요 내용 (의안번호 1914444, 2015.03.26.)

현행법에 따르면 방송통신심의위원회는 「정보통신망 이용촉진 및 정보보호 등에 관한 법률」에 따라 유통이 금지되는 불법정보뿐만 아니라 건전한 통신윤리의 함양을 위하여 필요한 경우에도 해당 정보에 대한 접속차단·이용자 해지 등의 시정요구를 정보통신서비스제공자 또는 게시판 관리·운영자에게 할 수 있음.

그러나 불법정보 이외에도 불확정 개념인 '통신윤리의 함양'을 위하여 대통령령으로 정하는 시정요구를 할 수 있다는 현행의 규정은 국민의 권리·의무에 관한 본질적인 내용을 행정법령에 과도하게 위임하여 법률유보의 원칙에 반함. 또한 이러한 시정요구 중 접속차단의 경우 그 사유를 인터넷 홈페이지에 공지하지 아니하는 점과 이의신청에 관한 안내가 없는 점은 이용자의 권리 보호를 위하여 개선할 필요가 있음.

이에 방송통신심의위원회가 시정요구를 할 수 있는 대상을 불법정보로 한정하도록 하고, 시정요구 중 접속차단을 완전 접속차단과 성인이 아닌 자에 한정한 접속차단으로 세부화하며, 시정요구 시 그 사유와 이의신청 방법에 관한 사항을 밝히도록 함으로써 행정의 자의성을 방지하고 표현의 자유를 두텁게 보장하려는 것임(안 제21조제4호 삭제 및 제21조의2 신설 등).

■ 정보통신망이용촉진 및 정보보호에 관한 법률 일부 개정 법률안 제안 이유 및 주요 내용 (의안번호 1914445, 2015.03.26.)

  현행법에 따르면 방송통신위원회는 음란물, 명예훼손 정보 및 공포감을 주는 정보 등을 포함한 정보를 정보통신망에서 유통하지 못하도록 정보통신서비스 제공자 등에게 그 정보의 취급을 거부·정지 또는 제한할 것을 명할 수 있고, 그 이전에 이러한 사유에 대하여 방송통신심의위원회가 접속차단 등 시정요구를 할 수 있도록 하고 있음.

  그러나 이러한 명령을 할 수 있는 사유 중 '음란한 내용'의 경우에는 명확성이 부족하고 표현의 자유에 관한 과도한 침해로 볼 수 있는 부분이 있고, 명예훼손·공포심 조장에 관한 부분은 당사자의 요청에 의한 임시조치, 민사소송 또는 분쟁조정절차로 갈등을 해결하여야 할 부분이므로 국가가 개입하는 것은 자의적일 수 있다는 지적이 있음.

  이에 현행법의 취급 거부·정지 또는 제한 명령 및 시정요구의 사유 중 음란한 내용의 정보를 「아동·청소년의 성보호에 관한 법률」에 관한 아동·청소년이용음란물로 제한하여 규정하고, 명예훼손·공포심 조장 등의 사유는 삭제하고 당사자간 절차에 의해 해결되도록 하여 정보통신망에서의 표현의 자유를 보장하려는 것임.

이렇듯 웹툰 유료화의 첨병으로 응원을 받던 레진코믹스는 2015년 이후 수많은 '공론화'의 대상이 되었다.

 2015년부터 레진코믹스는 일부 작가의 수익분배율을 낮추고 원고가 늦는다고 지각비를 물린 데 이어 항의하는 작가들을 블랙리스트에 올리는 등 전횡을 일삼았다. 작가와 독자들이 레진코믹스 사옥 앞에서 한겨울에 시위를 벌이고 온라인에서 연대의 목소리가 높아지자, 2018년 7월 12일 "회사의 과오에 대해 인정하고 사과하며 책임지고 보상하는 안을 담은 대표이사 공식 입장문을 다음과 같이 발표한다."라면서 "감정적으로 격양된 일부 경영진이 일부 작

2018년 2월 6일, 레진코믹스가 벌인 블랙리스트 등 불공정 행위에 항의하는 작가 및 만화인들이 시위를 벌이고 있다.

가님 작품을 프로모션에서 누락하라는 말을 한 부분을 인정한다.", "작가분들께 진심으로 죄송하다는 말씀을 드립니다."라며 사과의 뜻을 밝혔다. 레진코믹스는 이어서 공론화 작가에게 건 민사소송 취하, 지각비 환불 등을 진행하겠다고도 했다.

하지만 대표인 '레진' 한 아무개 씨가 서비스 개시 단계에서부터 화제를 모은 〈나의 보람〉에 저작자로 이름을 올려 당시 미성년자이던 작가의 수익을 편취했다는 혐의로 2018년 형사 재판에 넘겨지고 2023년 2심에서 1000만 원의 벌금형을 받는 등 잡음이 끊이질 않았다. 2020년 키다리스튜디오가 레진코믹스를 인수하며 레진엔터테인먼트는 주인이 다른 업체가 되었지만, 한 번 나빠진 인상을 회복하기까지 시간이 걸릴 터다.

2015년 은송 작가가 레진코믹스의 첫 공모전에서 〈기도〉라는 작품으로 대상을 받았을 때, 그 이름을 공론화 자리에서 보게 될 것이라고는 생각하지 못했다. 레진코믹스는 간판 작가로 함께 나아갈 수 있었을 사람을 왜 블랙리스트에 올리는 선택을 했을까? 저작권 편취는 왜 했을까? 안 그랬으면 처음 느낌 그대로 계속 칭찬받을 수 있었을 텐데. 대체 왜 그랬을까?

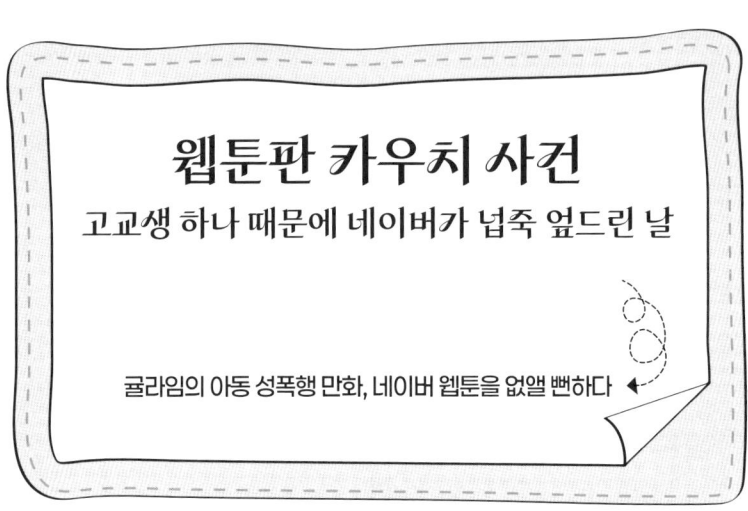

2012년은 시작부터 시끄러운 해였다. 《조선일보》가 〈열혈초등학교〉를 1면에 띄우며 '전국구 폭력 웹툰'으로 낙인찍은 데 이어 방송통신심의위원회가 청소년 유해 웹툰 23개 작품을 지정하는 등 숨 가쁘게 돌아갔다. 그런데 이들 사건은 정부 및 우파 언론 차원의 사회 정화 획책에 가까웠다. 그에 비해 2012년 6월에 한 미성년자가 저지른 사건은 네이버 웹툰이라는 최대 웹툰 플랫폼을 문자 그대로 '날릴' 뻔했다.

고등학생이 일으킨 어처구니없는 사건

사건의 주인공은 당시 고등학생으로 '귤라임'이라는 필명을 쓰는 사람이었다. 네이버 웹툰의 정식 연재란이 아닌 도전만화 게시판에 귤라임이 올리던 만화의 제목은 〈노이즈〉였다.

도전만화 게시판은 수많은 아마추어가 프로 작가가 되겠다는 일념으로 만화를 올리는 등용문이었다. 귤라임 또한 그중 하나로 만화를 올렸다. 문제는 작품의 내용이었다. 〈노이즈〉라는 만화의 소재가 다름 아닌 '초등학생 강간'이었다. 그림 솜씨는 엉성하기 이를 데 없었고 내용은 가히 충격적이었다. 해당 내용이 담긴 16화에는 고등학생 주

귤라임의 〈노이즈〉 16화 가운데 한 장면.

인공이 초등학생을 납치한 후 성폭행하는 장면이 묘사되었다.

자신의 성적 취향이 소아성애였음을 깨달은 주인공은 초등학생을 강간한 후 "드디어 내 꿈이 이루어졌어! 초등학생을 강간했어! 이제 난 죽어도 상관없어!", "고마워 아리야! 너도 제법 괜찮았지? 지금 굉장히 예쁜 얼굴을 하고 있어." 같은 대사를 늘어놓는다. 귤라임은 15화 '작가의 말'에 이런 참극을 예고하는 말을 적었다. "다음화를 그리기 위해 난 그동안 기다렸다ㅠㅠ 드디어 즐거운 아동성폭행 시간오예 로리 강간 만세! 오예 초등학생 강간 수십번 강간!! 오예!" 이 정도면 이미 제정신이라고 볼 수 없는 상황인데, 그 아래 달린 댓글이 가관이다. "작가님 강간을 왜 그렇게 좋아하나요."라는 댓글에 귤라임은 "실제로 제 꿈이거든요!"라고 응답했다. 그리고 결국 16화에 이르러, 일이 터지고 말았다.

신고가 들어가자 6월 19일 15회와 16회 게시물이 삭제된 후 귤라임이 나머지를 모두 지웠다. 하지만 내용이 사방팔방 복제되어 퍼진 뒤였다. 당연한 일이지만 여론이 심각하게 들끓었다. 6월 21일, 결국 네이버는 웹툰 담당자가 아닌 서비스 전체 대표인 김상헌 명의로 사과문을 올린다.

안녕하세요. 네이버를 운영하고 있는 NHN의 김상헌입니다.

지난 19일 네이버 도전만화 코너에 부적절한 내용의 만화 게시물이 노출되는 사고가 있었습니다. 먼저, 이용자 여러분께 심려를 끼쳐드린 점 깊이 사과 드립니다.

도전만화는 네티즌이 직접 창작한 만화를 올리고 누구나 감상할 수 있는 UCC User Created Contents로, 인터넷에서의 표현의 자유와 창작 활성화를 위해 게시물에 대한 사후 모니터링을 원칙으로 운영하고 있습니다.

현재 도전만화는 하루 약 1,000건이 업로드 되고 있으며 현재 모니터링 부서에서 게시물 전체를 전수, 사후 모니터링 하고 있습니다. 하지만 이 과정에서 해당 차수의 게시물 모니터링이 누락되어

굴라임 사건에 대한 당시 네이버 대표 명의의 사과문.

부적절한 내용의 게시물이 한동안 노출되는 사고가 발생했습니다.

네티즌의 신고로 19일에 문제의 소지가 있는 해당 만화의 16회 게시물과 댓글이 문제가 된 15회 게시물을 즉시 삭제하고, 게시자가 직접 1~14회 게시물을 모두 삭제하였지만 해당 만화를 캡처한 게시물이 인터넷 공개 게시판이나 SNS를 통해 유통되면서 문제가 확산되었습니다.

매일 천만 명 이상이 이용하는 네이버에서 이 같은 일이 벌어진 것에 대해 저는 깊은 책임을 통감하며 다시는 이와 같은 사고가 발생하지 않도록 필요한 모든 조치를 할 생각입니다.

우선 '도전만화' 서비스를 오늘부터 일주일간 중단하고 이 코너에 대한 모니터링 정책과 시스템을 재점검 하도록 하겠습니다.

선정성과 폭력성이 과도한 게시물에 대해서는 업로드 즉시 실시간 모니터링을 통해 비공개 처리 한 후 재검수를 통해 최종 게시 여부를 결정하도록 하고, 해당 코너에 대한 모니터링 인력을 확충하여 실시간, 이중 검수가 가능하도록 모니터링 체계를 더욱 강화하겠습니다.

이번 조치로 인해 일시적으로 창작자나 이용자 여러분께 불편을 드릴 수도 있겠으나 더 나은 만화 창작-소비 문화를 함께 만들어 가기 위한 노력으로 생각하여 양해해 주시면 감사하겠습니다.

여러분께 큰 심려를 끼친 점 거듭 사과 드립니다.

NHN 대표이사 김상헌 드림

사과문들

이 사과문에서 살펴봐야 할 핵심은 두 가지다. 하나는 이것이 네이버 전체 대표의 사과문이었다는 점이다. 네이버 웹툰에 여러 이슈가 있었지만 회사 전체를 총괄하는 대표 명의로 사과문이 나온 것은 유례없는 일이었다. 그만큼 이 사안을 빨리 수습하는 것이 중요했다고 볼 수 있다. 때는 2012년, 연초부터 만화가 유해매체로 지정되는 사건이 터진 상황이었다. 자칫 잘못하다가는 네이버 웹툰은 물론 네이버 서비스 자체에 대한 공적 제재가 들어올 수도 있을 정도로 큰 사건이었다.

국민 대부분이 이용하는 대형 포털 서비스를 한순간에 멈출 수야 없겠으나 대표가 깊은 책임을 통감한다고 표현할 정도로 사안이 위중했고, 해당 만화 내용은 변명할 수 없을 만큼 끔찍했다. 그나마 다행이었던 점은 이 만화가 공식 연재란이 아니라 누구에게나 열려 있는 게시판에 게재되었다는 사실이었다. 이런 점을 고려하여 네이버는 아마추어 등용문에 대해 모니터링과 검수 체계를 강화하겠다며 용서를 구했다. 도전만화 게시판은 사과 공지가 올라온 뒤 일주일간 중단되었다. 그 이후 네이버는 다음과 같은 공지를 올려 조치 내역을 알렸다.

1. 네이버 만화 서비스는 창작 만화의 건강한 발전을 위하여 도전만화 게시물에 대해 사후 모니터링 원칙을 유지하고자 합니다.
2. 사후 모니터링을 진행하되, 신속하고 정확한 모니터링을 시행

하여, 불법 게시물이 등록된 경우 최대한 빠르게 조치하겠습니다.

3. 도전만화 게시물 중 불법/불건전 게시물로 신고가 반복 접수된 게시물에 대해서는 우선적으로 비공개 처리를 한 이후, 검수 담당자가 신속하게 게시물 내용을 재확인하도록 하겠습니다.

4. 적극적인 이용자 '신고' 참여가 가능하도록 기존 도전만화 작품 하단의 '신고' 버튼에 대한 안내를 더욱 강조하여 표시하고자 합니다.

5. 건전한 창작 만화 등록에 대한 여러분의 협조를 요청드리기 위하여, 도전만화의 '만화올리기' 페이지에, 불건전 게시물 등록방지를 위한 안내 공지를 노출하고 만화 등록 시 안내 공지를 반드시 확인하는 프로세스를 추가하였습니다.

문제를 일으킨 귤라임 또한 6월 21일 밤 〈노이즈 작가 귤라임입니다〉라는 제목의 사과문을 블로그에 올려 정신과 정밀 검사를 예약하고 경찰에도 다녀왔다면서 사과했다. 진정성 있는 사과가 되려면 내용에 자신이 무슨 잘못을 저질렀고 그것이 왜 문제였는지에 대한 고백이 이루어져야 하는데 그저 '어쩔 수 없다'는 투로 미안해할 대상만을 숨 쉴 틈조차 없이 늘어놓고 있어서 마음에 걸렸다.

빨리 사과의 글을 올릴려고 했으나 병원 검사 및 경찰 조사를 받느라 늦어졌습니다. 이번에 올린 노이즈가 사회의 굉장한 문제가 되어 많은 매체에 퍼지고 많은 염려를 주었습니다. 만화를 보신 모든 분들께 너무나 큰 폐를 끼쳤습니다. 그 어떤 사과로도 면죄부가 될 수 없겠지만, 정말로 죄송합니다. 진심으로 정말로 죄송합니다. 큰 실망감을 안겨드렸습니다. 지금 저의 블로그에 많은 글들이 올라오고 있습니다. 여러분들이 절 비판하고 미워해도 당연합니다. 저의 찌질한 언행과 만화들로 스스로 자초한 일입니다. 제 입장에서 해명하는 그 어떤 말도 변명입니다. 전 입 다물고 책임을 지겠습니다. 정신과 정밀검사를 예약했고 청소년센터와 함께 경찰서도 다녀왔습니다. 제가 책임질 수 잇는 부분은 적극적으로 나서겠습니다. 아무 죄 없는 우리 학교와 선생님들도 못난 제자 한 놈 때문에 많은 고생을 하고 계시고 지금도 뒷수습으로 상당히 고생하고 계십니다. 부모님께는 말할 필요도 없는 큰 불효를 저질렀고요. 나 하나 때문에 주변의 죄 없는 분들이 너무 고생하고 계십니다. 다시는 두 번 다시 이런 망나니짓을 저지르지 않겠으며, 무기한으로 작품연재 및 인터넷 활동을 중지하겠습니다. 정말로 다시 한 번 죄송합니다.

그것은 표현의 자유가 아니다

귤라임이 일으킨 파장은 이상한 미성년자 하나의 문제로 그치지 않는다. 가장 가까이는 도전만화를 통해 작가가 되고자 하는 예비 창작자들의 창구를 좁히는 피해를 안겼다. 하지만 더 중요한 것은 '표현의 자유'로도 용납될 수 없는 일이 있다는 사실을 손에 쥐어 줘도 알까 말까

한 부류가 있다는 사실을 눈앞에서 확인하고 말았다는 점이다. 2012년 초반에 벌어진 일련의 만화 탄압 사건에 대해 표현의 자유라는 가치를 내걸고 싸운 만화계 사람들 입장에서 이 건은 그야말로 모골이 송연할 수밖에 없는 상황이었다. 만화가만 겁났던 게 아니다. 전례 없는 네이버의 다급한 전체 대표 사과문은 이 건이 얼마나 엄청난 일이었는지를 잘 보여 준다.

이 사건을 두고 2005년 방송계에서 벌어진 일을 떠올린 이들도 많을 것이다. 이른바 카우치 사건이었다. 생방송 음악 방송 무대에 모처럼 록밴드가 오르게 되었던 때, 밴드 '럭스'의 무대에 함께 해 주기 위해 올랐던 동료 20여 명 중 두 사람('카우치' 멤버 1명, '스파이키 브랫츠' 멤버 1명)이 갑자기 바지를 내리고 성기를 노출한 모습이 그대로 송출되는 바람에 프로그램이 사라진 일이 있었다. 이들은 행위를 사전 모의한 정황까지 있었다. 예상치 못한 사고로 프로그램 자체를 없앤 방송국이 문제일까, 예술적 목적과 의식 또는 정치적 함의로 해석할 수 없는 형태로 성기를 대중 앞에 드러낸 이들이 문제일까. 전자에 아쉬움이 없는 것은 아니나 후자는 달리 볼 여지가 없다.

카우치 사건으로 말미암아 많은 밴드가 대중을 본격적으로 만날 자리를 잃었다. 이를 회복하는 데 10여 년 이상의 세월이 필요했다. 2021년 10월 4일 〈슈퍼밴드2〉라는 오디션 프로그램에서 우승한 크랙실버 팀의 보컬 빈센트는 수상 소감을 말하는 자리에서 눈물을 쏟으며 "2005년 어떤 사건 이후로 대한민국에서 록밴드 이미지가 바닥으로 떨어지고 시간이 많이 흘렀다."라고 말했다. 카우치 사건이 벌어지고 7년 후 웹툰 시장에서 가장 큰 등용문이라 할 공간이 한 고등학생의 잘못으로 말미암아 문자 그대로 폭파당할 위험을 겪었다. 성기 노출을 대중 프로그램에서 벌이는 짓을 용납할 나라는 어디에도 없다. 소아성애는 말해 무엇하겠는가? 이런 일은 "기왕 이리됐으니 우리 한번 어디까지 용납할 수 있는지 고민해 보자."라고 할 수 있는 범주가 아니다. 누군가의 잘못이 엄청난 후폭풍으로 돌아오는 일이 다시 생기지 않기를 바랄 뿐이다.

카우치와 스파이키 브랫츠 멤버의 행위는 공연음란죄에 저촉된다. 그러니까 공공연하게 외설적이고 음란한 행위를 한 사례다. 흔히 공연음란죄 하면 '공연 중에 외설적이고 음란한 짓을 했다'라고 생각하는 경우가 있는데, 실제로는 제한되지 않은 불특정 다수 앞에서 성기를 노출하거나 길거리에서 유사성행위를 하거나 하는 식의 행위를 가리킨다. 이런 행위가 용납받기는 어렵다.

굳이 이런 언급을 하는 까닭은 2023년 5월 12일 성균관대 축제에서 걸그룹 마마무의 멤버 화사가 섹시 퍼포먼스를 진행했다가 한 학부모 단체에 6월 22일 고발당해 수사를 받는 일이 발생했기 때문이다. 이 단체는 "화사의 행위가 변태적 성관계를 연상시켜 목격한 대중에게 수치심과 혐오감을 불러일으킬 만하다"면서 고발했는데, 관계자의 말인즉 '아무것도 모르는 애들이 따라 하면 어쩌냐'였다. 대학교 축제에서 대학생을 대상으로 하는 행사에서 나온 퍼포먼스를 두고 애들이 볼까 걱정된다는 지적이 나온 것이다. 해당 행위에 대해 왈가왈부할 수 있을지는 모르겠으나 그것을 법정으로 끌고 들어간 시점에 완전히 다른 차원으로 이동한다.

대학교에서 학생들을 가르치는 입장에 있는 사람으로서 나는 축제를 즐기던 이들에 대해 '아무것도 모른다'고 규정하는 학부모 단체를 보며 절망감에 빠졌다. 실제로 나는 학점을 망친 학생의 부모가 성적 정정 기간이 지난 후 자식의 성적에 대해 항의하기 위해 득달같이 전화로 달려드는 경험을 한 적이 있다. 민주주의 시민운동의 주역은 대학생들이었는데, 지금의 대학생을 아이로 전락시키는 것은 과연 누구인가?

해당 단체 대표는 법무법인을 선임해 화사를 고발하고 단체를 비판하는 이들도 명예훼손으로 법적 조치를 검토할 것이라며 으름장을 놓았으나 성동경찰서는 2023년 10월 4일 경찰에서 무혐의 처분으로 불송치 결정을 함으로써 사건을 종결했다. 이 건을 연예계 이야기로 국한해 볼 수는 없다. '표현의 자유'에 해당하는 것이 어디까지인지를 판단하는 일은 표현의 자유를 인정하지 않을 대상에 대한 판단과 닿아 있기 때문이다. 카우치나 귤라임은 그 판단을 그르쳤다. 화사를 고발한 단체 또한 그 판단을 역으로 그르쳤다. 수많은 만화 탄압 사례도 이런 판단을 잘못한 결과다. 그르친 판단은 애꿎은 피해를 낳는다.

2015년 1월 7일 11시경 프랑스의 풍자만화 신문 《샤를리 에브도(CHARLIE HEBDO)》 본사에 들이닥친 이슬람 원리주의 테러리스트 둘이 총기를 난사해 편집장을 비롯한 12명이 사망하고 10명이 다쳤다. 사건이 터진 후 인터넷에서는 프랑스 현지를 비롯해 소셜 미디어에서 "Je suis Charlie"라는 문구를 달고 애도를 표하는 이들이 많았다. "나는 샤를리다"라는 뜻인 이 말은 표면적인 애도 문구로는 훌륭했지만, 한편으론 《샤를리 에브도》가 평소 풍자해 온 대상에 대해 되돌아봐야 한다는 비판적인 시선도 있었다.

  테러는 일어나서는 안 될 일이고 누군가의 죽음은 안타까운 일이다. 하지만 《샤를리 에브도》라는 매체가 상대적 약자 위치에 있는 유색인종을 조롱하고 프랑스 식민지였던 국가들의 주 종교인 이슬람을 신성모독에 가깝게 까는 곳이었다는 사실은 지울 수 없다. 물론 그들은 기독교를 조롱하기도 할 만큼 변혁파의 입장에서 모두를 까는 급진적인 입장이긴 하다. 그렇지만 비중은

《샤를리 에브도》 총격 사건을 애도하는 이들이 "나는 샤를리다"를 내걸자, 《샤를리 에브도》의 평소 내용을 비판적으로 보던 이들은 "나는 샤를리가 아니다"라는 부정형 문구를 내걸었다.

언제나 상대적 약자 쪽이 훨씬 높았다. 숱한 마호메트(무함마드) 모독을 비롯해 마이클 잭슨이 죽었을 때 백골을 그려 놓고 "마이클 잭슨 드디어 하얘지다(MICHAEL JACKSON ENFIN BLANC)"라고 조롱한 것을 보면 이들의 방향성이 어디를 향하고 있는지 명확히 드러난다.

  풍자는 상대적으로 사회적 강자를 향할 때 의미 있고 존중받을 수 있다. 그 점을 간과한 만화를 자주 게재했기에 일군에서는 "나는 샤를리다"라는 표현에 반발해 "나는 샤를리가 아니다(Je ne suis pas Charlie)"라고 명시하는 이들도 있었다. 2015년 1월 7일의 총격 사건은 분명한 테러였다. 테러에 의한 죽음에는 애도가 필요하다. 그러나 그들의 만화를 '표현의 자유'를 누릴 대상으로 규정하기는 어렵다. 표현의 자유는 무엇보다 중요하다. 그러나 누군가를 조롱하고 괴롭혀서 얻을 자유는 없어야 한다.

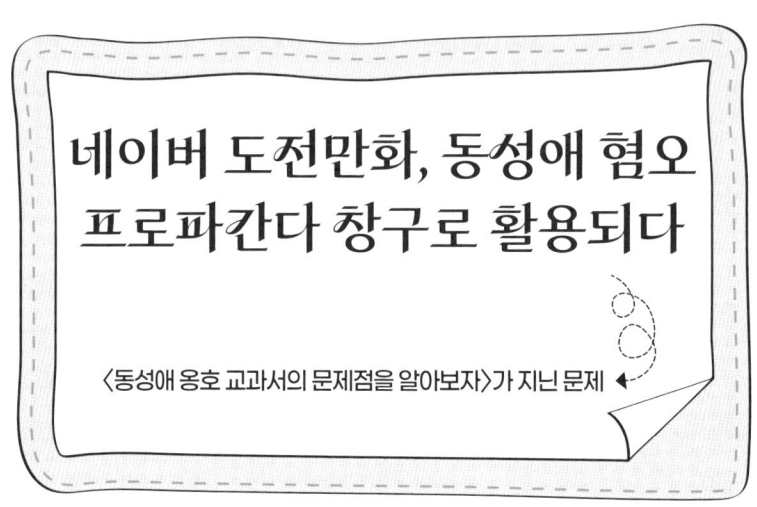

네이버 도전만화, 동성애 혐오 프로파간다 창구로 활용되다

〈동성애 옹호 교과서의 문제점을 알아보자〉가 지닌 문제

네이버 도전만화는 누구든지 만화를 올릴 수 있는 창구다. 호응을 얻은 이들이 올라가는 베스트 도전 게시판이 눈길을 더 받기는 하지만, 시작하는 이들의 첫 관문은 도전만화 게시판이다. 그런데 이 도전만화를 전략적으로 활용하여 혐오 프로파간다를 흩뿌린 사례가 있다. 2013년 7월 13일부터 올라오기 시작한 〈동성애 옹호 교과서의 문제점을 알아보자〉라는 연재물이다.

6화짜리 동성애 혐오 '교육만화'

ilvnleijr라는 이름으로 올라왔으나 제작은 바른성문화를위한국민연합(이하 바성연)이란 개신교계 우파 단체에서 했다. 제작자는 만화의 게재 이유를 "고등학교 윤리 교과서가 동성애를 일방적으로 옹호하는 내용만을 담아 위험하다. 자, 그럼 그 문제점을 하나씩 알아보도록 하자."라고 밝히고 있다. 이 만화는 당시 한 출판사에서 낸 생활과 윤리 교과서에 실린 동성애 관련 서술을 비판하기 위한 내용을 6화에 걸쳐 담고 있다.

이 만화는 한 컷 한 컷마다 동성애 편향적 서술에 관해 알려 주겠다고 하는데, 사실상 모든 장면에서 편견과 차별을 보이면서도 "뭐가 어때서?"라고 되묻고 있다. 그 대상은 동성애에 그치지 않는다. "에이즈 바이러스 담긴 피를 왜 퍼트리려 하냐?"라는 말을 비동성애자 입으로 내뱉게 함으로써 동성애자를 '잠재적 에이즈 바이러스 보균자'로 취

바른성문화를위한국민연합이 네이버 도전만화 게시판에 올린 동성애 혐오 만화 내용들.

급하는 것도 문제인데, 한술 더 떠 집회에 참석한 사람들을 남 탓하는 '사회 불만 세력'으로 규정한다. 박정희가 교육 이념으로 강요한 '국민교육헌장'을 읊는 장면을 교육 방향을 비판하는 지점에 배치한다. 그러고는 "동성애가 이렇게 나쁜 요소가 많은데 왜 교과서는 우리가 동성애에 빠질 수 있도록 안내하고 있는 거지?" 하고 묻는다.

이런 만화의 어떤 지점이 차별이고 폭력인지를 논증과 논의를 거쳐야 말할 수 있다고 여기는 것만큼 무의미한 일은 없다. 이것은 우파식 차별주의 프로파간다일 뿐이다. 동성애만이 아니라 노동자에 대한 혐오도 고스란히 녹아 있다. 여기서 우리가 주목해야 할 점은 다른 데 있다.

우선 주목할 점은 이 만화가 네이버 도전만화 게시판을 통해 공개됐다는 사실이다. 이 만화는 정식 연재작이 아닌데도 제목에 '네이버 만화'라고 달아 놓았다. 이는 명백하게 의도적이다. 다음으로, 명백한 폭력 선동을 만화라는 매체를 통해 펼쳐 보이면서 논란을 유도한다는 점이다. 개신교계 단체들이 주도하여 생활과 윤리 교과서에 문제를 제기한 때가 2013년 7월 11일인데, 그 이틀 뒤인 7월 13일에 이 만화가 등장했다.

내용이 어처구니없다 보니 만화에 대해 반발이 일어났다. 사람들이 별점을 낮게 주면서 항의를 하자 네이버는 2013년 7월 15일 차단 조치를 했다. 그런데 개신교계 신문인 《국민일보》가 7월 16일 〈네이버는 동성애 지지? 性소수자 옹호 도덕교과서 비판 웹툰 '차단' 처리〉라는 기사를 보도했다. 제목부터가 명확한 선동이다.

(전략) 한국교회언론회는 16일 논평을 내고 "이번 조치는 표현의 자유를 제한한 것"이라며 "특히 동성애자들의 의견만 존중하고 문제점을 지적한 내용에 대해서는 블라인드 처리한 것은 동성애를 지지하는 것이나 다름없다"고 밝혔다. 이어 "네이버는 언론회가 2년 전 '먹사' '개독교' 등 교회 혐오 표현의 삭제를 요청했을 때 무시한 전례가 있다"고 덧붙였다. (후략)

전략적인 움직임으로 최대한의 효과를 내다

무엇이 아동·청소년이용음란물인지에 대한 규정이 모호해 문제였던 아동·청소년의 성보호에 관한 법률과 관련하여 표현의 자유를 침해하려 드는 자들이 바로 종교 계열 단체와 우파 언론이었다. 그런 이들이 정작 자기네가 중요하게 생각하는 부분에선 표현의 자유를 강조한다. 여기서 눈여겨봐야 할 건, 이들이 연재라는 특성을 고려해 만화를 적극적으로 활용하기로 마음먹었다는 점이고 이를 위한 언론 활용까지 확실하게 챙겼다는 점이다. 웹툰 게시판을 자기네 윤리관을 설파하는 곳으로 활용한 것이다. 도전만화 게시판에 작품을 올리는 모두가 정식으로 연재하는 프로 작가가 되고 싶어 하는데, 정작 이들은 정식 연재를 할 생각도 없었다. 여섯 편짜리 만화를 올리고 언론이 나서서 여론을 형성하는 것만으로도 충분히 효과를 누렸기 때문이다. 정말 엄청난 전략이지 않은가?

교회의 등쌀에 어지간히 시달렸는지 네이버는 2013년 7월 19일 회의를 거쳐 이 만화의 게재를 허용하기로 방침을 정했다. 더는 신고가 먹히지 않게 처리하여 해당 만화는 2024년 현재까지도 그 자리에 지박령처럼 못 박혀 있다. 그런데 그 와중에 《프레스바이플》이란 인터넷 언론과 네이버 담당자가 인터뷰한 내용이 공개됐는데 좀 무시무시한 이야기가 담겨 있다. 기사는 〈네이버 "동성애 비방 위해 개와 성관계 묘사한 웹툰 허용?" 선정성·폭력성 여부 두고 심사했다면서 소수자에 대한 혐오조장해 폭력에 노출시켜〉라는 제목이 달려 있다.

 (전략) 이에 대해 네이버측 관계자는 "웹툰에 대해 선정성과 폭력성을 가지고 판단했다"고 말했다. 이에 〈프레스바이플〉 기자가 국가인권위원회법 제2조 3항에 있는 성적지향에 의한 차별금지라는 내용이 있는데 결국에는 동성애자라는 집단에 대한 혐오와 비방을 위해 만들어진 웹툰을 게시하는 것 자체도 폭력이라고 보는데 어떻게 생각하냐고 묻자 "선정성과 폭력성은 이미지로만 판단하고, 텍스트는 판단하지 않는다"고 주장했다.
 기자가 "텍스트를 보면 그 내용중에 동성애를 수간에 비유하면서 수간에 대한 차별도 없어져야 한다는 내용도 나온다. 미성년자도 보는 도전만화에 청소년 유해매체물로 규정된 '수간'을 옹호하고 이를 묘사하는 텍스트가 있는데도 이것이 문제가 없냐"고 묻자 네이버측은 "텍스트는 판단대상이 아니다"라고 답변했다.
 다시 "그렇다면 예를들어 누군가가 광주 민주화 운동이 폭동이라고 주장하거나, 대한민국의 역사기술을 왜곡하는 내용을 텍스트를 올리고 그림만 선정적이고 폭력적이 아니면 게시할수 있다는 것 아니냐?"고 기자가 묻자 네이버 관계자는 "답변할 사안이 아니다"고 말했다. 한편, 누리꾼들은 해당 웹툰에 대해 "인권침해적 요소가 있다"며 네이버측의 결정을 비난하면서 웹툰에 별점을 깎고 신고를 하는 등 적극적으로 항의하고 있다.

내용을 보면《프레스바이플》기자가 '수간' 쪽으로 지나치게 몰아간 느낌이 없지 않아 난감하다. 이 만화가 문제인 이유를 그쪽으로 몰아도 설득력이 없는데 말이다. 하지만 그와는 별개로, 네이버 담당자는 "선정성과 폭력성은 이미지로만 판단하고 텍스트는 판단하지 않는다"라고 밝혔다. 다시 말해 네이버는 만화에 관해 판단을 내릴 때 내용이 아닌 장면을 기준으로 삼는다고 밝힌 것이다. 이래서는 내용에 논란이 일 때 앞뒤 맥락을 살펴 판단할 여지가 남지 않는다.

효과적으로 나쁜 전략, 서글픈 결과

이상에서 보듯 이 사태는 ① 종교적 윤리관에 빗댄 박정희식 교육관을 강요하기 위한 세뇌 자료가 웹툰 매체를 적극 활용하기 시작했다는 점 ② 개신교계가 온 힘을 다해 여론전을 주도했다는 점 ③ 게재 매체가 상황에 제대로 대응하지 못한 채 여론 압박 앞에 적당히 무릎을 꿇었다는 점 ④ 반대 여론을 조성한다는 언론사의 기사 수준이 그리 높지 않았다는 점 ⑤ 엉뚱하게도 네이버가 만화를 어떻게 보고 있는지 그 한계가 드러났다는 점 정도를 남겼다. 이런 걸 논란이라고 벌이고, 이런 걸 바라봐야 한다는 사실이 서글플 따름이다. 여기에 '만화가 이미지로만 이루어진 매체란 말인가?' 하는 근본적인 의문까지 던져야 하다니, 겹겹이 서글플 수밖에 없는 노릇이다.

네이버 도전만화를 비롯한 아마추어 게시판은 누구든 올릴 수 있기 때문에 대중의 인식 수준이 잣대가 될 수밖에 없다. '이걸 내립시다!'라고 한다고 사람들이 움직이진 않는다. '동성애 나쁜 거잖아?'라고 생각하고 있는 사람들은 되레 짜증만 낼 것이다. 그러므로 사회 전체의 기조를 어느 쪽으로 향하게 할 것인가, 또 앞서 신문과 같은 선동에 휘둘리지 않게 하려면 어떻게 해야 하는가가 관건이다. 갈 길이 멀지만, 여기서는 한 가지만 덧붙이고 싶다. "차별은 안 된다"를 "차별하면 안 되는 거야?"로 받아쳐서 기어이 '논란거리'로 만드는 자들은 차별주의자 취급을 받아도 할 말이 없어야 한다.

만화의 신 데즈카 오사무는 《데즈카 오사무의 만화 창작법》이란 책에서 인권만큼은 절대로 건드리지 말라고 가르친다.

   하지만 만화를 그릴 때 이것만은 반드시 지켜야만 하는 것이 있다.
   그것은 기본적인 인권이다.
   아무리 통렬하고 강렬한 문제라도 만화를 이용해 호소하는 건 상관 없지만, 기본적인 인권만은 절대로 건드려서는 안 된다.

   그것은
   하나. 전쟁이나 재해의 희생자를 놀리는 것.

《데즈카 오사무의 만화 창작법》 표지.

하나. 특정 직업을 깔보는 것.

하나. 민족이나 국민, 그리고 대중을 바보로 만드는 것.

이 3가지만은 어떤 경우라도, 어떤 만화를 그리더라도 반드시 지켜주었으면 한다.

데즈카 오사무가 쓴 글에 '동성애자'에 대한 별도 항목은 없지만, 동성애자를 같은 인간이라 생각하느냐 아니냐에 따라 "절대로 (남의) 기본적인 인권만큼은 건드리지 말라"라는 말에 대한 반응이 갈릴 것이다. 이 대목에서 만화의 신은 독자에게 지긋이 묻는다. 너에게 '인권'이란 무엇인가? 인권이 적용되지 않을 대상을 따로 둘 것인가? 분명한 사실은 인간을 인간으로 보지 않는 자는 한 대상에게만 그러하지 않을 것이라는 점이다. 그래서 인권에 대한 화두는 특정 대상에 대한 이야기에 그치지 않고 끊임없이 확장된다.

한편 데즈카 오사무조차 작품 면면에 녹아 있는 편견과 차별에 대해 비판을 받는다. 완벽한 사람은 없다는 사실을 이렇게 확인하게 되지만, 데즈카 오사무만큼 만화에서 인간에 대한 보편적인 관심과 사랑을 보인 작가도 드물다. 이 때문에 그의 전집을 출간한 고단샤(講談社)는 작가의 생애를 존중하는 의미에서 전집을 내면서 수정 없이 내는 데 따른 안내를 서문에 정성 들여 적고 있다. 마지막 문장은 정말 눈물이 날 만큼 멋있다. 그 훌륭한 고민의 일면을, 만화를 이용해 혐오를 흩뿌리는 이들에게 보여 주고 싶다.

데즈카 만화 전집 작품 중에는 흑인과 동남아시아 사람들을 비롯해 많은 외국인이 나옵니다. 그들 그림 중 일부는 과거 시절을 과장하고 있어서 현재와는 큰 차이가 있습니다. 최근 이런 식으로 그리는 것은 인종 차별이라는 지적이 있어 왔습니다.

이런 그림에 불쾌감을 느끼고 모욕당했다고 느끼는 사람이 있는 이상, 우리는 그 목소리에 진지하게 귀 기울여야 한다고 생각합니다. 하지만 사람의 특징을 과장해서 패러디화하는 것은 만화에서 가장 중요한 수단 중 하나입니다.

작가는 인간뿐 아니라 동식물과 상상 세계의 사물까지 유머 넘치게 캐릭터화하고 있습니다. 또한 작가는 항상 문명과 비문명, 선진국과 개발도상국, 권력자와 약자, 부자와 빈자, 장애인과 비장애인 등, 모든 증오와 대립은 악이라는 신념을 지녔던 사람으로, 이야기의 근저에는 강한 인간애가 흐르고 있습니다. 우리가 지금 굳이 '데즈카 만화 전집'을 그대로 간행하고 있는 것은 작가가 이미 고인이어서 작품의 개정이 불가능하다는 것과, 제삼자가 고인의 작품에 손을 대는 것은 인격권의 문제도 있거니와, 우리에게는 일본 문화유산으로 평가되는 작품을 지킬 의무가 있다고 생각하기 때문입니다.

우리는 지구상의 모든 차별에 반대하며, 차별이 없어지도록 노력하고 있습니다. 그것이 출판에 종사하는 자의 책임이라고 생각합니다.

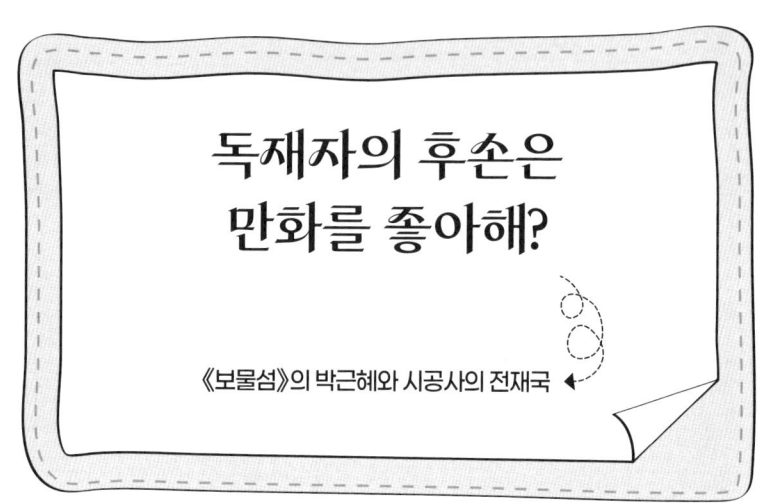

독재자의 후손은 만화를 좋아해?

《보물섬》의 박근혜와 시공사의 전재국

우리나라에서 1980년대 후반부터 1990년대는 문자 그대로 만화잡지의 전성기였다. 1980년대 후반 서화의 《르네상스》부터 서울문화사의 《아이큐점프》, 1990년대를 연 도서출판 대원의 《소년챔프》처럼 다양한 잡지가 봇물 터지듯 쏟아져 나왔다. 만화의 '르네상스기'를 연 잡지를 흔히들 《르네상스》로 이야기하지만, 1980년대에 어린 시절을 보낸 이들에게 어떤 만화잡지를 봤냐고 묻는다면 또 다른 이름을 꺼낼 것이다. 바로 《보물섬》이다.

이현세의 〈검객 스크라무슈〉를 표지로 내세운 《보물섬》 창간호. 1982년 9월 28일 발매되었다.

《보물섬》, 전두환이 박근혜에게 준 부의금 봉투

《보물섬》은 육영재단이 1982년 9월 28일부터 내기 시작한 월간 만화잡지다. 육영재단은 독재자 박정희 전 대통령의 둘째 아내인 육영수의 이름을 딴 곳으로, 일찍이 아동 교양지 《어깨동무》의 별책부록으로 만화를 내고 있었다. 《어깨동무》의 별책부록은 본지보다 인기를 끌었는데, 그런 별책부록 중 하나의 이름이 《만화 보물섬》이었다. 1982년에 나온 《보물섬》은 그 이름을 계승한 셈이다. 2012년 12월 출판문화도시재단의 정병규가 국립중앙도서관 도서관 연구소 기관지 《도서관》 386호에 쓴 〈어린이책을 권장하는 사회〉라는 글에 따르면

1982년 9월 29일 《경향신문》 1면에 실린 《보물섬》 창간 광고.

1982년 10월 27일 《동아일보》 12면에 실린 《보물섬》 창간호 매진 광고.

《어깨동무》는 본래 육영수의 개인 사업 형식으로 시작하다 1969년 4월 육영재단이 설립되면서 남산 어린이회관과 합쳐졌다.

육영재단의 주인이던 육영수는 1974년 8월 15일 문세광의 총에 맞아 죽는다. 그 이후 《어깨동무》의 발행인은 육영수의 딸이자 훗날 제18대 대통령이 되는 박근혜가 맡게 된다. 본격적인 만화잡지로 나온 《보물섬》 창간호에 한복을 입은 박근혜가 창간사를 쓴 데는 그런 연유가 있다. 박근혜가 육영재단 이사장직을 맡게 된 것은 《보물섬》 창간보다 조금 더 뒤의 일이라 창간사에는 그의 직함이 적혀 있지 않았다.

매달 매달 한 아름의 이야기 보따리를 만들어 우리 어린이들에게 즐거움과 기쁨을 선사할 만화 월간지 '보물섬'의 창간을 진심으로 축하합니다.

재미있고도 건전하며, 웃으면서도 무엇인가 소중한 배움이 있는 책은 학부모, 선생님 그리고 모든 어린이들에게 사랑받을 수 있고 기대를 모으는 보물과 같은 존재입니다.

어린 시절이면 거의 누구나 앞 다투어 읽어 보게 되는 만화가 알차고도 다양한 내용으로 다달이 어린이를 찾게 됨은 한층 더 축하하고 환영할 일이라 하겠습니다.

눈 내리는 겨울 밤, 따뜻한 방에 모여 앉아 흥미진진하게 눈동자를 빛내며 할아버지, 할머니로부터 들을 수 있는 전설과 옛날 이야기에서 현대판 상상 모험을 그린 우주 전쟁에 이르기까지, 국내외 역사 속의 인물의 일생에서 동물·과학·스포오츠로서의 세계에 이르기까지 아기자기한 내용들을 어린이들이 읽으면서 즐거워하고, 그 가운데서 상식과 배움을 키워나간다면, 이는 우리 사회가 사랑하는 어린이들에게 정성을 다하는 또 하나의 알찬 봉사가 될 것입니다.

돌아가신 어머니께서 '어깨동무'를 창간할 때 어린이들을 위해 뜻하셨던 그 정성대로 '어깨동무'의 자매지 '보물섬'도 다달이 그 내용이 밝고 충실하여 어린이를 아끼고 사랑하는 데 으뜸가는 잡지, 그 권위를 사랑하는 잡지로서 무궁한 발전이 있기를 충심으로 축원하는 바입니다.

- 《보물섬》 창간호 중(1982년 10월호, 1982.09.28.)

《보물섬》 창간사는 〈'보물섬'은 또 하나의 '알찬 봉사'〉라는 제목으로 매우 공익적인 역할을 하겠다는 의지를 보여 주는 듯하지만, 《보물섬》 창간 자체가 사실 거대한 특혜였다. 창간 시점을 보면 1982년, 다시 말해 1979년에 박정희가 부하인 김재규의 총에 맞아 죽은 뒤 전두환이 12.12 군사반란으로 권력을 틀어쥔 채 이듬해인 1980년 광주에서 학살을 벌이고 난 뒤다. 박정희에 이어 절대 권력을 틀어쥔 전두환은 1980년 언론 통폐합이라는 조처를 단행해 잡지사, 방송사, 신문사들에 그야말로 된서리를 내렸다.

박정희 시기부터 만화는 한없이 '불량한 것'이어서 대여용 외에 판매용 단행본으로는 나오지 못하던 터였고, 만화를 부록으로 제공하는 어린이 교양잡지 외에 만화 전문 잡지가 나올 수 없는 시절이었다. 1980년 언론 통폐합 과정에서 민영방송인 동양방송TBC이 KBS로 통합될 때 마지막 방송을 하는 가수와 아나운서가 오열하고, 방송국을 상납해야 하는 이병철 전 삼성 회장이 생전 가장 분통 터져 했다는 일화는 'TBC여 영원하라'라는 문구와 함께 지금까지 회자된다.

전두환 일파는 1980년 9월 5일 '만화 정화 방안'이란 걸 내놓는다. 검열기구인 한국도서잡지주간신문윤리위원회가 채택해 출판사와 만화가에게 통보한 16개항의 내용은 다음과 같다.

- 1977년 2월 1일 이전에 발행되었던 만화를 재발행하고자 할 때는 반드시 재심의를 받을 것.
- 성인을 대상으로 한 만화라도 청소년에게 해를 끼칠 우려가

있는 내용은 삼갈 것.
- 어린이와 어른 간의 관계를 지나치게 희화적으로 표현하여 어른에 대한 존경심을 잃게 하지 말 것.
- 역사적 사실을 다룰 때는 항상 정통성을 유지하고 고증에 철저를 기할 것. 전기, 전설 등의 내용을 다룰 때도 그 시대적 배경에 주의를 기울일 것.
- 반공·새마을·독립운동에 관한 내용은 신중을 기해야 하며 이를 빙자한 폭력·잔인·선정적인 표현 등을 삼갈 것.
- 살상·보복 등을 주제로 한 무협물이나 범죄 수사물은 가급적 피할 것.
- 해외만화, 특히 일본 만화를 무분별하게 복사하여 경쟁적인 출판을 함으로써 출판인의 품위와 긍지를 손상시키는 일이 없도록 할 것.
- 아동에게 아무 보탬을 줄 수 없는 저질 또는 무가치한 내용을 피할 것.
- 범죄행위 또는 비도덕적인 행위가 정당한 것으로 보이게 하는 표현을 금할 것.
- 표준말 사용을 원칙으로 하며 방언·은어·비속어·저속한 유행어 등을 사용치 않도록 할 것.
- 성인 사회의 지나치게 어두운 면이나 이성 간의 불건전한 애정관계 등 사회도덕과 미풍양속을 해치는 표현을 삼갈 것.
- 사행심 또는 미신 행위를 조장할 우려가 있는 내용을 삼갈 것.

- 만화 내용에 광고성을 내포하는 일이 없도록 할 것.
- 등장인물의 묘사가 천박하거나 흉측하지 말아야 하며 그 차림새 등이 불량 또는 사치스럽지 않도록 할 것.
- 문맥의 불통·불필요하고 어색한 인명의 사용 또는 외래어 조어를 남용하는 일이 없도록 할 것.
- 저작자명을 조작 표시하거나 다른 작가의 작품을 표절 또는 두드러지게 모사하는 일이 없도록 할 것.

이런 엄혹한 상황에서 《보물섬》은 대체 어떻게 허가를 받을 수 있었을까? 놀랍게도 새로운 권력자인 전두환이 전 권력자의 유족인 박근혜에게 먹고살 길을 열어준 것이다. 《한겨레》 안정숙 기자가 〈악동이〉, 〈간판스타〉를 그린 만화가 이희재를 인터뷰해서 보도한 1993년 5월 20일 기사 〈우리 시대의 만화가 ④〉에 이와 관련된 기록이 있다.

(전략)

정부의 문화정책은 그를 이렇게 배제했지만, 역설적이게도 다른 한쪽에 문을 열어놓았다. 82년 박정희 전 대통령의 유족들을 위해 육영재단에 최초의 만화전문 월간지 《보물섬》의 출간을 허용한 것이다. 80년 언론 통폐합 때 적잖은 잡지사들이 강제 폐간되고 나서 새 잡지의 등록이 '하늘의 별 따기만큼' 어렵던 때 열린 새 만화판은 〈악동이〉로 이희재 씨와 독자들이 상면하는 자리가 됐다.

(후략)

《보물섬》은 아빠 잃은 영애에게 아빠가 아끼던 삼촌이 주는 일종의 부의금 봉투였던 셈이다. 실제로 《보물섬》은 창간호를 매진시키는 등 인기를 구가했다. '재미있게 읽으며 즐겁게 공부하는 잡지'라는 슬로건을 내건 가족 만화잡지로 학습과 교양까지 챙길 수 있다는 매력으로 아이와 학부모를 사로잡았다. 만화방(만화가게, 대본소)에서 어른들의 담배 연기를 감내해 가며 만화에 빠져들었던 앞 세대들만이 아닌 새로운 1970년대생 어린이들을 500쪽에 달하는 압도적인 물량으로 공략하며 심심할 틈을 주지 않았다.

그만한 물량을 만화로 꽉 채웠으니 만화가들은 물론 독자들에게도 '한국 만화의 구원자'처럼 인식되는 경향이 있지만, 박정희 치하에서 만화는 끊임없이 탄압당하고 불태워지고 신규 만화잡지 허가를 받을 수 없었고, 전두환 치하 초반에 허가받은 만화잡지는 《보물섬》이 유일했다.

1985년에 《만화광장》 등이 창간될 때까지 약 3년에 걸친 시간은 그래서 《보물섬》이 만화잡지로는 유일하게 장사를 할 수 있는 시간이었다. 더구나 《만화광장》 유의 잡지는 성인이 대상이어서 주 독자층이 겹치지 않아 1988년 《아이큐 점프》가 등장하기까지 6년여의 기간을 독점 사업자로서 지위를 만끽할 수 있었다. 다시 말해 《보물섬》은 만화계의 구원자가 아니라 만화를 탄압하며 권력을 누리던 이의 후신이 만화를 이용해 돈을 번 경우에 해당한다고 할 수 있다.

《보물섬》은 어린이들에게는 만화가 한가득한 행복하고 즐거운 잡지였고 만화가들에게도 큰 활동처인 것은 분명했으나 한편으로는 제대로 끊어내지 못한 독재정의 아이러니를 가득 품고 있는 잡지였다. 창간사 옆에 육영수를 그대로 모사해 놓은 듯한 자태로 앉아 있는 박근혜의 사진을 보면 이 잡지가 박정희 글씨로 적힌 제호부터 시작해 박정희 일가 사진과 아들 박지만의 화보를 창간호부터 실었던 《어깨동무》를 통해 보여 주려던 세습 독재의 프로파간다를 고스란히 이어 나가고 있음을 암묵적으로 드러낸다. 물론 그런 《보물섬》도 1990년대 성별과 다양한 연령대로 나뉘는 만화잡지의 춘추전국시대를 맞으며 힘을 잃어 1996년 폐간의 길을 걷지만 말이다.

시공사, 독재자 전두환 장남의 출판사

독재자 전두환의 아들도 만화와 관련이 있다. 장남인 전재국은 1990년 서른두 살의 나이에 자본금 5000만 원으로 시공사라는 출판사를 설립한 후 《아랍과 이스라엘》을 출간하며 단행본 사업을 시작, 《메디슨 카운티의 다리》를 최단기간 100만 부 넘게 찍는 등 베스트셀러를 다수 출판했다. 시공사가 출간한 시공 디스커버리 총서는 업계에서 상당한 인지도가 있는 시리즈가 되었다. 전재국은 대형서점들을 인수해 '리브로'라는 온라인 서점을 열기도 했다.

시공사는 시공코믹스라는 브랜드로 마블과 DC코믹스를 비롯해 서구권 그래픽노블을 번역 출간하는 한편 2000년 청소년 만화지 《기가스》, 2002년 순정만화 잡지 《비쥬》, 2003년 준성인 이상 여성 만화잡지 《오후》 등의 잡지를 출간하면서 만화와도 연을 맺었다. 또한 2008년

서울 신촌에 열린 시공사의 만화 서점 리브로 코믹.

리브로 코믹이라는 브랜드로 만화 전문 매장을 신촌에 열기도 했다.

전재국은 전두환의 비자금과 시공사와의 연결 의혹을 부정하지만, KBS가 2013년 6월 4일 보도한 〈전재국과 시공사…소유 지분 어떻게 구성됐나?〉라는 기사에 따르면 시공사의 기반이 된 660제곱미터가 넘는 대지는 본래 1988년 전두환이 부정 축재 혐의를 인정하며 국가 헌납을 약속했다가 이를 뒤집고 전재국에게 증여한 것이었다. 또한 2018년 5월 8일 《경향신문》이 보도한 〈전재국, 시공사 71억 원에 매각〉이라는 기사에 따르면 전재국은 2018년 5월 8일 주식 36만 5975주를 신용카드 제조업체 바이오스마트에 71억 7000만 원에 매각했다.

이는 2013년 검찰이 전두환 일가가 내지 않은 추징금을 환수하기

위해 압박해 들어오자 경영에서 손을 떼고 부동산과 미술품을 팔아 추징금을 내겠다고 선언한 결과였지만, 2019년 11월 8일 《뉴스핌》이 보도한 〈'손 뗀다더니…' 전두환 아들 전재국, 출판사 대표 복귀〉라는 기사에 따르면 전재국은 이듬해인 2019년 도서 도매 유통업체 북플러스 대표이사로 복귀했다. 2013년 재산환수 절차 중 전재국의 재산을 압류하다 나온 미술품 가운데 후지시마 고스케藤島康介의 〈오! 나의 여신님ああっ女神さまっ〉 포스터가 있어 작은 화제를 모은 적이 있다. 2014년 2월 6일 《서울신문》이 보도한 〈전두환 일가에 日애니 마니아가?…3차 경매물품 눈길〉이라는 기사에 따르면 2014년 2월 진행된 만화·애니메이션 일러스트레이션 포스터는 스무 점으로 〈오! 나의 여신님〉만이 아니라 오토모 가츠히로大友克洋의 〈아키라AKIRA〉 등도 포함되어 있다고 한다. 실제로 낙찰받은 네이버 코믹라인 카페(cafe.naver.com/manamangfa)의 멤버 '은고'의 후기에 따르면 그 외에도 후지시마 고스케의 또 다른 흥행작 〈체포하겠어逮捕しちゃうぞ〉와 사무라 히로아키沙村広明의 〈무한의 주인無限の住人〉도 있었다 한다.

전재국은 아버지 전두환 비자금으로 시공사 사업을 확장했다는 의혹을 받고 있으며, 조세피난처인 영국령 버진 아일랜드에 페이퍼컴퍼니(유령회사)를 설립한 사실을 2013년 10월 21일 국세청 국정 감사에서 시인한 바 있기도 하다. 시공사는 전재국의 페이퍼컴퍼니와의 관계를 부정한다. 하지만 이와 같은 쟁점과는 별개로 전재국에 얽힌 세간의 소문은 그가 오타쿠이며 미술 및 예술에 관심이 많아 그래픽노블 수입, 번역 출간에 진심이었다는 것이다. 소문을 본인에게 확인할 길은 없겠으나, 한국 만화잡지가 저물어 가는 2000년대 시기에조차 잡지 출간을 시도하고 미국 히어로 장르 그래픽노블이 한국에 소개되는 데 시공사의 공세가 한몫했다는 점만은 분명하다.

신촌에도 대통령이 있었다

현실의 독재자나 독재자 후손은 아니지만 실질적으로 만화 업계를 주름잡아 별명이 '신촌 대통령'인 사람이 있었으니 바로 합동출판사의 이영래 회장이다.

한국의 만화는 1950년대 말엽 만화방의 등장 이래 '대본' 즉 만화를 빌려주는 업주들을 대상으로 팔려 나갔다. 독자는 이 만화방 점포 내에서 일정액을 내고 만화를 읽었다. 그러면서 만화방을 대상으로 하는 만화 유통망이 자연스럽게 형성되었으니 이른바 만화 총판이다. 초기엔 출판사들이 작가들을 전속으로 두고 만화방에 납품하며 춘추전국시대를 맞이했지만, 이를 독점하면 큰 수익을 낼 수 있겠다고 판단한 출판사들이 모여 한 덩어리를 이루니 그 이름이 '합동출판사'였다.

합동의 영업 방식은 문자 그대로 독점 유통이었다. 〈원시소년 잠바〉를 그리고 1984년 반도만화영화학원을 설립한 최경탄이 《경남매일》에 연재한 〈인생만화경〉 2024년 4월 10일 자 연재분은 합동출판사의 계약 조건을 이렇게 설명한다. "합동출판사에서 출판되는 만화책은 100% 구매할 것", "타 출판사의 만화는 구매하지 않는다." 그 결과는 합동에 항거했다 처절하게 무너진 땡이 시리즈의 작가 임창이 1974년 10월 월간지 《뿌리 깊은 나무》에 게재한 〈더러운 어린이 만화 장사〉라는 글에 잘 나타난다.

> 지금까지는 대본업자가 필요한 만화를 골라서 샀다. 그러나 이제는 회사 쪽에서 스무 권을 한 질로 묶어서 내 놓는 것을 몽땅 하게 했다. 스무권 가운데는 아이들이 잘 보는 책도 있고 안 보는 책도 있기 마련이다. 그러나 대본 업자들은 만화를 선택할 자유가 없어졌다. 옛날에는 인기 작가의 만화가 이천오백 부가 팔리면 싸구려 원고료를 준 무명 작가의 만화는 친부도 안 나갔다. 그러나 이런 판매 방식을 쓰면 좋건 나쁘건 다 같이 이천오백부가 팔리는 셈이다. 그러니 만화의 질이 더 떨어질 수밖에 없었다.

이렇게 형성된 만화 유통 독점으로 말미암아 만화가들에게는 합동에 속한 출판사들과 거래하느냐 그러지 않고 사라지느냐의 갈림길에 놓였다. 합동의 회장이라 자칭한 이영래는 신촌에 자리한 사무실에서 만화가들의 생사여탈권을 쥐고 내용에 대한 간섭은 물론 필명까지 '하사'하는 전횡을 저질렀다. 만화의 질을 떨어뜨린 것도 실제로는 전략에 가까웠는데, 이영래의 논리는 제본을 허술하게 해야 빨리 파손되어 구간으로 소모되고 신간과 구간의 차이가 빨리 생겨 회전율을 높일 수 있다는 것이었다. 장사 방법으로는 비상한 발상일지 몰라도 만화계로서는 재앙 같은 일이었다. 그의 별명이 신촌 대통령이었던 건 바로 이러한 무소불위의 권력에 빗댄 것이다.

합동이 한국 만화를 틀어쥔 근 20년 동안 만화계는 '시장'을 성장시키지 못했고, 이에 저항한 이들은 철저하게 분쇄, 회유, 매수당했으며, 자본을 쥐고 접근한《한국일보》는 합동을 무너뜨리고 새판을 열기보다 합동과 있는 판을 적당히 나눠 먹는 수준으로 영합했다. 하지만 작가들 상당수는 멋대로식 고료 산정과 할당량 배급 등의 횡포에도 눈치를 볼 수밖에 없었다. 만화 시장 전체를 독점하여 얻은 큰 이익은 경쟁을 꾀하려는 출판사나 작가군을 매수하거나 무너뜨리는 데 요긴하게 쓰였다. 인기 있는 작가군을 독점하는 데도 쓰였고 심지어는 심의기구 회장과 심사위원을 뽑는 일에도 관여하는 등 만화계 전반을 공정성과 거리가 먼 분위기로 끌고 가는 데 한몫했다.

2009년 7월 31일 신문수 선생은 본인의 작업실에서 진행된 인터뷰에서 합동출판과의 일화를 들려주었다.

당시 합동이 작가들을 섭외하는 데 쓰던 돈의 액수를 보면 의도에 맞지 않는 대상을 상대하는 데 쓴 돈도 가늠할 수 있다. 신문수 작가가 나와 진행한 생전 인터뷰(〈만화가 신문수: 명랑만화의 산 증인〉, 네이버 캐스트, 2009.08.14.)에 따르면, 합동출판사가 1970년대 명랑만화를 이끈 〈도깨비 감투〉, 〈로봇 찌빠〉의 신문수와 〈요철발명왕〉의 윤승운에게 "이름만 빌려주면 책을 알아서 찍어내겠다."며 제시한 돈은 짜장면 한 그릇 값이 150원 하던 시절에 물경 월 1000만 원이나 됐다. 둘은 이 제안을 거절했다. 신문수는 인터뷰에서 "솔깃했던 건 사실이지만 안 하길 백 번 잘했다 생각했다."라고 술회한다.

합동에 반대하는 세력이 기세를 높이기 시작하던 1975년 이후에도 여러 군소 출판사와 무소속 작가들이 합동의 독점을 무너뜨리려 애를 썼지만, 이를 주도하던 출판사들이 갑자기 세무사찰을 받거나 보관 중이던 원고를 합동 측에게 찢기는 상식 이하라 하지 않을 수 없는 일까지 터지며 버텨 내질 못했다. 심의기관 인선에도 손을 댄 전례를 비추어 볼 때 당시 정부 쪽의 암묵적인 용인과 비호가 있었다고 볼 수 있다. 이영래에게 '남제주'라는 이름을 받고 활동했다가 본명으로 돌리고선 합동에서 일이 끊겼다는 이희재는 《나의 만화유산 답사기》(2018, 생각비행)의 합동출판 편을 위한 인터뷰 때 땡이문고 사무실에 도적이 들어 원고 캐비닛이 모조리 털린 일화를 허영만의 일화를 통해 들려주면서 한마디를 덧붙였다. "이영래 같은 사람은 서대문 경찰서 정도는 대충 삶아놓고 있는 정도니까."

그러나 화무십일홍. 권력은 영원하지 않아서, 합동은 임창의 지면 고발, 어린이 독자층을 휩쓴 만화잡지 《보물섬》의 창간, 만화 쪽으로 새로 진입해 온 무협물 출판사의 높은 고료 제시 등으로 흔들리다 1986년 한국만화출판인협회가 발족하면서 끝을 맞이한다. 하지만 박정희 정권 시기를 정확히 함께 하며 만화 출판과 유통을 왜곡하던 합동의 그릇된 치세는 이후에도 그 틀거리만은 강하게 남아 1990년대 후반의 도서대여점 범람 등을 가능케 하는 원천이 된다. 한국의 출판만화 시장은 분명 1990년대에 어느 정도 가능성을 보인 때도 있었지만, 그건 이 왜곡된 유통망이 '있는데도' 할 수 있었던 것이다. 한국의 출판만화는 결국 그 한계를 결국 넘지 못한 채 웹툰에 헤게모니를 넘겼다.

여담으로 '신촌 대통령' 이영래와 '한국 대통령' 박정희의 대환장 컬래버레이션(?)을 읽을 수 있는 일화 한 토막. 최경탄 선생이 《경남매일》에 연재한 〈인생만화경〉 86화 '합동 출판사의 횡포' 편에는 이영래를 면전에 두고 대통령이라 욕했다가 박정희를 욕하는 줄 알았던 식당 주인의 신고로 끌려가 2년간 옥살이를 한 만화가의 이야기가 나온다. 정말로 막걸리 보안법 이야기가 따로 없는 대목이다. 최경탄은 이와 관련한 감상을 한마디로 촌평한다. "참 그 시절은 앞도 뒤도 없던 시절이었다."

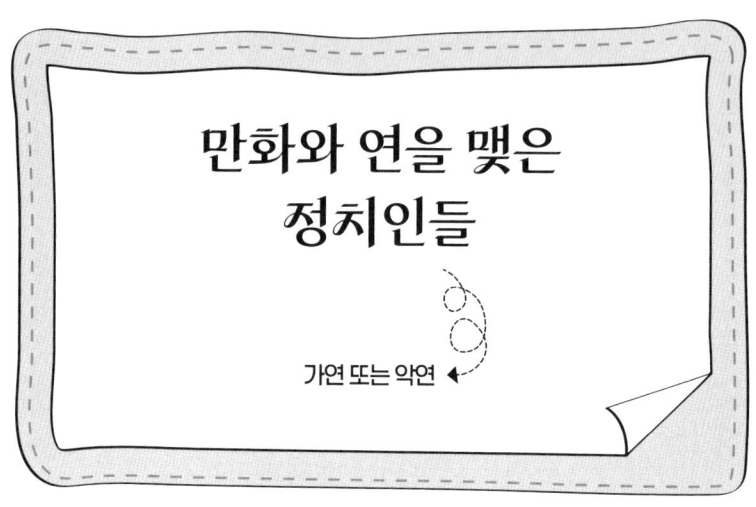

정치를 하고자 한 만화가들이 있는 반면 만화와 연을 맺은 정치인들도 있다. 이들 가운데에는 만화에 좋은 역할을 한 이들도 있고 재난을 불러 온 이들도 있다.

   문화예술이 창작자의 의지에 따라 세상을 비추기도 하고 가리기도 한다는 점에서 정치적인 면이 있다. 정치는 문화예술이 자리할 좋은 토대가 될 수도 있고 늪지가 될 수도 있다. 여기서는 문화예술의 한 종류인 만화와 어느 쪽으로든 연을 맺어 온 정치인들의 사례를 살펴보려 한다.

원혜영

원혜영은 1981년 풀무원식품을 창업한 인물이다. 1992년 14대 총선에서 민주당의 공천을 받아 당선되며 중앙정치에 진출, 이후 1998년 민선 2기 부천시장에 당선되어 3기까지 6년간 재임했다. 이 시기 부천시는 전국 지방자치단체 가운데 처음으로 문화도시라는 개념을 내세웠다.

부천은 일제강점기엔 복숭아 수탈의 장소였고 개발기에는 서울과 인천을 잇는 베드타운으로 공장만 많았다가 점차 시들해져 가고 있었는데, 1986년 부천경찰서 성고문 사건 등의 여파로 이미지도 나빠진 상태였다. 원혜영은 이러한 부천의 인상을 바꾸면서 다른 먹거리를 찾으려면 무엇이 필요한가를 고민하다 문화예술에 주목했다. 부천필하모닉오케스트라, 부천국제판타스틱영화제, 복사골예술제, 부천국제학생애니메이션페스티벌 그리고 부천만화정보센터 건립이 이 시기에 진행되었다. 특히 부천이 '만화 도시'로 이름을 알리게 된 시작점인 부천만화정보센터 설치가 큰 역할을 했다.

부천만화정보센터는 도서관 운영과 더불어 데이터베이스와 웹진 운영, 연례 행사인 부천국제만화축제BICOF 등으로 역할을 키워 나가다 2014년에는 한국만화영상진흥원으로 이름을 바꾸고 부천의 시비와 더불어 국비를 받아 만화 업계에 유일한 전문 진흥 기관 역할을 하고 있다. 원혜영이 시장으로서 한 선택의 덕을 만화 업계 전체가 두루

2009년 11월 3일 한국만화영상진흥원에서 열린 만화의 날 행사에서 축사하는 원혜영 당시 국회의원.

부천만화정보센터가 자리했던 부천 도당동의 부천시립북부도서관.

누린 셈이다.

원혜영은 2004년 17대 총선에 출마해 부천시 오정구에서 당선된 이래 18대, 19대, 20대 국회의원으로 활동했다. 그는 19대 국회의원 재임 시절인 2012년에 '만화를 사랑하는 국회의원 모임'을 만들어 2012년 11월 19일 서울 여의도 국회 본청 3층 귀빈식당에서 첫 모임을 열었다. 영화를 사랑하는 국회의원 모임이 생기는 것을 보고 가만히 있으면 안 되겠다 하던 차에 정병국 당시 새누리당 의원을 목욕탕에서 만나 모임 결성이 성사되었다고 한다.

2012년 11월 19일에 《일간스포츠》 장상용 기자가 보도한 〈원혜영 의원 "목욕탕서 '만화를 사랑하는 국회의원 모임' 만들었다"〉라는 기사에 저간의 상황이 담겨 있다. 이 모임은 그해 2월 17일 제정돼 8월

제19대 국회 임기 중이었던 2013년 4월 16일 민주당 국회의원 백재현 의원실 입구. '만화사랑 국회의원' 표식이 붙어 있다.

18일 시행된 만화진흥법(만화진흥에 관한 법률)과 관련해 "만화문화산업의 국가적 진흥 필요성에 동의하며, 미래 전략 콘텐츠산업으로서 만화발전을 위해 이바지하고자" 국회의원 30여 명이 모여 구성했다고 한다.

만화를 사랑하는 국회의원 모임은 문자 그대로 친목 모임에 가까워 명확히 하는 일이 있는 것은 아니었지만 부천국제만화축제를 비롯한 행사에 모습을 비추거나 국회에서 세미나를 개최하는 데 도움을 주는 등 만화에 관심을 보이는 정도의 역할을 한 것으로 인식되고 있다. 그도 그럴 것이 국회의원은 그동안의 한국 정치사에서 만화를 탄압하는 데 이름을 올리지 않으면 다행인 부류였기 때문이다. 2025년 6월 23일 16시에는 더불어민주당 소속 서영석 부천시 갑 국회의원이 '만화·웹툰을 사랑하는 국회의원 모임'의 준비위원회 간담회를 열어 원혜영이 만든 흐름을 이어 갔다.

박종웅

박종웅은 1979년 신민당 김영삼 총재의 공보비서관 출신으로 정계에 입문해 소위 상도동 막내로 불렸다. 노태우, 김영삼, 김종필이 뭉친 3당 야합의 결과물인 민주자유당(민자당) 소속으로 1993년 제14대 국회의원 재보궐 선거에서 당선되어 국회의원이 된 이래 내리 3선을 했다. 부산 사하구가 그의 지역구였다.

박종웅은 김영삼의 복심으로 통했다. 김영삼이 하지 말라면 어떤 것도 안 하고 하라면 무엇이든 할 사람인 문자 그대로 'YS 대변인', 'YS맨'으로 평가받았다. 좋게 보면 의리파지만, 나쁘게 보면 시대착오적 '또라이(비판자들의 평가다)'라고 불릴 만큼 철저한 김영삼의 사람이었다. 욕먹기를 마다하지 않고 주군을 모시는, 시대의 유물 같은 사람인 셈이다. 그래서 그의 판단 기준은 오로지 김영삼이었다. 그런 인물이 한국 만화사에 재앙으로 기록되는 이유는, 그가 바로 1997년 한국의 출판만화를 사실상 절멸의 기로에 놓이게 한 청소년보호법의 대표 발의자였기 때문이다.

청소년보호법, 줄여서 줄여서 청보법으로 불리는 이 법안의 본 명칭은 '청소년의 건전한 육성·보호를 위해 제정한 법률'이다. 명칭과 달리 이 법은 1996년 발의 순간부터 한국 만화계의 반발을 불러일으켰다. 군사정권 시절부터 법적인 근거 없이 만화 등을 검열해 온 사단법인에 지나지 않는 간행물윤리위원회(간윤)를 법적인 기구로 격상하여 수거와 파기, 시정이 가능한 준사법권을 쥔 기구로 만들었다. 또한 단속권자가 유해 여부를 자의적으로 해석할 수 있을 만큼 모호한 조항들로 구성돼 있었다. 당시 심의 기준이 된 법률 10조 1호 내용은 다음과 같다.

1. 청소년에게 성적인 욕구를 자극하는 선정적인 것이거나 음란한 것.
2. 청소년에게 포악성이나 범죄의 충동을 일으킬 수 있는 것.
3. 성폭력을 포함한 각종 형태의 폭력행사와 약물의 남용을 자극

하거나 미화하는 것.

  4. 청소년의 건전한 인격과 시민의식의 형성을 저해하는 반사회적·비윤리적인 것.

  5. 기타 청소년의 정신적·신체적 건강에 명백히 해를 끼칠 우려가 있는 것.

죄 있는 자를 처벌하기 위해서는 죄가 무엇인지를 명확하게 법에서 규정해야 하고, 법에 성문으로 규정되어 있지 않은 것을 죄라 할 수 없으며, 따라서 법 조항은 달리 해석할 여지가 생기게끔 모호해선 안 된다. 이를 죄형법정주의罪刑法定主義, Grundsatz nulla poena sine lege라고 하는데, 범죄에 대하여 법률이 규정한 형벌 이외의 처벌을 가할 수 없음을 의미한다. 권력자가 범죄와 형법을 마음대로 전단하는 죄형전단주의罪刑專斷主義의 반대말이기도 하다. 1996년의 청소년보호법은 바로 이 지점부터 위헌적이었다.

당시 집권층은 정권 말기로 들어서며 터져 나오는 문제로 지지도가 하락하는 상황을 아이들 교육과 연결되어 보이는 문제를 공략함으로써 해소하려 했다. 하지만 그 결과로 어떤 일이 일어날지는 명확했다. 한국 만화계는 1996년 11월 3일 여의도에서 만화 심의 철폐를 위한 범만화인 결의대회를 개최하며 강력하게 반발한다. 앞에서 살펴봤듯이 이날이 만화의 날이 된다. 그러니까 박종웅 의원은 이후 국가기념일이 되는 만화의 날을 제정하는 데 한몫하는 아이러니를 낳은 장본인인 셈이다.

박종웅이 밀어붙인 법이 1997년 발효되자 한국 만화계는 그야말로 아수라장이 된다. 만화가와 만화 출판업자가 끌려가고 총 510만 권에 달하는 만화책이 무차별 수거당했다. 소매 서점에서 성인만화 책장을 별도로 두지 않으면 만화를 취급할 수 없게 함으로써 동네를 기반으로 하는 소매 만화 시장이 박살 났다. 성인을 대상으로 하는 만화잡지도 일거에 발행이 중단됐다. 이현세 작가를 초임 검사가 고발하여 몇 년을 끌게 되는 〈천국의 신화〉 소송 사태도 이 시기의 산물이다. 〈천국의 신화〉 사태는 2003년이 되어서야 마무리되는데, 그때까지 잡지사들은 단속을 받지 않아도 폐간을 우려해 편집부에서 작가의 허락도 없이 알아서 내용을 수정하는 사례가 발생하는 등 부정적인 여파가 한동안 계속되었다.

결과적으로 청소년보호법은 표방한 목표와 달리 당시 정권이 내몰리고 있던 말기 상황을 극복하기 위해 도입된 시선 돌리기용 법안이었으며, 이미 있었던 사실상의 중복 법률인 미성년자보호법에 더해 당장 큰 효과를 보기 위한 표적용 무기였다. 법이 발효되기도 전에 음란폭력성조장매체공동대책시민협의회(음대협)이라는 괴집단이 3대 스포츠신문 발행인과 편집국 책임자를 고발한 것만 봐도 이 법의 본 목적이 다른 데 있음을 보여 준다. 인터넷이 대세가 되는 향후 시대적 변화를 볼 때, 한국의 출판만화가 청소년보호법에 의해서만 무너진 것은 아니었다고 해도 최소한 1990년 후반 업계의 에너지를 정권 차원의 탄압 방어에 소모하게 만든 것만은 분명하다.

박종웅 의원의 위치에 비추어 볼 때 이 사안은 개인의 신념이 아닌 정권 차원의 유지책에 따른 결과물일 터이나, 모두가 알 듯 김영삼 정권기는 1997년 12월 IMF 구제금융 사태를 일으키며 파국을 맞이하며 김대중에게 정권을 넘기게 된다. 박종웅 의원은 총대를 멘 보람도 없이 한국 만화에 피해를 준 장본인이자 만화의 날 제정 유공자(?)로 이름을 남기게 되었으니 악연도 이런 악연이 없다.

손학규

재야 교수 출신으로 1993년 보수 우파인 민주자유당에 입당하여 정치 인생을 시작한 손학규는 박종웅처럼 제14대 국회의원 재보궐 선거에서 당선된 후 1996년 신한국당 소속으로 제15대, 2000년 한나라당 소속으로 제16대 국회의원에 당선되었다. 1996년에는 보건복지부 장관이 되었다가 2002년에는 민선 3기 경기도지사로 활동했다. 2007년 한나라당을 탈당해 대통합민주신당에 들어가고는 2010년 민주당 대표를 맡기도 했다.

손학규가 만화와 연결점이 생긴 것은 2004년 경기도지사 시절 만화책을 제작해 배포하면서다. 2004년 6월 25일 KBS 〈손학규 경기도지사 홍보만화 배포 물의〉라는 보도에 따르면 손학규는 《스타워즈-경기도의 역습》이라는 만화 책자를 1만 8000부 제작해 도내 초등학교와 아동 시설에 배포했다. 경기도 사령관이 외계인의 침공에 맞서 지구를 지킨다는 내용이다. 이 책자는 그해 2월 경기도 선거관리위원회에서 손학규를 선전하는 내용이 담겼다는 이유로 배포중지명령을

손학규가 경기도지사 시절이던 2004년 배포한 《스타워즈-경기도의 역습》. 손학규를 형상화한 캐릭터가 보인다.

받자 경기도지사라는 표기를 경기도 사령관으로 고친 스티커를 붙여 배포한 것이었다. (주)원키즈가 글과 그림을 맡은 만화에 "경기도를 얻는 자 천하를 얻으리라" 같은 대목이 담겼다 하여 여론의 비판을 받았는데, 정작 인물 작화 면에서는 손학규보다 노태우를 더 닮았다는 게 웃지 못할 지점이다.

《한겨레21》은 584호에 게재한 길윤형 기자 명의의 시사 난센스 코너글(온라인 등록 2005년 11월 11일)에서 경기도 아파트 인허가 과정의 뇌물 논란을 비판하며 한 해 전의 촌극을 다시 끄집어 올렸다. 홍보물 제목의 원전이라 할 영화 〈스타워즈〉를 언급하며 "〈스타워즈〉 1탄의 제목은 '보이지 않는 위험'이다"라고 꼬집었다. 기사가 나온 시기와 비슷한 때인 11월 4일 손학규는 경기도지사이던 2005년 한국만화영상

2005년 11월 4일 부천 상동에서 열린 한국만화영상산업진흥원 착공식에서 인사 중인 손학규.

진흥원 착공식에 모습을 드러내 인사를 남겼는데, 당시 5370평 터에 도비 150억이 들어가는 도내 기관 건물(국비 300억과 시비 150억 별도) 착공식에 도의 책임자로 참석한 것이다.

손학규는 2007년 3월 19일 대권을 목표로 하며 한나라당을 떠나게 된다. 이때 탈당 선언문에서 주창한 것이 '문예 부흥'이었다. 그 후 얼마 지나지 않은 4월 4일 손학규는 당시 서울 2호선 홍대입구역 근처에 자리한 만화 출판사 거북이북스를 찾아 간담회를 열었다. 이때 내건 표어가 "만화적 상상력으로 미래를 창조하자"였다.

손학규는 이 자리에서 '문화 대통령'을 지향한다고 밝히며 문화가 선도하는 정치가 필요하다는 견해를 드러내는 한편 만화계의 현실과 문제점을 짚으며 제도적인 뒷받침과 정책적인 구축 방안으로 무엇

2007년 4월 4일 거북이북스를 찾은 손학규의 초상화를 석정현이 자신의 태블릿으로 그리고 있다.

석정현의 액정 태블릿에 직접 방명록을 남기고 있는 손학규.

이 있는지를 물었다. 또한 좁은 곳에서 아등바등하지 말고 바깥으로 나가자는 '광개토 전략'을 소개하면서 만화가 지닌 에너지와 상상력을 언급했다. 참석자인 석정현은 라이브 페인팅 쇼가 장기인 작가답게 즉석에서 태블릿PC와 코렐 페인터를 이용해 손학규 전 지사의 초상화를 그려 선물했다. 거북이북스 대표 강인선은 신작 〈크로니클스〉 원고를 활용하여 디지털 기술을 이용한 만화 원고 제작 방법을 소개하기도 했다.

당시 손학규는 삶의 밑바닥에서 피부에 와닿는 정책을 만들려는 모습으로 지지자를 모으려 했다. 2007년 '저녁이 있는 삶'이란 표어는 개중 백미였다. 계파적 성격이나 공과를 떠나 대권을 꿈꾸는 정치인이 만화 현장과 현실에 관심을 두었다는 점에서 주목할 만했으나 정치적 갈림길에서 좋지 않은 선택을 거듭한 끝에 '칩거형 정치인'의 대명사가 되었으니 정치란 참 얄궂다.

조윤선

2002년 한나라당 대통령 선거대책위원회 공동 대변인으로 정치 활동을 시작한 조윤선은 2008년 비례대표로 한나라당 소속 제18대 국회의원이 되었다. 2013년 제3대 여성가족부 장관이 되었고, 이어서 2014년 대통령 비서실 정무수석비서관, 2016년 제6대 문화체육부 장관이 되어 박근혜 정부 내내 요직을 두루 지냈다.

조윤선이 한국 만화와 엮인 것은 국회의원 시절 만화진흥법(만화진흥에 관한 법률안) 추진을 위해서였다. 만화진흥법을 추진하던 만화가들이 찾은 곳은 본래 시인 출신인 민주당 소속의 도종환 의원실이었으나 여대야소 정국에서 법안을 현실화시키기 위해서는 힘이 있는 곳에서 맡는 것이 맞다면서 당시 새누리당 조윤선 의원실을 추천해 주었다고 한다. 법을 발의해 통과되는 과정에 국회의원들의 동의가 필요한 것을 고려하면 국회 원 구성 비율이 만드는 역학 관계를 무시할 수 없다는 사실을 잘 보여 주는 사례다.

만화진흥법 추진 과정에서 한국 만화계 인사들은 정치와 입법이 진영의 문제만이 아니라 현실이며 입법 과정과 절차에 대한 공부가 필요하다는 사실을 깨닫게 되었다. 만화진흥법에 대해 껍데기에 불과하다

국회의원이던 2011년 2월 17일 만화진흥법 제정을 위한 공청회를 진행하고 있는 조윤선.

는 비판도 제기되었다. 당시 이 법의 통과를 위해 움직인 정치인들이 '개정은 쉬우나 입법은 어렵다'고 조언했기 때문에 일단 통과를 최우선으로 한 결과였다. 결국 만화진흥법은 조윤선 의원 발의로 2012년 2월 7일 제정되어 2012년 8월 8일 시행되었다.

 이 과정에서 조윤선 의원실은 만화진흥법추진위원회가 집필한 《한국만화창작백서》 자료집을 발간했다. 2011년 2월 17일 나온 자료집에는 이희재의 〈한국만화 수난사〉 만화를 비롯해 만화진흥정책의 필요성, 창작 환경 설문조사, 제작 환경, 만화 원작 문화콘텐츠산업 등에 대한 조사와 더불어 만화진흥법 초안 전문이 수록되어 있다. 이 책자의 발간사에서 조윤선은 "만화계가 걸어온 고난과 역경의 세월에

만화진흥법 제정 공청회 자료집으로 제작된 《한국만화창작백서》. 만화진흥법 추진위원회와 조윤선 의원실이 제작한 이 자료집에는 만화진흥법의 필요성과 초안 내용 등이 담겨 있다.

깊이 공감"했다면서 만화진흥법을 추진하게 됐음에 기쁨을 느꼈다고 했다. 그 공감을 문화예술계 블랙리스트 작성 관여라는 형태로 돌려주고 본인이 고난과 역경의 한 페이지를 차지하게 될 줄 그때는 몰랐겠지만 말이다.

박근혜의 비선 실세 최순실의 국정농단 사건(게이트)에 대한 조사가 진행되던 2017년 1월 21일 조윤선은 문화예술계 블랙리스트 작성을 주도한 죄로 서울구치소에 구속 수감되었고, 2월 7일 같은 죄와 청문회에서의 위증 혐의로 구속 기소되었다. 조윤선은 2017년 7월 2일 1심에서 혐의 대부분을 무죄로 인정받아 징역 1년에 집행유예 2년을 선고받았으나 이후 2017년 1월 23일 2심은 징역 2년을 선고했다. 하지만 대법원은 2020년 1월 30일 직권남용죄에 관한 법리 오해와 심리 미진을 이유로 파기환송했고, 서울고등법원은 2024년 1월 24일 파기환송심에서 조윤선에게 징역 1년 2개월을 선고했다. 조윤선이 재상고를 포기해 형이 확정되었다.

당시 문화예술계 블랙리스트 행태가 드러난 건 2016년 10월 10일 도종환 국회 교육문화체육위원회 더불어민주당 간사의 폭로와 이틀 뒤 나온 《한국일보》의 보도 때문이다. 이때 드러난 블랙리스트에 오른 문화예술인은 9437명이다. 2014년 세월호 시국선언, 2012년 문재인 대통령 후보 지지선언에 참여한 이들을 그냥 되는대로 복사해 붙인 명단이어서 면밀한 목록과는 거리가 멀었다. 그렇기 때문에 더욱 어처구니가 없었다. 그 안에는 내 이름도 있었는데 2014년 6월 서울시장 선거 당시 박원순을 지지했다는 게 이유였다. 블랙리스트에는 개인뿐 아니라 일부 단체도 소위 '좌파성향 단체'로 관리되었는데, 이후 이들 단체는 국고 지원에서 배제되었다.

만화계에서는 우리만화연대가 휴머니스트 출판사와 내던 만화잡지 《보고BOGO》가 유통 방해와 연재만화 제작 지원사업 배제를 겪은 일이 있다. 내가 편집위원으로 들어가 있었던 이 잡지가 배제된 까닭은 1차로는 박근혜를 유신공주라는 이름으로 비판했기 때문이라고 했으나, 실제로는 그 이전에 우리만화연대가 국정원 지정 좌성향 단체로 되어 있었기 때문이다. 지원기관 소속자들이 조직 보호를 위해 명령 없이 정권에 '알아서 기며' 예술인들을 압박한 사례까지 합하면

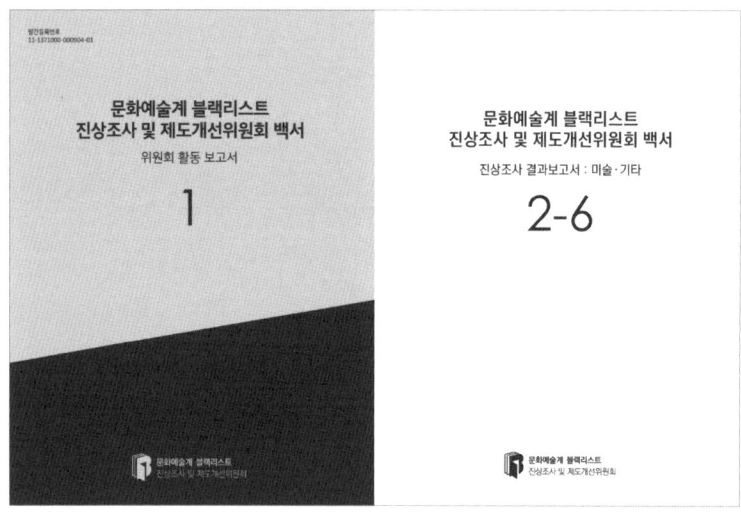

조윤선이 김기춘과 함께 주도한 박근혜 정권 문화예술계 블랙리스트에 대한 백서. 총 네 권으로 제작됐으며 제2권 부록 여섯 번째 권에 만화 쪽 피해 사실이 정리돼 있다.

출처: 문화체육관광부

알게 모르게 당한 이가 숱하게 많을 터다.

문화예술인들은 이에 손해배상 집단 민사소송을 진행하여 2022년 1월 22일(4차 민사소송)과 4월 28일(1~3차 민사소송) 두 차례에 걸쳐 국가폭력을 인정하면서 블랙리스트 피해자들에 대해 손해배상을 하라고 일부 승소 및 배상 판결을 받았다. 느닷없이 국가 지정 불온세력이 되었음을 확인한 지 5년이 지나서야 정부에 책임을 물을 수 있었던 셈이다.

한편 문재인 정부에서는 2019년 2월 문화예술계 블랙리스트 진상조사 및 제도개선 위원회 명의로 총 네 권의 백서를 발간했다. 우리만화연대의 2015년 연재만화 제작지원 사업 배제 의혹 사건과 관련해서는 제2권 부록 여섯 번째인 미술·기타 편 246쪽부터 299쪽까지 수록되어 있다.

최민희, 유승희, 윤석용, 김희정

최민희와 유승희는 더불어민주당 소속으로 청소년보호법 이래 표현의 자유에 제동을 걸 우려로 비판받은 아동·청소년의 성보호에 관한 법률(약칭 '청소년성보호법', 통칭 '아청법')의 개정에 힘을 보탠 의원이다. 최민희는 2012년 제19대 총선에서 비례대표에 이어 2024년 제22대 총선에서 경기 남양주 갑 지역구 국회의원으로 당선되었다. 유승희는 2004년 제17대 총선 비례대표에 이어 2012년 제19대와 2016년 제20대 총선에서 서울 성북 갑 지역구 국회의원에 당선되었다.

아동·청소년의 성보호에 관한 법률은 청소년보호법이 그러하듯 취지는 아름답다. 아동·청소년의 성을 사거나 이를 알선하는 행위, 아동·청소년을 이용하여 음란물을 제작·배포하는 행위 및 아동·청소년에 대한 성폭력행위 등으로부터 아동·청소년을 보호·구제하여 청소년의 인권을 보장하고 건전한 사회구성원으로 성장할 수 있도록 하겠다는 내용을 담고 있기 때문에 별문제는 없어 보인다. 걸리는 부분은 청소년보호법이 그러하듯 강력한 처벌 조항을 두고 있는데도 그 기준이 모호하다는 점이다. 이 법의 초반 연혁을 보면 다음과 같다.

2000.2.3.
'청소년의 성보호에 관한 법률'로 제정, 같은 해 7월 1일 시행. 청소년을 성매매와 성폭행, 성착취에서 보호한다는 취지.

2002.4.25.
'청소년의 성보호에 관한 법률' 제2조 제3호, 제8조 제1항이 정한 '청소년이용음란물' 항목을 만화 그림에 적용하는 것에 관한 헌재 결정(2001헌가27). 청소년 성보호에 관한 법률 자체가 위헌은 아니나, 조항 가운데 '청소년이 등장하여'가 실존 청소년을 뜻함을 명확히 함.

2009.6.9.
아동 또한 성폭행과 성착취에서 보호할 대상이라는 취지로 '아동·청소년의 성보호에 관한 법률'로 개정, 이듬해 1월 1일 시행.

2011.9.15.

한나라당 윤석용 의원 개정안 발의, 이듬해인 2012년 3월 16일 시행. '아동·청소년 이용 음란물'을 규정하는 정의 조항의 모호함으로 논란이 일어났다.

문제가 불거진 것은 윤석용의 안이다. 윤석용은 2004년 한나라당 소속으로 서울 강동구 을에 출마했다 낙선하고 다음 국회의원 선거인 2008년 제18대 총선에서 같은 지역구에 출마해 당선된 사람이다. 윤석용의 안은 박종웅의 청소년보호법만큼 판 자체를 궤멸시키지는 않았으되 상당히 어설픈 안으로 논란과 일부의 피해자를 만들었다. 아동과 청소년을 '이용'한 음란물이 무엇인지에 대한 기준이 되는 제2조 제5호의 내용을 개정 전과 후로 나누어 비교해 보면 다음과 같다.

(개정 전)

"아동·청소년이용음란물"은 아동·청소년이 등장하여 제4호의 어느 하나에 해당하는 행위를 하거나 그 밖의 성적 행위를 하는 내용을 표현하는 것으로서 필름·비디오물·게임물 또는 컴퓨터나 그 밖의 통신매체를 통한 화상·영상 등의 형태로 된 것을 말한다.

(윤석용 안)

"아동·청소년이용음란물"은 아동·청소년으로 인식될 수 있는 사람이나 표현물이 등장하여 제4호의 어느 하나에 해당하는 행위를 하거나 그 밖의 성적 행위를 하는 내용을 표현하는 것으로서 필름·비디오물·게임물 또는 컴퓨터나 그 밖의 통신매체를 통한 화상·영상 등의 형태로 된 것을 말한다.

문제가 된 것은 '청소년으로 인식될 수 있는 사람이나 표현물'이라는 대목이다. 개정안이 담고 있는 제2조의 제4호가 규정한 행위는 성교행위, 유사 성교행위, 일반인의 성적 수치심이나 혐오감을 일으키는 행위, 자위행위 등인데, 이를 청소년으로 인식될 수 있는 사람이나 표현물이 보여 주면 안 된다는 이야기이고, 심지어 같은 조의 제5호에는 '그 밖의 성적 행위'라는 언급도 있다. 그런데 청소년으로 인식될 수 있다는 기준에 단속권자의 자의적 판단이 들어가지 않을 방법은 없고, 만화나 애니메이션, 게임 등 비실사 기반 시각문화들은 리얼리티를 극대화하는 경우가 아닌 이상 생략과 왜곡(데포르메)를 통해 표현하는 경우가 많아 작화만으로 캐릭터의 연령대를 확인하는 건 어불성설이다. 그런데도 법은 이를 '실제 아동이나 청소년을 납치하거나 동원해 찍은 포르노를 제작하는 것과 동일하게 처벌'할 수 있도록 하겠다고 한 것이다. 당시 여성가족부 홈페이지는 다음과 같은 내용을 공지한 바 있다.

아동·청소년으로 인식될 수 있는 사람이나 표현물도 '아동·청소년이용음란물'로 정의(제2조제5호) *개정 전: 아동·청소년이 등장한 경우
  – 그동안 아동·청소년이 직접 등장한 경우에 한하여 아동·청소

년을 이용한 음란물로 보고 제작, 배포, 소지할 수 없도록 하였습니다.

─ 아동·청소년을 이용한 음란물 시청이 모방범죄로 이어지는 폐해를 감안하여 아동·청소년으로 인식될 수 있는 사람이나 표현물이 등장한 경우에도 아동·청소년이용음란물로 보고 법적 제재하도록 하였습니다.

이 법안의 문제를 한마디로 정리하면 '귀에 걸면 귀걸이 코에 걸면 코걸이'였다. 즉 범위가 모호한 규정에 따라 비실사 기반 시각문화 속 캐릭터의 표현을 단속권자가 "내가 보기에 어려 보이는데 음란하다"라는 이유로 단속해 기소할 가능성이 발생한다.

이에 대한 논란이 반복되자 최민희는 〈아동음란물 규제, 어떻게 할 것인가?〉(2012.11.12.), 〈표현의 자유와 만화산업 발전〉(2012.12.7.), 〈아청법 2조5호, 범죄자 양산인가? 아동·청소년 보호인가?〉(2013.8.12.) 등 세 차례 국회 토론회를 진행했다.

온라인상의 표현의 자유에 목소리를 내던 사단법인 오픈넷과 만화 업계 관계자들이 함께하는 아청법대책회의에서도 제17회 서울국제만화애니메이션페스티벌SICAF 행사 기간(2013.7.23~28., 서울명동)을 비롯해 온·오프라인에 걸쳐 서명운동과 리플릿 배포, 강연 등을 진행한 바 있으며 이외에 만화가를 대상으로 하는 아청법 이슈 강연(2013.6.5., 부천 한국만화영상진흥원), 대전 만화 콘텐츠 페스티벌 DICU(2013.7.27~28., 대전컨벤션센터)에서의 아청법 간담회 등을 열

2012년 11월 3일 만화의날 행사에서 발언 중인 최민희 의원을 현장 모니터링 한 장면.

최민희 의원이 주최한 2012년 11월 12일 아청법 국회 토론회 〈아동음란물 규제, 어떻게 할 것인가〉. 사망 전의 성재기가 토론 패널로 참석했다.

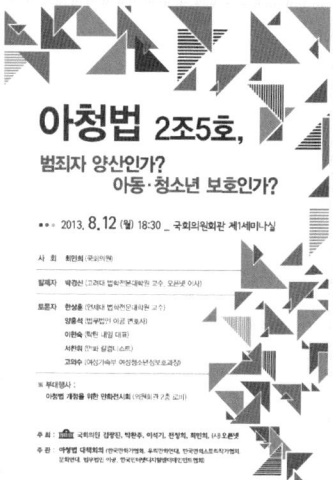

최민희 의원이 주최한 2013년 8월 12일 아청법 국회 토론회 〈아청법 2조5호, 범죄자 양산인가? 아동·청소년 보호인가?〉. 이 자리에 나도 토론 패널로 참여했다.

2013년 7월 SICAF 기간 중 서울지하철 4호선 명동역 입구 근처 등지에서 배포한 아청법대책회의의 아청법 관련 브로슈어. 만화가들 다수가 참여해 아청법의 문제점을 알렸다.

었다.

여기에 아청법 제2조 제5호의 위헌법률심판제청을 위한 만화 탄원서가 제작되기도 했고, 관련 사건을 담당하는 판사(서울 북부지방법원 형사5단독 변민선 판사와 수원지방법원 안산지원 문홍주 판사)가 2013년 5월 28일과 8월 12일에 헌법재판소에 위헌법률심판제청을 연거푸 넣는 초유의 사태도 일어났으며, 6개 만화계 단체가 한데 모인 한국만화연합이 최민희의 개정안을 국회가 2013년 회기 내에 통과시킬 것을 촉구하는 공동 성명서를 발표하기도 했다. 앞서 최민희가 '표현물'이라는 말을 없애는 취지로 직접 개정을 시도했으나 실패하고, 2013년 2월 26일 여성가족위원회 간사였던 새누리당 국회의원 김희정이 '아동·청소년 또는 아동·청소년으로 인식될 수 있는 사람이나 표현물'을 '아동·청소년 또는 명백하게 아동·청소년으로 인식될 수 있는 사람이나 표현물'로 바꾸어 통과, 2013년 6월 19일부터 발효되었다.

김희정은 2004년 제17대 국회의원 선거에 부산 연제구 지역구 후보로 나와 한나라당 의원이 되었고 2012년 제19대, 2024년 제22대 총선에서 당선된 인물이다. 아청법을 다루는 때는 제19대이며 2014년부터 2016년까지는 박근혜 정부에서 조윤선에 이어 제4대 여성가족부 장관을 역임했다. 김희정의 '명백하게'를 추가한 안을 좀 더 현실적으로 고치기 위해 최민희는 2013년 11월 3일 제13회 만화의 날에 발표한 개정안에서 제2조 제5호의 '명백하게 인식될 수 있는'을 '명백하게 실존하는'으로 바꾸는 개정안을 내기도 하고 유승희도 〈진정한 아동청소년 성'보호'법 만들기 토론회〉(2013.12.13.) 등을 오픈넷과 함께

유승희 의원이 주최한 2013년 12월 13일 아청법 토론회 모습.

열기도 하지만 법안의 독소조항을 고치는 데는 실패한다.

결과적으로 이 법에 김희정이 넣은 '명백하게'라는 표현이 2024년 10월 현재까지 이어지고 있다. 업계가 목표로 한 개정에 이르지 못했음을 뜻한다. 그 사이에 과도한 단속 결과로 쌓인 사건들이 헌법재판소 판결을 기다리게 되었고, 사건을 송치받은 검찰도 이 법으로 처벌하기가 무리인 것을 고려해 다른 법으로 기소 이유를 변경하는 사례가 자주 발생했다. 애초에 윤석용이 내어놓은 법 자체가 2011년 9월 영화 〈도가니〉로 주목받은 광주인화학교 성폭력 사건과 고대 의대 성추행 사건 등 사회적 논란이 컸던 사건에 대한 여론의 분노를 등에 업고 급조된 것이다 보니 허술할 수밖에 없었다.

하지만 그 결과 비실사 기반 시각문화들의 표현을 위축시키고 불법 복제자 정도로 처벌할 사안을 강간범 수준으로 처벌하게 하는 등 행정력, 공권력, 단속력의 낭비를 초래했다. 다만 그 과정에서 격렬한 토론과 문제 제기로 말미암아 법의 적용이 만화와 애니메이션, 게임 등 비실사 기반 시각문화들을 손쉽게 단속하는 쪽으로 흐르지는 말아야 한다는 공감대가 토론회에 참석한 경찰 측 등에도 확산된 것은 주목할 만하다. 논란 이후 기소 변경 건도 겹쳐 무차별적 단속과 기소 사례가 줄어든 것도 다행스러운 일이다. 법 자체의 모호함이 남아 있어 언제고 불씨가 될 수 있다는 점만큼은 법 개정을 위한 토론회에 패널로 참석한 사람으로서 못내 아쉬운 일이지만, 여기까지라도 올 수 있게끔 국회 측에서 노력한 의원들과 사단법인 오픈넷의 역할은 기록으로 남길 만하다.

법 개정과 관련해 개정을 주장한 측과 의원들에게 돌아갔던 오해는 여전히 남는다. 실재하는 아동과 청소년의 성을 보호해야 한다는 목적 자체를 부정해서는 안 될 것이고, 또한 일부가 그러하듯 여성혐오 및 일본 성애물의 불법복제 정당화를 개정 논의와 연결해 문제를 호도하는 것 또한 안 될 일이다. 청소년보호법과 더불어 아동·청소년의 성보호에 관한 법에 문제 제기를 해야 한다면, 그것은 시작부터 끝까지 오로지 '표현의 자유'를 침해할 소지에 관한 것뿐이고 앞으로도 마찬가지여야 할 것이다.

만화와 엉겁결에 인연을 맺은 정치인으로 제17대 대통령인 이명박이 있다. 대선 레이스가 한창이던 시기 그가 내건 온라인 광고가 만화 원작 애니메이션인 〈우당탕탕 괴짜가족(浦安鉄筋家族)〉의 여는 영상의 구성을 베낀 표절작이었다. 원래 〈우당탕탕 괴짜가족〉의 여는 영상은 주요 인물이 입을 벌린 채 골목길과 좁은 도로를 따라 달려오는 장면을 실사와 애니메이션의 합성으로 보여 준다. 이명박 당시 후보의 홍보물 또한 이 구성을 그대로 따라 하고 있다.

이명박의 온라인 대선 광고물에 쓰인 〈괴짜가족〉 표절 이미지.

임기를 마친 후 사저가 있는 경남 양산에 평산책방을 연 문재인 제19대 대통령은 소셜미디어에 책을 자주 소개한다. 그때마다 해당 책이 베스트셀러가 되어 최고의 출판 마케터라는 별명으로 불리고 있다. 그런 문재인이 소개한 만

문재인 전 대통령이 소셜미디어에 소개한 만화 세 편, 배혜수의 〈쌍갑포차〉와 김금숙의 〈내일은 또 다른 날〉, 산호의 〈그리고 마녀는 숲으로 갔다〉.

화는 지금까지 세 작품이다. 2023년 5월 22일 추천한 배혜수의 카카오웹툰 연재작이자 2017년 대한민국만화대상 우수상 수상작인 〈쌍갑포차〉, 2023년 6월 15일 소개한 김금숙의 난임 소재 만화 〈내일은 또 다른 날〉, 2025년 기후 재난 시대 소재 만화 〈그리고 마녀는 숲으로 갔다〉다.

  문재인의 책 소개는 적당한 미사여구가 아니라 해당 작품의 이야기는 물론 작품과 작가를 둘러싼 맥락을 꿰뚫는 부분이 있어 본인의 유명도를 차치하고서라도 리뷰로서 완성도가 높은 편이다. 만화를 소개하면서도 그런 면모가 유감없이 발휘되었다. 대통령직을 수행한 사람에게서 만화가 이만큼의 진심 어린 상찬을 받는 풍경이 어색하게 느껴지는 것은, 만화가 걸어 온 길이 그만큼 순탄하지 않았다는 방증이 아닐까.

일본의 자유민주당(자민당) 소속 정치인 아소 다로(麻生太郎)는 우파 정치인이자 후쿠오카에서 탄광을 운영하며 조선인을 강제 징용해 노동력을 착취한 아소 가문의 일원이며 망언 제조기로 한국에서 악명이 높다. 2008년 제92대 일본 총리(내각총리대신)을 지내고 2012년 아베 신조(安倍晋三) 내각에서는 부총리를 맡았다. 그런데 아소 다로에게 의외의 일면이 있다면 1940년생이라는 나이에 비해 비교적 왕성한 만화 독서량을 보인 인물이라는 점이다.

60대였던 2007년 총리 선거를 앞두고 '오타쿠 총리'로 부각이 된 적이 있는데, 당시만 해도 주당 20~30권씩 만화책을 읽었다고 한다. 한 TV 프로그램 인터뷰에서는 당시에도 주마다 읽고 있다던 만화잡지 이름을 줄줄 읊는 모습이 나오기도 할 정도였다. 2007년 8월 27일 개각 후 9월 3일 본인 홈페이지에 올린 인터뷰 내용을 보면, 고이즈미 준이치로(小泉純一郎) 내각에서 2년간 맡은 외무대신을 그만두면서 "만화 등 서브컬처에 의한 일본문화 보급에도 힘을 다 했다."라고 밝히기도 했다.

2006년 하네다공항 귀빈실에서 PEACH-PIT의 고딕 롤리타 소재 만화 《로젠메이든(ROZEN MAIDEN)》을 읽고 있는 모습이 목격된 이래 '로젠 아소', '로젠 각하'라는 별명을 얻었으며 일본의 오타쿠 사이에서는 '아키바(오타쿠 성지로 알려진 아키하바라의 줄임말) 사람들의 마음을 잘 아는 총리 후보'로 인기를 끌었다. 당시 아키하바라에서는 아소 다로의 얼굴을 그린 그림과 함께 "우리들의 다로(オレたちの太郎)"라는 문구가 적힌 펼침막이 등장하기도 했다.

비록 아소 다로는 총리직을 오래 유지하지 못했으나, 젊은이의 문화를 좋아하는 노(老) 정치인이 막 싹트던 네트워크 보수층에게 화제를 모은 것은 집권당이라 할 자민당에 유의미한 영향을 준 것으로 보인다. 2019년 2월 4일

《니혼게이자이신문(日本経済新聞)》 기사 〈인터넷에 꽂힌 첫 정치가 - 아키바는 성지 : 악동 각하 - 그 허실, 아소 다로 이야기 ① (ネットに刺さった初の政治家 アキバは聖地：ワルぶる閣下〜その虚実 麻生太郎物語 ①)〉를 보면, 2006년 6월 9일 아키하바라에서 아소 다로가 "아키하바라 오타쿠 여러분"으로 시작한 가두 연설 장면을 상기시키는 것으로 시작해, 당시로부터 시간이 제법 지난 지금의 상황을 정리한다.

오타쿠의 성지 아키바, 그곳은 현 수상(*2019년 기준) 아베가 일찍이 스테디셀러였던 신주쿠역 서쪽 출구를 대신해 마지막 날 마지막 연설 장소로 반드시 선택하는 '선거 연설의 성지'다. 아키하바라가 성지가 된 이래 자민당은 최근 다섯 차례 국정 선거에서 모두 이겼다.

아소 다로가 공항에서 읽어 '로젠 아소'라는 별명을 얻게 된 PEACH-PIT의 《로젠 메이든》.

떠난 만화가에게 헌정된 단 한 번의 뮤지컬

고우영 1주기에 펼쳐진 막내아들의 헌정 무대

〈바람의 나라〉, 〈젊음의 행진〉, 〈신과 함께〉, 〈무한동력〉, 〈위대한 캣츠비〉, 〈불의 검〉, 〈궁〉, 〈은밀하게 위대하게〉, 〈찌질의 역사〉…. 이들 작품의 공통점은 무엇일까? 바로 한국 만화를 원작으로 한 뮤지컬이라는 점이다. 2023년에는 여성국극을 소재로 한 〈정년이〉가 창극으로 제작되었고, 2024년에는 아마추어 록밴드를 결성한 작가와 친구들의 일상을 그린 일상 만화 〈선천적 얼간이들〉이 록뮤지컬로 제작되어 화제를 모았다.

여기에 어린이 뮤지컬로 제작된 〈머털도사〉, 〈둘리〉, 〈달려라 하니〉까지 합치면 작품 수는 더 늘어난다. 연극까지 보자면 〈마당씨의 식탁〉, 〈안나라 수마나라〉, 〈순정만화〉, 〈바보〉, 〈삼봉이발소〉, 〈광수

생각〉 등의 작품도 있다. 그만큼 극 무대에서도 한국 만화 원작을 찾는 사례가 이어지고 있고 〈데스노트〉나 〈심야식당〉같이 외국 만화 원작 작품을 뮤지컬 무대에 올리는 사례도 있다.

그런데 2006년, 딱 하루만 무대에 오른 만화 소재 뮤지컬이 있다. 정확히는 '만화 원작'이 아닌 '만화가에 대한' 뮤지컬이었지만 말이다. 만화가 고우영 1주기 기념 전시에서 선보인 추모 공연 〈내가 생각나시거든〉이다. 처음이자 마지막으로 공개될 것을 알린 이날 공연의 주연배우이자 기획자이자 연출자는 고인의 막내아들이었다.

고우영의 일생

고우영은 다양한 장르와 소재를 해학 넘치는 필치로 그려 내어 우리나라 만화에 뚜렷한 족적을 남긴 작가다. 1938년 만주국에서 태어난 그는 해방 후 평양으로 왔다가 곧 서울로 월남, 전쟁이 터지자 부산으로 피난을 떠났다.

고우영의 형인 고상영과 고일영은 한국전쟁 이전부터 만화를 그렸다. 특히 첫째 형인 고상영은 전쟁이 터지자 국방부 정훈부 소속으로 〈고바우 영감〉의 김성환과 함께 전선 배포용 만화 선전지 《만화승리》에 참여하기도 했고, 둘째 형 고일영은 고등학교 3학년 때 추동식이라는 필명으로 〈짱구박사〉를 그린 인물이다. 이런 형들을 보며 영향을 받은 고우영 또한 만화를 연습했다. 데뷔작으로 꼽히는 작품이 부산 피난 시절인 1953년(추모전 도록 기준. 부산대 윤기헌의 논문 〈1950년

고우영은 중국 고전을 만화로 그려 유명해졌다. 〈만화 삼국지〉는 그중 백미로 꼽힌다. 도판은 1980년 1월 14일 《동아일보》 7면에 실린 〈고우영 삼국지〉 애니메이션 광고. 〈로보트 태권V〉의 김청기가 감독을 맡고 원작자인 고우영이 각본을 맡았다.

대 초 피난지 부산만화의 만화사적 의의〉는 1952년으로 기록)에 발표한 16쪽짜리 떼기 만화 〈쥐돌이〉다. 이 작품을 그릴 때 고우영은 중학교 2학년이었다. 이렇게 세 형제가 모두 만화를 그렸으니 고상영, 고일영, 고우영 삼형제를 '고삼영'이라고 부른다.

전쟁이 끝난 후 형제들은 서울로 오게 되었는데, 1959년에 두 형이 연이어 심장마비로 사망하고 만다. 만화가 최경탄의 회고 시리즈인 《경남매일》 연재글 〈인생만화경〉 2014년 4월 1일 자에 따르면, 고일영은 추동식이라는 필명으로 성문당이 기획한 첫 만화 전집 기획 중 하나인 〈쿼바디스〉를 작업했는데 2~3쪽을 남기고 요절하고 말았다.

고우영은 이 마지막 원고를 맡아 그린 데 이어 둘째 형의 작품 〈짱구박사〉를 추동성이라는 필명을 써서 이어 그렸다.

박정희 독재기에 한국 만화는 만화방(만화가게, 대본소)에서 유통되는 게 보통이었지만 고우영의 주 무대는 신문이었다. 1970~1980년대 《일간스포츠》 등 신문 지면을 통해 연재된 고우영표 성인 극화들은 수많은 독자를 매료시켰다. 〈한국만화 수난사〉에서 이희재가 언급했듯이 정권에게는 노상 얻어맞고 유통에선 '신촌 대통령'으로 불린 독점 권력에 시달리던 만화방용 만화에 비하자면 신문 만화는—완전한 자유는 아닐지라도—상대적으로 어른 독자를 대상으로 한 만화를 그릴 수 있었다. 1972년 월간지 《새소년》에 최배달 일화인 〈대야망〉을 연재하면서 같은 해 《일간스포츠》에 〈임꺽정〉을 연재했는데, 이때부터 〈삼국지〉, 〈수호지〉, 〈초한지〉, 〈열국지〉 등 역사와 동양 고전을 바탕으로 한 작품을 펼쳐 보이면서 1970~1980년대를 대표하는 한국 만화의 국민 작가로 올라선다. 어린 시절 만화방집 아들이었던 만화가 박재동은 저서 《만화! 내 사랑》에서 〈짱구박사〉를 재미있게 본 기억을 되새기며 고우영에 대해 다음과 같이 평가한다. "한마디로 고우영은 풍부한 지식과 탁월한 묘사력을 바탕으로 하여 재기발랄한 그림을 구사했던 작가이다."

그래서 고우영이 2002년 대장암에 걸려 수술 후 재발해 폐까지 번지면서 2005년 4월 25일 향년 66세로 별세했을 때 나온 추모사는 예의상 나오는 말들과는 사뭇 달랐다. 〈로봇 찌빠〉의 신문수는 빈소에서 SBS 취재진 앞에서 "앞으로 과연 고 형같이 위대한 정말 뛰어난 작가가 나올지 장담하기 힘듭니다. 정말 아까운 분이 가셨습니다."라며 애도한 바 있다.

그런데 이 대장암의 원인으로 지목된 건 술이었다. 고인이 워낙 술을 좋아했던 것이다. 선생이 별세한 이틀 뒤인 2005년 4월 27일《동아일보》에 민동용 기자는 〈'한국만화 野史' 누가 완성?…고우영 화백 작업 중 떠나〉라는 기사를 올려 술을 너무 좋아한 고우영과 관련된 일화를 동료들의 입을 빌려 남겼다.

애주가였던 고인은 병 때문에 술을 마실 수 없게 되자 "술친구와 멀어지는 것이 정말 괴롭다"고 털어놓기도 했다. 4년 전 대장암 수술을 받기 전까지 15년 동안 매주 고인과 골프를 했던 허영만 화백은 "고인이 한번은 전화를 하더니 '술 먹으면서 아플 수 있는 병은 없나'라고 말씀하셔서 가슴이 아팠다"고 회고했다.

1주기 추모 전시 풍경

2006년 4월 21일 17시《한국일보》사옥 화랑에서 고우영의 1주기 추모 전시가 열렸다. 제목은 〈나의 인생 나의 만화〉. 들어서기 직전 관객을 맞이하는 사진 옆에 "나는 펜이고 펜이 곧 나이다."라는 고인의 문구가 걸려 있었다. 이날 추모 전시는 고우영의 세 아들이 주도해 8개월여 준비했다. 고인의 작품은 물론 주고받은 편지, 온갖 스포츠를 즐기던 고인의 모습, 작업대, 고인을 다룬 신문기사 등을 전시해

고우영 1주기 추모전의 입구를 장식한 고우영의 사진.

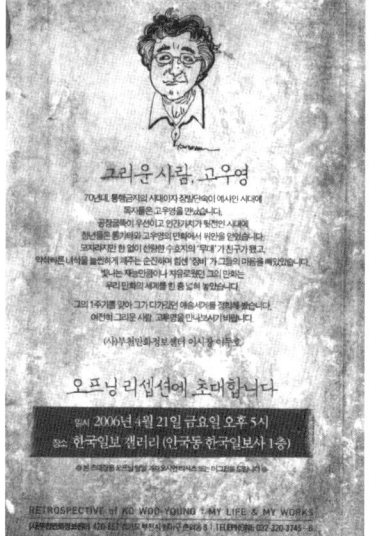

1주기 추모전 팸플릿

놓고 있었다.

추모전답게 고인을 추억하는 말이 이어졌다. 〈머털도사〉의 작가이자 대표작이 〈임꺽정〉으로 고우영과 겹치기도 했던 이두호는 암울한 1970년대에 고인의 작품이 어떤 역할을 했는지, 고인이 만화가들에게 어떤 존재였는지를 이야기했다. 1970년대 청년 문화를 상징하는 코드가 청바지와 통기타, 그리고 고인의 만화였다면서 묵념을 제안하기도 했다. 〈공포의 외인구단〉을 그린 1980년대의 아이콘 이현세는 1970년대의 아이콘이었던 고인과의 추억을 회상했다. 처음으로 돈을 훔친 게 어머니 돈인데 그 돈으로 고인의 만화책을 샀다면서, 고인에게 "저에게 제일 먼저 도둑질을 충동시키신 분"이라 했더니 고인은 애주가답게 "맥주 한 잔으로 용서해 줘."라고 답했다고 한다.

전시를 준비한 가족들의 인사도 이어졌다. 부인인 박인희 여사는 수색의 한 방갈로로 신혼여행을 가서 (가장 싼) 오므라이스로 여섯 끼를 먹은 이야기, 술을 좋아하는 양반에게 술 한 병 못 사 줬다는 이야기를 하며 애틋한 정을 보였다. 숨을 거두던 날 고인이 "이 일을 어떡하지?"라기에 "사람마다 다 먼저 가고 나중에 가니까 당신 먼저 가슈. 그리고 당신 나한테 (할 말이) 하나도 없어요?" 그랬더니 고인은 "수고해."라고 했다 한다. 그래서 눈 감으면 어떻게도 할 수 없어서 "당신 천당에 시아버지 어머니 계시고 형님 동생 여섯 식구가 천당에서 기다리니까 천당에 가서 그냥 사슈. 내가 금방 따라갈게, 너무 억울해하지 마."라고 했다 한다.

1주기 추모 전시를 준비한 고우영의 세 아들 중 맏이인 고성우는

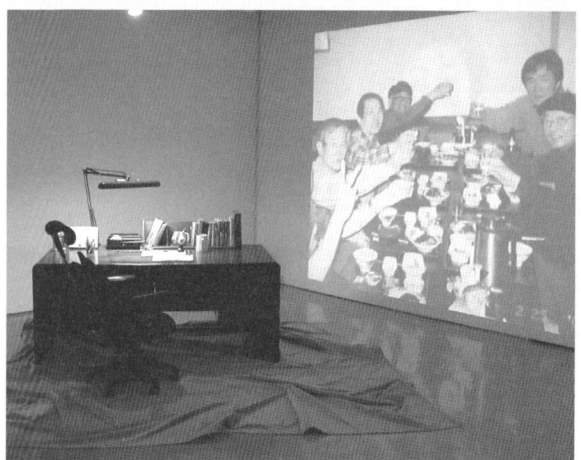

1주기 추모전 풍경.

공업 디자인 분야에서 일했다. 둘째인 고성언은 고인의 대장암 발병 당시 미국에서 일러스트레이션 유학을 포기하고 귀국해 작업을 도왔으며 고우영 화실이라는 이름으로 사무실을 내 흑백 원고에 색을 입히거나 재출간하는 등의 작업을 진행했다. 전시를 앞두고 2006년 4월 3일 《서울신문》 홍지민 기자가 쓴 〈고우영 화백 1주기 추모 작품전 준비하는 두 아들〉이라는 기사에 따르면, 맏이인 고성우는 2005년에 고우영 화실에 합류했다. 그는 인쇄물로만 만나 온 고인이 아닌 그 이면에 있는 사적인 생활 등을 보여 주고 싶었다고 했다. 둘째 고성언은 "8개월여 동안 전시를 준비하다가 아버지 작품을 보기도 하고 사진도 보기도 하니까 하루하루 즐거울 때도 있고 슬플 때도 있고. 너무나 많은 감정이 많이 들었습니다."라고 소회를 밝혔다. 전시 준비로 가장 바빴던 이도 고성언이었다고 한다.

셋째인 고성일은 연극을 했는데, 두 형이 그림 쪽이어서 전시를 주도한 데 비해 자신은 할 수 있는 게 연극이었다면서, 연극과 뮤지컬 배우로 일하고 있는 프로 연기자와 각본가, 연주자 동료들과 함께 추모전 첫날 한정으로 아버지에게 바치는 헌정극 〈내가 생각나시거든〉을 선보였다.

단 1회만 무대에 오른 헌정 뮤지컬, 〈내가 생각나시거든〉

〈내가 생각나시거든〉은 막내아들 고성일이 아버지인 고우영을 연기한 작은 뮤지컬이다. 고우영의 일대기를 재치 넘치는 가사로 장식한 넘버들로 조명한다. 고인의 삶을 조명하면서 아들의 입을 빌려 남은 이들에게 허심탄회하게 한 잔 술잔을 돌리는 구성이 무척 흐뭇하다. 엄청난 애주가였던 고우영의 모습이 가감 없이 그려져 참석자들에게 웃음을 주었다.

극은 "묻혀지게 둘 수 없지, 잊혀지게 할 수 있나 만화로 된 고우영의 일대기"(삽입곡 〈묻혀지게 둘 수 없지〉 중)라는 노래로 시작된다. 동료 연기자들은 피아노 반주에 맞춰 때론 기자로, 때론 장례식장의 취한 동료로 분하며 고인을 추억할 다양한 일면을 익살스럽게 연기했다. "돈 얘기 좀 꺼내면 얼굴부터 굳어져요, 저녁이면 술 먹고 잠자면 그 다음 날. 원고료도 깎이고 인지세도 속아주고 재테크도 투자도 돈 계산 전혀 없어 답답해요 답답해"(삽입곡 〈인터뷰 1〉중), "예… 그는 우리 시대에 있어서… 우리 시대에 있어서…! 술을 참 좋아했죠"(내레이션 중), 술을 너무 좋아한 고인을 추억하던 이들이 어느 사이엔가 왜 병에 걸렸냐며 투덜댄다. "일단은 시원한 맥주 한 잔, 쭈욱. 두부 만두 빈대떡에 청하 한 잔, 카아. 하여간 술을 좋아했지. 소주 와인도. 먹을 거 잘 먹고 멋지게 살더니 웬놈의 그지 같은 암에 걸렸소? 썅!", "이제 그 입담 다시 듣지 못한다니 오늘밤 우리가 대신 떠들어대고 이제 그 좋은 술도 먹지 못한다니 오늘밤 우리가 대신 취해드리리"(삽입곡 〈인터뷰 2〉 중)

그렇게 취해 가는 이들을 지켜보고 있는 고우영을 아들이 연기하는 구성은 그야말로 클라이맥스. 이윽고 그는 고우영을 기억하는 이들에게 읊조린다.

내가 생각나시거든 옆에 한 자리 비워두고

빈 술잔 하나 더해 짭짤한 술 가득 따라 보시게

내가 그 잔을 들어 그대들 잔에 건배하고

그대들 마음까지 마시며 좋았던 우리 시절 추억하리라

푹푹 찌는 여름날엔 차가운 맥주가 좋겠고

가슴 시린 겨울밤엔 뎁힌 정종이… 캬, 죽인다!

(삽입곡 〈내가 생각나시거든〉 중)

그때 연기자들은 고인의 작품 속 등장인물을 하나씩 든다. 아버지를 연기하고 있는 아들의 손에는, 당연히도 아버지의 캐리커처가 있다.

세월이 지나 우리 잔이 비어 가고 우리 서로 잊혀져도

걱정할 거 하나 없네

비워질 만할 때 잊혀질 만할 때 우리 다시 만나

새 잔에 새 술로 건배할 테니

내가 생각나시거든 옆에 한 자리 비워두고

빈 술잔 하나 꺼내 그대들 그 마음 채워주시게

(삽입곡 〈내가 생각나시거든〉 중)

그렇게 극 중의 고우영은 자기 작품의 인물들과 함께 관객 속으로 들어간다. "날씨 참 좋다"(고우영), "응, 날 참 좋아"(관우), "죽기 딱 좋네"(고우영) 극이 끝나자 여기저기서 눈시울을 붉히는 이들이 보였다.

고성일

박호산

이동근·강유·추정화

조선아

감정에 겨워 막내아들을 꽉 끌어안은 이도 있었다.

　고우영 추모전은 한국 만화계에서 그 누구보다 특별한 이를 기억하는 전시였고, 아들들이 나서서 그에 걸맞은 준비와 구성을 보여 주었다. 그리고 〈내가 생각나시거든〉은 고우영을 기억하는 자리에 이미 떠난 고우영을 불러 놓은 느낌이었다는 점에서 전시 개막일의 화룡점정이었다. 아들이기에 표현할 수 있었을 내용과 개그가 어우러져 의미 부여가 잘된 무대였다. 또한 우리 만화사에서 끝없이 회자될 작가의 인생을 극의 형태로 조명한 첫 사례이기도 했다. 딱 하루 공개된 것이어서 더 특별한 의미가 있겠지만, 한편으로는 언젠가 '고우영'이라는 인물을 극으로 다시 만날 날이 올 수도 있지 않을까 하는 마음을 품게 만든다.

이 글에서 소개한 뮤지컬 〈내가 생각나시거든〉의 삽입곡 가사 등은 본래 내가 직접 녹취한 것이었으나 고우영 선생의 삼남 고성일 교수가 대본과 악보를 제공해 주셔서 보완할 수 있었다. 지면을 빌려 감사 말씀을 전한다. 고우영 1주기 추모전 기념 뮤지컬 〈내가 생각나시거든〉에 참여한 이들은 다음과 같다.

극작/작사/연출: 고성일(뮤지컬 작가, 연출가, 국민대학교/한세대학교 겸임교수)
작곡: 천필재(작곡가, 음악감독, 프로듀서)
음악감독/피아노 연주: 조선아(뮤지컬 음악감독)

출연　강유: 뮤지컬 배우
　　　　박호산: 뮤지컬/영화 배우
　　　　이동근: 한세대학교 뮤지컬과 교수
　　　　추정화: 뮤지컬 연출가

〈바람의 나라〉는 원작자인 김진 작가가 직접 대본을 쓴 작품으로 어린이용이 아닌 일반 뮤지컬에서 한국 만화를 원작으로 한 첫 사례로 꼽힌다.

뮤지컬 〈바람의 나라〉 포스터.

한국 만화를 원작으로 하는 여러 작품 가운데 유난히 제목이 달라진 것이 뮤지컬 〈젊음의 행진〉이다. 이 작품은 배금택의 만화 〈영심이〉를 원작으로 삼고 있다.

뮤지컬 〈젊음의 행진〉 포스터.

> 자투리 3

한국 무대에 오른 만화 원작 뮤지컬 중에는 일본 만화가 원작인 작품들도 있다. 아베 야로(安倍夜郎)의 〈심야식당〉과 오바 쓰구미(大場つぐみ)·오바타 다케시(小畑健)의 〈데스노트〉는 각기 2014년과 2015년에 한국 배우들의 연기로 공연되었다.

뮤지컬 〈심야식당〉과 뮤지컬 〈데스노트〉 포스터.

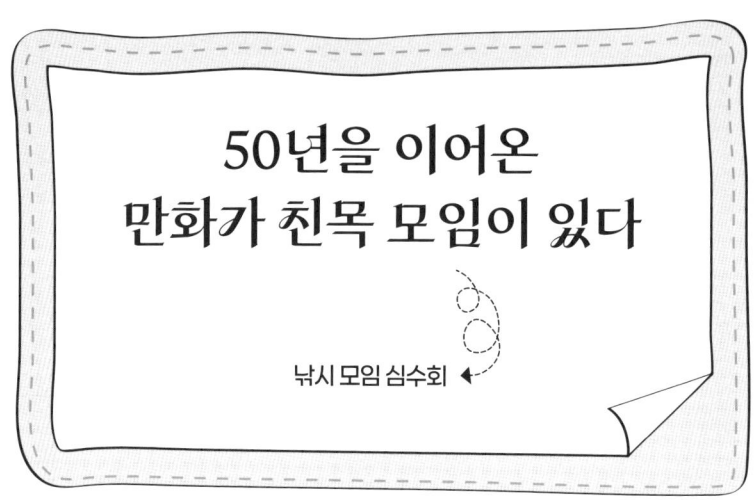

50년을 이어온 만화가 친목 모임이 있다

낚시 모임 심수회

어떤 친목은 그 자체로 역사다. 2016년에 40년을 맞아 이제 50년을 향해 가는 만화가 친목 모임이 있으니 이름하여 심수회心水會다. 10명이 모여 세월을 낚아 온 심수회는 일원이 하나둘 세상을 떠나고 있지만, 그 이름은 만화가들 간의 진한 우정을 상징하는 이름이 되어 있다.

심수회의 시작은 야구 모임?

한국 만화를 대표하는 단체로 한국만화가협회가 있다. 이 단체는 1968년 10월 한국아동만화가협회라는 이름으로 발기인 총회를 개최해 초대 회장으로 박기정을 선출한 이래 1975년 7월 명칭을 한국만화가협회로 변경하며 현재에 이르고 있다. 하지만 만화가들은 그 외에 여러 형태의 모임을 결성하곤 했다.

《경향신문》오익환 부장이 1983년 5월 7일에 보도한 〈만화가 세태의 급소 찌르는 선의 장인〉이라는 기사에 따르면, 1983년 5월 기준으로 협회에 가입한 작가 수는 267명이었다. 이 시기의 만화가 일부는 만화가협회에 가입하기를 꺼려 독자적으로 작품 활동을 하거나 동호인들끼리 십수 명씩 창작만화인회 등을 결성했다고 한다. 한국아동만화자율회와 같은 박정희 독재기의 만화 검열을 위한 어용단체도 있었거니와, 신문과 만화방 대여용 단행본처럼 활동 무대가 다른 이유도 작용했다. 박기준은 《한국만화야사》의 '만화가협회 시대' 편에서 "종로구 당주동에 사단법인 한국만화가협회가 첫발을 내딛게 되는 것을 전후해서, 동서남북으로 흩어져 있던 만화가들은 함께 할 동인회 성격의 군소 단체를 만들어 활동하고 있었다."라고 기술하고 있다.

앞서 오익환의 기사에 등장하는 모임인 창작만화가회(창만회)는 이런 군소 단체 중 하나였다. 1979년 1월 29일 《경향신문》이 보도한 〈새 회장에 김박 씨 창만회 임원 개선〉이라는 기사에 따르면 창만회가 1979년에 창설 8돌을 맞았다고 기록되어 있어 1971년 결성된 모임임을 알 수 있다. 이 모임은 1979년 16명, 1980년 14명 등 대체로 15명을 전후한 회원이 활동했는데, 1979년 《경향신문》 기사에 따르면 회장 김박, 총무 이홍우에 회원은 고우영, 권평국, 김원빈, 김삼, 노석규, 박수동, 신문수, 윤영옥, 오성섭, 오원석, 이정문, 윤승운, 지성훈, 허어였다. 창만회는 만화방 대여용 시장 바깥에서 잡지와 신문을 중심으로 활동하는 만화가들이 중심이었다.

　그런데 창만회의 정체는 《일간스포츠》 기자 출신인 장상용이 쓴 《나는 펜이고 펜이 곧 나다》라는 책에 따르면 사실은 야구팀(?)이었다. 장상용은 창만회가 활동하던 1970년대의 풍경을 신문수와의 인터뷰를 취합해 적은 〈신문수: 정반대되는 선배의 장점만을 취합해 나의 것으로 만들었다〉 편의 '술김에 안타 치고 3루로 뛰다' 꼭지에서 다음과 같이 정리한다. 참고로 꼭지 소제목에 나오는 '술김에 안타 치고 3루로 뜀' 범인(?)은 해당 편의 주인공인 신문수다. 장상용은 이 팀의 성격을 한마디로 정리한다. "공포의 외인구단".

　고교야구와 실업야구가 큰 인기를 누리던 1970년대엔 수많은 동호회 야구팀이 활발하게 활동했는데, 만화계에선 신문, 잡지에 연재를 하는 30대의 젊은 만화가들이 야구팀을 결성해 도전장을 던졌다. 이희수 전 한화이글스 감독이 감독을 맡고, 후보까지 15명이나 되었다. 겉으로는 아주 멀쩡한 팀이었으나, 매일 방구석에서 틀어박혀 그림만 그리던 사람들을 모아 급조한 팀이었으니 그 실력이 오죽했을까? 상대 팀의 주자가 1루에만 나가면 거의 100% 득점으로 이어졌다. 도루 때 포수가 던진 공은 2루를 벗어났고 외야수가 잡아 3루로 뿌린 공은 덕아웃 쪽으로 굴러가기 일쑤였지만, 고우영, 박수동 등 중심 타자 3~4명은 만만찮은 타격을 과시했다. 더구나 박수동은 일발 장타를 과시해 상대방을 놀라게 하기도 했다.

이렇게 야구를 하며 만화 작업의 고단함을 달래던 이들이 30대의 혈기로 원고를 마치고 술잔을 나누다 낚시 좋아하는 사람들끼리 모임을 하나 새로 만들게 된다. 그 이름이 바로 심수회다. 이름을 제안한 건 〈고인돌〉 작가 박수동으로 "마음이 물과도 같다"라는 뜻을 지닌 심여수心如水에서 따 왔다. 그 뜻인 즉 "우리는 서로 다른 사람들이지만 물처럼 모여서 어울리자"였다. 2016년에 40주년을 기념하여 전시를 열었지만 박기준은 《한국만화야사》 '만화가협회 시대' 편에서 심수회의 결성 시기를 1976년이 아닌 1978년으로 기록하고 있다. 그 일원은

2016년 7월 27일 한국만화박물관 4층에서 열린 부천국제만화축제 특별 전시 〈심수회전〉 포스터. 슬로건은 '40년 우정을 낚다'였다.

〈수호지〉 고우영과 〈고인돌〉 박수동을 비롯해 〈로봇 찌빠〉 신문수, 〈심술통〉 이정문, 〈맹꽁이 서당〉 윤승운, 〈머털도사〉 이두호, 〈주먹대장〉 김원빈, 〈까불이〉 지성훈, 그리고 〈시인이로소이다〉 허어와 〈로맨스 가족〉 오성섭 등 10명이다.

심수회는 비슷한 시기인 1983년 등장한 사다리회와 함께 만화계의 양대 낚시 모임이 되었다. 사다리회는 '사다리처럼 한 칸 한 칸 오르자'라는 뜻으로 주 일원은 〈공포의 외인구단〉 이현세와 〈아기공룡 둘리〉 김수정, 〈오! 한강〉 허영만, 〈독고탁〉 이상무 등 19명이었다. 이 두 모임의 일원이 섞여 1986년 또 다른 모임을 열었는데, 이 일원을 '비린내회'라고 불렀다. 1986년 11월 3일《경향신문》이 보도한 〈낚시 한 때로 "탈(脫) 만화"〉라는 기사에 따르면 비린내회는 비교적 노장이 많은 심수회의 출조율이 저조하자 일부가 따로 모여 열었다고 한다. 심수회의 허어, 신문수, 이두호가 이 모임에 포함되어 있었고 〈투견〉 등 개 만화로 유명한 이향원과 남성 순정만화가를 언급할 때 빠지지 않는 차성진 등도 이름을 올렸다.

심수회 조사들의 낚시 에피소드

허어가 그린 〈심수회 낚시 스케치〉라는 2016년 그림에는 일원의 성격이 고스란히 드러난다. 이를테면 이정문은 '아자자~ 분위기 낚시', 박수동은 '아마 7단 포석 낚시', 신문수는 '고기 따라 새치기 낚시', 지성훈은 '물리든 말든 알아서 낚시', 허어는 '최소 장비 다수확 목표 경제 낚시', 김원빈은 '딴짓'이란다. 유난히 재밌는 건 고우영과 윤승운인데 고우영이 아예 물속에 들어가 '어디 숨을래? 찾아가는 낚시'라면 윤승운은 '염력낚시 아무아미…아멘'이란다. 신문수는 조력이 깊은데도 막상 월척을 낚지 못했다. 일원이 월척을 낚을 때마다 기록해 건네주자고 했던 월척패를 받지 못한 신문수의 별명은 '불운 조사'다.

신문수 외에도 일원은 각자 조사로서의 별명이 있다. 《한국낚시채널 FTV》에서 158회(2016.07.23.)~160회(2016.08.06.)에 걸쳐 방영한 〈낚시 in 피플〉의 '대한민국 만화의 전설 심수회' 편에 이들의 재치 있는 별명이 소개되었다. 이두호는 입질이 없다고 애꿎은 저수지에 화풀이하고 낚시가방을 통째로 저수지에 쑤셔 박은 전력이 있어 '뿔따구 조사', 이정문은 심수회의 종신 총무이자 남들이 월척 낚을 동안 피라미라도 낚아 회원들 술안주를 챙겨주는 '잔챙이 조사', 고우영은 어디로 출조를 가든지 '낚시 2 : 소주 8' 법칙을 준수하는 '소주 조사', 허어는 2대째 내려오는 낚시도구를 물려받은 것은 물론 지렁이도 꼭 3등분 해서 사용하는 '지렁이 조사', 윤승운은 낚시가 돌멩이에 걸렸다고 우는 소리 하다 알고 보니 60센티미터 우럭을 낚은 '돌멩이 조사'로 불렸다.

FTV의 방송과 더불어 2016년 한국만화영상진흥원에서 열린 심수회 40주년 특별전 내용에 따르면 낚시를 좋아하는 조사님들이 모였다 보니 낚시에 얽힌 일화의 규모가 어마어마하다. 일례로 고우영은 화천에서 1미터가 넘는 대물 잉어를 낚았는데 비늘이 엄지발톱만 하고 눈이 탁구공만큼 컸다고 한다. 이런 영물을 가져가면 부정 탄다는 말에 몰래 거적때기에 싸서 가져간 후 어탁을 뜨고 회로 먹었는데 몸이 갑자기 안 좋아졌다고 한다. 결국 어탁을 출판사 앞에서 불살랐더니 용이 승천하듯 하늘로 불길이 솟았고 다시 건강을 되찾았다고 한다.

이들이 다닌 곳은 다양하다. 남포저수지, 진죽저수지, 개복다리저수지, 용제저수지를 비롯해 천안 업성저수지, 그리고 이두호가 혼자서도 곧잘 갔다는 강원도 파로호를 다녔다. 개중에서 특히 1980년대 평택의 배다리 낚시터를 놀이터로 삼아 자주 출조를 했다는데, 워낙 낚시를 많이 다니다 보니 노후에 심수회 전용 저수지를 사자는 계획도 있었다고 한다. 1980년대 당시 5만 원(현재 가치로는 대략 50만 원) 정도씩을 모아 5년 만에 3000만 원을 모았는데, 막상 사려니 저수지가 국가 소유라 임대만 가능하다고 하여 포기하고 돈을 사이좋게 나눴다고 한다. 부동산에 밝아 저수지 구매 실무를 진행한 윤승운은 못내 아쉬워했다는 후문이다.

방송과 전시에 소개된 것말고도 심수회 조사들의 일화는 넘쳐난다. 윤승운은 붕어 낚시로 월척을 꿈꿀 때 자기는 솥뚜껑만 한 자라를 장마 직후 한강 둔치에서 잡아 아무한테도 연락하지 않고 고우영과 둘이서 훌렁 먹었다 한다. 충남 예산의 예당저수지에서 고우영과 신문수, 이정문, 이두호 네 명이 좌대에 앉아 낚시를 하는데 날씨가 나빠져 강풍과 번개가 몰아치는 바람에 익사할 위기에 빠지는 이른바 '폭풍좌대 사건'을 겪기도 했다.

조사들의 무궁무진하고 기이한 일화는 허풍(?)이 섞이며 한층 더 부풀어 오른다. 40주년 특별 전시에서 소개된 이두호의 그림 속 허풍 대결 한 대목을 소개하면 이런 식이다. 박수동이 "붕어가 얼마나 큰지! 꼬리는 저수지 하류 둑에 걸쳐 있고 대가리는 최상류에 있더라니까!" 하고 뽐내자, 신문수는 "붕어가 입을 벙끗거릴 때마다 저수지 물이 바닥났다가 넘쳤다가 그랬다구!" 하고 맞받아친다. 그 옆에서 이두호는 팔을 벌려 호기롭게 외친다. "붕어 비늘 한 개 뽑아 그걸 우산 삼아 셋이 쓰고 왔다니까! 비 한 방울 맞지 않았어!!" 그러자 셋을 등에 태운 붕어가 한마디 뇌까린다. "어이구~ 한심한 뻥쟁이들. 붕어 타고 하늘을 날아다녔다고 그러시지 왜."

한편 이들은 낚시를 다니면서 술도 많이 마셨다. 신문수는 《매일경

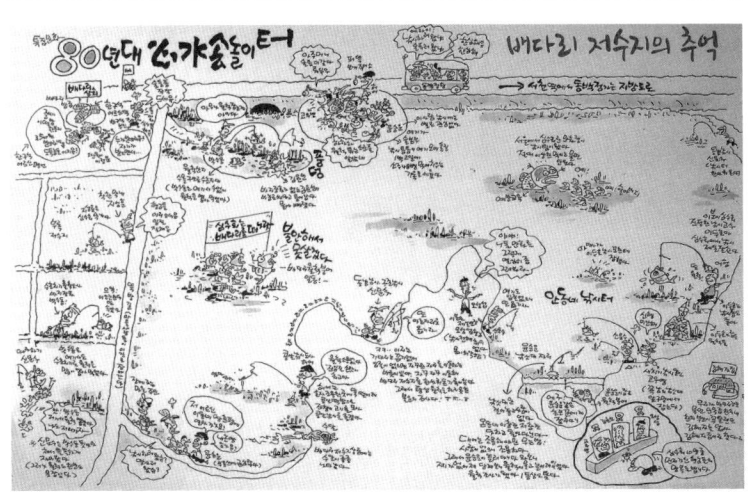

신문수가 그린 〈80년대 심수회 놀이터 배다리 저수지의 추억〉. 충남 서천의 배다리 낚시터에서 각자 개성대로 낚시하는 심수회 사람들의 모습을 잘 보여 준다. 2016년 부천국제만화축제 〈심수회전〉에 공개된 그림으로 우상단 제목이 컴퓨터 글씨로 수정됐으며 무수정판은 한국낚시채널 방송에서 소개되었다.

제》기고 글에서 구성원들의 술 실력을 "2박3일간 소주 48병 한 궤짝을 먹어치우는 대단한 실력들"이라며 마누라들이 심수회가 아니라 심주회心酒會 아니냐 바가지를 긁었다고 술회했다. 실제로 신문수가 그린 〈특집만화―80년대 심수회 놀이터 배다리 저수지의 추억〉에는 소주 48병 기록은 물론 술 본부를 두고 낚시 틈틈이 모여 술질을 했다는 묘사가 있다. 그러나 오로지 술만을 즐긴 것은 아니다. 《조선일보》의 1987년 8월 8일과 1990년 10월 6일 자 〈수재민을 도웁시다〉 기사에 심수회의 이름이 등장한다. 이들은 당시 돈으로 볼 때 적잖은 55만 원과 100만 원을 성금으로 내어놓았다.

박물관은 이루지 못했으나

심수회의 좌우명은 '流水不爭先(유수부쟁선)'이다. 흐르는 물은 앞서가려 싸우지 아니한다는 이 말대로 일원은 경쟁하되 서로를 시기하고 질투하지 않으며 우정을 이어 왔다. 한국 만화계에 수많은 모임과 협회, 단체가 있었지만 오래 가지 못했거니와 현재도 끊임없이 반목을 거듭하고 있는데, 꾸준히 친목을 다지며 최장수 모임이 될 수 있었던 이유가 바로 여기에 있다. 신문수가 2005년 2월 18일 《매일경제》에 기고한 〈매경춘추〉 꼭지의 심수회 편에서 결성 당시에 했던 약속을 상기했다.

우리 심수회 좌우명은 '流水不爭先'이다. 서로 작품에 최선을 다하

2009년 인터뷰를 위해 만났을 때의 신문수 선생과 나. 같은 천안 사람인 걸 알고 이후 만나 뵐 때마다 좋아해 주셨다.

신문수의 작업실에 있던 낚시 도구.

신문수 작업실에 걸려 있던 심수회 사진 액자. 1989년 9월 10일 춘천호 상류에서 《월간 낚시》가 촬영했다는 문구가 적혀 있다. 이 사진은 2016년 특별전 당시 인물이 나온 하단을 잘라 활용되었다.

고 선의의 경쟁은 하되 앞서기 위해 다투지 않는다는 걸의다. 35년 전에 했던 그 약속은 한 번도 깨지지 않고 지금까지 돈독한 우정으로 이어져 오고 있다. 지금도 우리는 매월 한 번씩 광화문 근처 삼겹살집에서 만나 술잔을 기울이며 인생을 논하고 만화를 논한다.

하지만 이제 일원이 하나둘 떠나고 있다. 고우영이 주도한 모임을 그의 사후에 신문수가 챙겼는데, 그 신문수도 떠났다. 김원빈과 오성섭도 떠났고, 박수동과 이정문, 윤승운과 이두호도 나이가 80대에 접어들었다. 30대 젊은 혈기로 뭉친 만화가들이 우정으로 다져 온 한 시대가 이렇게 저물어 가고 있는 것이다.

생전에 신문수 작가는 2009년 나와 진행한 네이버 캐스트 인터뷰에서 고향인 천안에 심수회 박물관을 세우고 싶다는 의중을 밝힌 적 있다. 신장암을 앓고 난 뒤여서 더 늦기 전에 발자취를 정리해 남기고 싶었던 것이다. 장상용이 2021년 《춤》 1월호(통권 539호)에 쓴 〈명랑만화가들의 5단 합체〉에 따르면, 신문수는 별세 전인 2021년까지도 남은 일원을 독려해 한 장의 전지에 영역을 나눠 각자의 만화 캐릭터를 담은 작품을 공동 제작하는 기획을 진행했다. 이 합작품은 2021년까지 20여 장 완성되었고 미술 경매에서 작품당 500만 원 선에서 팔렸다고 한다. 신문수가 꾸던 박물관의 꿈은 이루어지지 못했고, 남은 이들이 과거처럼 자주 낚시를 다닐 수도 없겠지만, 그 이름과 추억과 마지막까지 무언가 남겨야 한다는 마음은 2025년 한국 만화계에 시사하는 바가 크다.

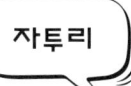 자투리

박기준의 《한국만화야사》에 따르면 만화가가 모인 야구팀은 창만회 이전에도 있었다. 1958년 제1회 만화인야구대회에는 김용환, 신동헌, 박현석, 정운경, 안의섭, 박기정, 이소원, 김경언, 정한기, 이상호, 박기준 등이 참여했다. 1959년 《경향신문》이 주최한 문화인 야구대회에도 만화가 야구 단일팀이 출전했고, 《부산국제신보》, 《대구매일신보》가 주최하는 문화인 야구대회에서

만화인 야구단 마나스와 인터넷 카페 대문 그림.

제공: 이재식

영화배우 팀과 함께 원정 시합을 여러 번 진행했다고 한다.

한편 2010년 4월에는 만화인들로 이뤄진 사회인 야구팀 '마나스'가 창단되었다. 한국만화영상진흥원 입주작가와 업계인이 중심이 된 이 구단은 당시 한국만화영상진흥원 이사장이던 〈공포의 외인구단〉의 이현세가 구단주를 맡았고, 총감독은 〈야수라 불리운 사나이〉의 장태산이, 주장은 박수동의 〈번데기 야구단〉을 리메이크한 김경호가, 부주장은 씨앤씨레볼루션의 대표이자 사회인 야구에서 투수로 활동하고 있었던 야구광 이재식이 맡았다. 마나스 구단은 2025년 현재도 유지되고 있는데, 이재식에 따르면 결성 당시의 일원 중 남아있는 사람은 소수지만 팀 안에서 주도적으로 활동하며 리그에 참여하고 있다고 한다.

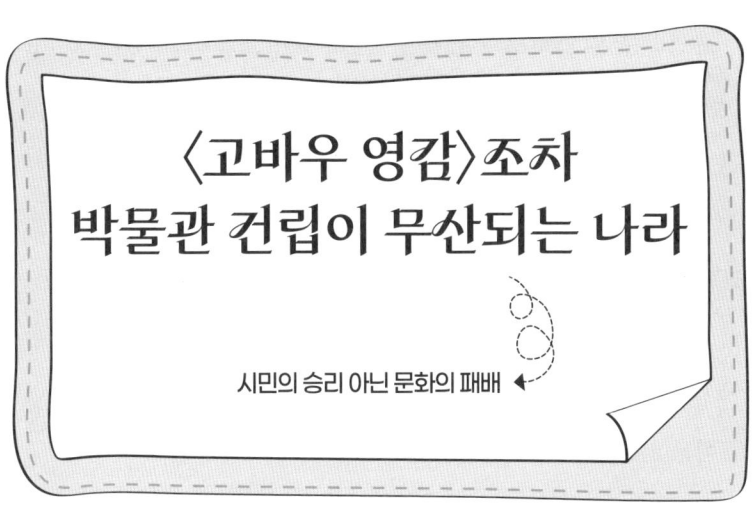

전설이 된 〈고바우 영감〉, 그러나…

지난 2020년 7월 29일 유재석이 진행하는 tvN 간판 프로그램 〈유 퀴즈 온 더 블록〉에 〈마음의 소리〉를 그린 만화가 조석이 출연했다. 〈마음의 소리〉 창작 뒷이야기 등을 밝힌 조석은 프로그램 콘셉트에 따라 본인 회차 말미에 퀴즈를 풀게 되었다. 이때 지문에 등장한 질문은 "우리나라 최장 연재 기록을 가진 만화는 고 김성환 화백의 이 작품입니다. 국가등록문화재로 지정된 이 작품은 무엇일까요?"였다. 답은 〈고바우 영감〉이다.

조석이 답을 맞히진 못했지만, 〈고바우 영감〉이 세운 기록은 어마어마하다. 전쟁통이던 1950년 《만화신보》에 첫선을 보인 후 1955년 《동아일보》에서 연재를 시작, 이후 《조선일보》와 《문화일보》로 자리를 옮기며 꾸준히 독자와 호흡하고 시대를 논했다. 〈고바우 영감〉은 2000년 9월 29일까지 약 45년, 통산 1만 4139회를 기록했다. 등장 당시 고바우가 50대로 설정되어 있었던 탓에 요즘에 와서 보면 그 나이가 어딜 봐서 영감인가 하는 생각도 들지만, 단순해서 오히려 강직해 보이는 외모로 우리네 세태를 더없이 신랄하게 풍자했다.

긴 연재 기간만큼 거쳐 간 정권도 많다. 청와대의 옛 명칭인 경무대의 권력에 빗대어 경무대에서는 똥을 치우는 사람도 위세가 등등하다며 가짜 이강석 사건을 풍자한 '경무대 똥통' 사건을 비롯하여 〈고바우 영감〉이 겪은 갖가지 필화와 검열은 위정자들이 이 작품을 얼마나 불편해했는지를 잘 보여 주는 사례라 할 만하다.

연재 초반만 해도 기자들에게조차 네 칸을 만들어 내는 데 필요한 긴 고뇌를 인정받지 못했다던 김성환은 긴 시간을 견디며 그 자체로 시사만화의 역사이자 전설이 되었다. 그런데 이만한 가치를 후세에 알릴 기회가 생길 뻔하다가 말았다. 말이 조금 우스꽝스러운데 사실이 그렇다. 경기도 군포시가 전임 시장 당시 건립을 추진하던 고바우 뮤지엄 건립을 백지화했기 때문이다.

군포시의 '고바우 뮤지엄' 계획 발표와 반대 여론

군포시는 지난 2021년 군포대야미 공공주택지구의 1500제곱미터 부지에 고바우 뮤지엄을 짓겠다는 계획을 내어놓은 바 있다. 군포는 일찍이 군포배수지 공간에 그림책박물관 공원 건립사업을 추진하면서 김성환 선생의 1950년대 그림책 삽화 기록을 수집한 바 있고, 이를 인연으로 2020년 선생의 유족이 군포시에 만화와 회화작품, 기록물 등 5000여 점의 유품을 기증하겠다는 의사를 밝혔다.

하지만 고바우 뮤지엄 계획이 알려지자 지역 언론 등에서 설립 예산이 300억이라는 설 등을 유포하며 반대 움직임에 불을 지폈고, 2022년 6월 지방선거에 출마한 후보가 이를 확인과 검증도 없이 적극적으로 소셜미디어에 인용했다가 삭제하는 소동을 벌인 바 있다. 당시 시장은 투입 예산을 1억 4000만 원이라 언급했는데, 2021년 9월 6일 《군포신문》이 보도한 〈인천, 서울에서도 포기한 '고바우 뮤지엄' 군포가 떠안아 추진 '논란'〉이란 기사에 따르면, 문화체육관광부의 공립박물관 사전심사를 받아 국비 지원을 4할가량 받을 수 있으리라 예상한다는 당시 군포시 문화예술과 관계자의 발언으로 볼 때 시 예산 책정은 이를 고려한 것일 터다.

애초 타당성 용역 보고서도 확정되지 않은 상태의 근거 미상 '300억'은 둘째 쳐도 당시 시민들의 발언을 옮긴다는 평계로 쏟아낸 지역 언론의 보도는 실로 악의적이다. 몇 개만 소개하자면 이렇다.

"연고 하나 없는 고바우박물관이 왜 필요한가?"

"웹 만화가 대세인 요즘 고바우라는 인물이 누군지도 모르는 세대가 훨씬 많은 세상."

"인천과 서울도 포기한 고바우 뮤지엄을 군포가 떠안아 논란이다."

"시민이 진짜 원하는 사업이 맞는지 확인을 해주시기를 부탁드립니다. 해당 시설이 꼭 필요한가요? 해당 시설이 시급한가요?"

"〈리영희언론기념관〉 혹은 〈리영희진실기념관〉 건립을 추진하자. 그 곳 일부에 〈고바우 만화방〉을 차려 주자."

실로 한심하기 이를 데 없는 언설들이지만 리영희 기념관을 세우고 일부에 공간을 차리라는 발언에 이르면 숫제 모욕적이기까지 하다. 둘 다 세우자고 주장할 생각은 들지 않았을까.

고바우 뮤지엄을 군포가 추진하게 된 계기 또한 앞서의 《군포신문》 보도에 따르면 "군포를 대표할 만한 문화유산이나 박물관이 없는 실정"이기 때문이다. 하지만 시민들은 그런 것은 상관이 없었으리라. 하지만 어디 이게 군포시만의 문제일까? 화장터와 장애인 시설을 비롯해 '정말 없으면 곤란한' 시설을 다른 곳에 지으라며 성화인 님비 현상도 하루이틀 문제가 아니거니와, 거의 그 수준으로 취급되는 게 바로 문화시설이다. 이들에게 도서관이나 박물관은 당장 먹고사는 데 아무런 도움이 되지 않은 일종의 혐오시설과도 같다.

문화시설, 이유를 찾아서라도 세워야 했다

결국 시 관계자조차 '문화유산이나 박물관이 없는 실정'이라는 상황에서 지혜를 짜내는 고육지책을 쓰겠다는데, 시민이란 사람들이 그런 건 필요 없다고 외친 꼴이다. 그런데 여러 도시들이 없는 연고라도 끌어내고 심지어 역사를 왜곡해서라도, 온갖 야사까지 끌어서라도 역사와 문화적 볼거리를 만드는 와중이고 보면—그게 다 옳다는 건 아니더라도—왜들 그러는지에 대한 생각은 해 봤어야 한다.

심지어 연고 문제를 이야기하면 점입가경이다. 김성환 선생은 독립운동가의 자손으로 지금은 북한 지역인 개성에서 태어났으며 한국전쟁기에는 국방부 정훈국 미술대에 근무한 종군화가 출신이다. 선생의 고향을 따지자면 애초에 갈 수 없는 곳이다. 선생은 분단 이후 서울에서 살았다. 그래서 서울에서 해야 한다고 하면 문화적 자산이 풍부한 서울에 문화 인물이 집중되는 현상을 더욱 공고히 하는 것이다. 지역이 추구하는 바가 그것이어선 안 된다.

그럼 남는 건 하나뿐인데, 만화 도시를 표방하는 부천에 세우면 되지 않겠느냐는 주장이다. 실제로 인천 계양이 설립을 포기한 이유도 근처에 부천의 한국만화영상진흥원이 있으니 중복 지원은 안 된다는 문화체육관광부의 논리 때문이었다. 이 논리대로라면 만화가 기념관이나 박물관은 전국에서 오로지 부천에만 설치되어야 할 것이다.

박물관과 도서관은 세금을 들여서라도, 이유를 어떻게 찾아서라도 여럿 유치하는 것이 지자체의 의무이자 임무다. 그 땅에서 살아갈 사람, 특히 그 가운데에서 성장기를 보내야 할 아이들에게 문화적 자산을 쌓아 주기 위해서라도 그래야 한다. 그런데 결국 군포는 이 문화 시설 유치를 적극 반대하는 자를 시장으로 선출하면서 2022년에 사업을 중단시켰다. '무엇이 시민을 위해 먼저 시행되어야 하는가'라는 선후 관계를 따져 문화를 후순위로 놓으려고 한 사람들이 이겼다. 〈고바우 영감〉 정도의 작품조차 거할 곳이 마땅찮은 우리의 현주소가 서글프다.

본문에 언급한 '경무대 똥통 사건'은 한국 만화사에서 두고두고 회자될 필화 사건으로 꼽힌다. 김성환은 1958년 1월 23일 《동아일보》에 실은 〈고바우 영감〉에서 전해인 1957년에 있었던 가짜 이강석 사건을 풍자했다가 끌려갔다.

가짜 이강석 사건이란 1957년 8월 강성병이라는 백수 청년이 정권 최고 실세인 이기붕의 아들이자 이승만의 양아들인 이강석을 사칭해 경주경찰서 서장에게 극진한 대접을 받았다가 들통 난 사건이다. 당시 이강석은 헌병을 패는 등 망나니같이 행동해도 감히 건드릴 수 없는 무소불위의 특권을 누리고 있었다. 그런 시절에 강성병이 경주경찰서에 전화를 걸어 이강석이라 하니 경주경찰서장이 나와 황송한 어조로 "귀하신 몸이 어찌 홀로 오셨나이까?"라고 했단다. 강성병은 가짜 이강석 행세를 하며 며칠간 도처에서 극진한 대접을 받았는데 이를 의심스러워한 경북도지사의 눈썰미에 덜미가 잡히고 만다. 사

신문수의 작업실에 놓여 있던 김성환의 〈고바우 영감〉 원화 액자. 신문수는 2018년 10월 16일 제8회 고바우 만화상의 수상자로 선정된 바 있다.

# 1958년 1월 23일 《동아일보》에 실린 〈고바우 영감〉 1031회. 전설이 된 필화 사건, '경무대 똥통 사건'을 일으킨 바로 그 회차다.

건 시작 사흘 만의 일이었다.

결국 강성병은 재판에 넘겨져 징역 10개월을 선고받았는데 이를 다룬《동아일보》기사 제목이 재밌다. "귀하신 몸에 징역 10월"(1957.10.23.)이었다. 같은 신문의 같은 해 9월 8일 자에는 기자 앞에서 강성병이 뇌까린 말이 소개됐는데 그 또한 걸작이다. "내가 시국적 악질범이면, 나에게 아첨한 서장, 군수들은 시국적 간신배들이오!"

이 '귀하신 몸' 타령을 김성환이 만화로 비판했다가 연행된 것이 경무대 똥통 사건이다. 김성환은 끌려가 4일간 문초를 받았고, 즉결심판에 회부되어 "타인의 私事(사사)에 대하여 허위 사실을 게재했다"라는 이유로 경범죄 선고를 받았는데 벌금이 450환이었다 한다. 재미있는 사실은 2010년 10월 1일

2019년 11월 3일 만화의 날 서울 강남 포스코타워 역삼 이벤트홀에서 열린 김성환 특별전. 2019년 9월 8일 별세한 선생을 향한 추모 의미도 담겨 있었다.

서울 명동지하상가의 한 고화폐/우표 거래소 입구. 박정희, 육영수, 박근혜 등과 함께 김성환의 사진이 고바우 그림과 함께 걸려 있는 것이 이채롭다. 소개 문구는 "70년대 만화가(고바우氏)"다. 2013년 1월 17일 촬영.

《문화일보》 인터뷰 기사 〈'고바우' 김성환 화백 "'경무대 똥통' 필화사건?... 유명해지려고 함정 판거야"〉에서 김성환이 해당 만화를 한 달 반 준비한 계획적인 필화 사건이었다고 밝혔다는 점이다. 당시 권력의 수준이 낮았기 때문에 이 웃지 못할 필화 사건이 '완성'된 것이다.

네이버에 연재된 웹툰 〈귀인〉. 김성환이 경무대 똥통으로 풍자한 가짜 이강석 사건의 주인공 청년 강성병을 소재로 한다.

"사실 그 만화는 계획적이었습니다. 무려 한 달 반을 생각하고 준비했습니다. 외국 만화들도 필화 사건을 일으키면 모두 유명해지더라고요. 저도 그걸 노리고 함정을 판 겁니다. 당시 이승만 (전 대통령) 양자인 이강석의 권세가 막강하다 보니 가짜 이강석들이 돌아다녔고 거기에 아부하던 도지사, 시장들이 나중에 망신을 당한 일이 있었습니다. 그런 시대 상황을 그린 겁니다. 만화가 나오고 나서 경무대가 발칵 뒤집혔죠. 4일간 끌려가 문초를 당했는데 저는 그것까지 계산에 넣고 있었습니다. 외국 필화 사건을 다 분석해 저는 덜 얻어맞고 정권을 크게 곤혹스럽게 만들 방법을 연구했는데 거기 정권이 걸려든 거죠."

한편 가짜 이강석 사건을 소재로 한 만화가 2019년 2월 네이버 웹툰에서 연재를 시작했다. 제목은 〈귀인〉. 정연식이 이야기를 짓고 황진영이 만화를 제작한 이 작품은 한 시기를 뒤흔든 웃지 못할 현실을 보여 주며 당시와 다르지 않은 현재에 되묻는다. 그때와 지금은 얼마나 다른가 하고.

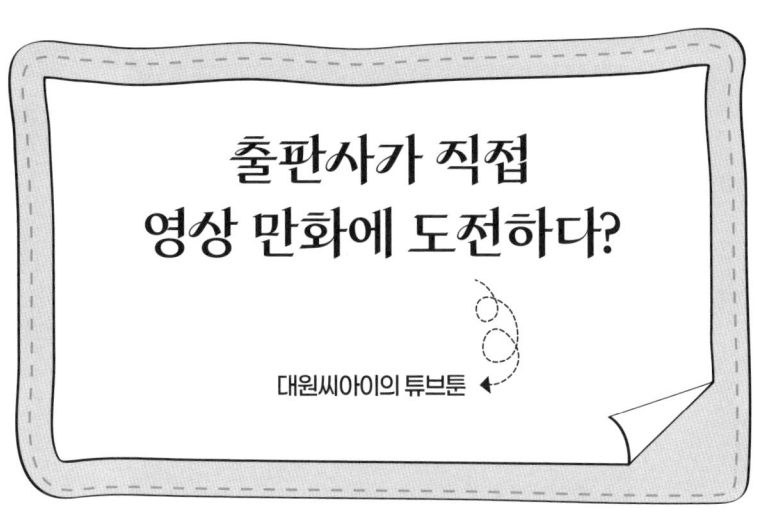

출판사가 유튜브용 만화를 만들었다고?

지난 2021년 6월 18일 우리나라의 대표 만화출판사 중 하나인 대원씨아이가 공식 블로그에 "동영상으로 즐기는 만화! 대원 '튜브툰' GRAND OPEN!"이라는 공지를 올렸다. 대원씨아이는 튜브툰을 자사가 최초로 선보이는 만화 감상 서비스라고 소개하면서 "브라운관 tube＋만화cartoon을 합친 표현으로 기존에 종이책 또는 전자책으로 감상하던 만화 컷에 동적인 연출과 음향을 더해 감상의 재미와 감동의 폭을 넓혀 새로운 감각의 감상 서비스를 제공한다"라고 언급했다.

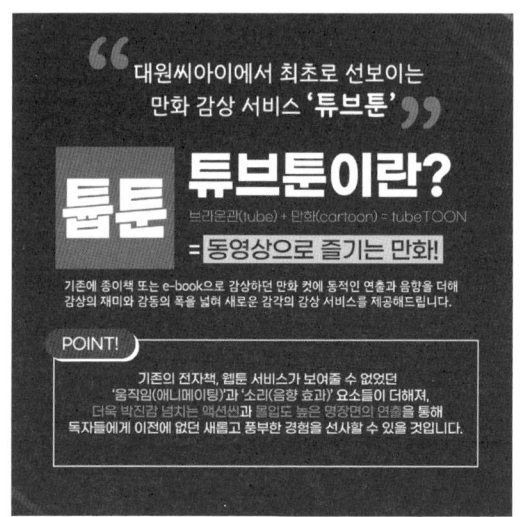

대원씨아이의 '튜브툰' 론칭 공지.

 2021년 6월 30일 본격적으로 시작된 튜브툰의 첫 작품은 한국 무협만화의 양대 산맥을 이루는 〈열혈강호〉다. 1994년부터 현재까지 27년에 걸쳐 연재되며 독자를 만나고 있는 작품으로 2025년 6월 현재까지 93권째 단행본이 출간되었다. 튜브툰 오픈 당시 대원씨아이는 〈열혈강호〉의 40화 분량을 공개한 후 주5일제로 매일 한 화씩 '연재'한다고 밝혔다. 〈열혈강호〉 이후 3분기에는 임재원 작가가 그려 낸 완결 학원 액션물 〈짱〉이, 4분기에는 〈플라티나〉, 〈펠루아 이야기〉 등 늘 독특한 캐릭터와 섬세한 감각을 보여 주는 김연주 작가의 완결 순정만화 〈소녀왕〉이 '연재'를 시작했다.

튜브툰으로 올라간 임재원의 〈짱〉과 전극진·양재현의 〈열혈강호〉 썸네일.

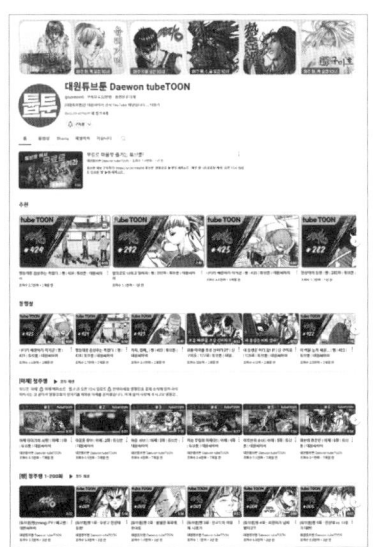

튜브툰 유튜브 계정.

만화를 움직여 보려는 시도들

 만화를 움직이려는 시도가 대원 튜브툰이 처음은 아니다. 2000년 동영상 만화 사이트 클럽와우에서 임재원 작가의 〈짱〉을 비롯해 원수연 작가의 〈하우스〉, 박희정 작가의 〈호텔 아프리카〉를 비롯해 기성 인기 만화가들의 작품을 동영상으로 제작한 바 있다. 클럽와우는 웹 환경을 다채롭게 만드는 도구로 각광받은 플래시FLASH를 이용해 당시 인기작에 음향과 움직임을 덧붙여 컬러 동영상으로 선보였으나 제작비와 투자 시간에 비해 만족할 만한 결과물을 도출하지 못해 오래가지는 못했다.

 이후에도 만화를 움직여 보려는 시도는 꾸준히 등장했다. 호랑 작가의 2011년작 〈옥수역 귀신〉과 〈봉천동 귀신〉은 '웹브라우저 화면 위에 도화를 세로로 길게 늘어놓음으로써 이야기를 전개하는 만화 형식'으로서의 웹툰에서 웹브라우저의 기술적 특징을 이용해 움직임을 줌으로써 많은 독자와 업계 관계자들을 놀라게 했다. 이들 작품은 플래시와 더불어 웹브라우저에서 작동하는 프로그래밍 언어인 자바스크립트를 이용해 웹툰 가운데 특정 위치에 시점이 닿으면 스크롤바를 강제로 일정 간격으로 움직임으로써 애니메이션 효과를 낸 것이다.

 그 밖에 무적핑크 작가의 〈실질객관동화〉에 간단한 움직임을 넣거나 웹툰 연재란에서 웹툰 원작 애니메이션인 〈와라! 편의점 THE ANIMATION〉을 '연재'한 사례를 들 수 있다. 이후 2015년에는 네이버와 다음이 '웹툰 효과 에디터'와 '공뷰'라는 브랜드로 웹툰에 멀티미디어 효과를 가미하기도 했다. 이와 조금 다른 경우로 윤태호 작가가 연재한 〈SETI〉를 들 수 있는데 웹툰 아래에 실사 영상으로 촬영한 드라마가 붙어 있었다. 장작 작가의 〈0.0MHz〉에는 애니메이션 효과가 들어갔는데 연재처인 다음 웹툰은 이를 일컬어 무빙툰이라는 이름을 붙이기도 했고, 곰툰(나인픽셀즈)는 〈소녀괴담〉 등의 작품을 움직임을 더했다는 의미로 모션코믹스라는 장르명을 붙여 공개한 바 있다.

막을 수 없으면 차라리 – 출판사 차원의 영상 만화 출사표

대원씨아이의 튜브툰은 이름에서도 보이듯 유튜브 채널에서 공개된다. 즉 기술적으로 효과를 가미해 웹툰 연재란에서 보여 준다는 걸 넘어 만화 자체를 영상으로 제작해 영상 사이트인 유튜브에서 공개하겠다는 발상이다. 이는 애니메이션 또는 드라마와 다르게 만화를 만화로서 읽히는 영상으로 만들어 방영하듯 연재하겠다는 뜻인데, 주목할 만한 점은 ① 출판사가 ② 유튜브에 ③ 직접 만화를 영상으로 만들어 ④ 무료로 올린다는 것이다.

예전 같으면 출판사가 어찌 공짜로 만화를 올리느냐 하며 분노하는 목소리가 날 법도 한데, 유튜브라는 글로벌 채널의 특성과 이곳에서 실제로 발생하는 수익을 생각해 보면 이젠 단순히 '무료'에만 초점을 맞출 필요는 없어 보인다. 결정적으로 대원씨아이라는 국내 만화 전문 출판사가 직접 나선 까닭이 무엇일까 하면, 튜브툰의 첫 작품으로 꼽힌 〈열혈강호〉의 양재현 작가가 2020년 12월 6일 SNS에 올린 글을 떠올릴 필요가 있다.

양재현 작가는 당시 "유튜브 오리지널 만화 연재도 좀 기획합시다. 영상처럼 구성해서 불법으로 올리는 콘텐츠들 적발하다 오히려 빠져들어서 보게 됐네요. '튜브툰' 가자!!!"라고 외쳤다. 이때의 글이 '제안'이 되어 시작된 것인지 아니면 이미 발동을 건 상태였는지 알 수 없으나 공교롭게도(?) 서비스 이름부터 첫 작품이 된 상황에 이르기까지 튜브툰의 등장 연유를 엿볼 수 있는 단초를 제공한다.

유튜브에는 손으로 넘기는 감각은 아랑곳없이 만화를 이래저래 잘라서 올려놓고는 광고 수익을 편취하는 도둑들이 있었고, 작가들이 이를 적발해 신고하다가 지치는 상황이었다. 유튜브에는 꽤나 그럴싸하게 만든 이들이 있었고, 그걸 그냥 두면서 적발하느라 힘을 빼느니 차라리 출판사에서 제작해 공식적으로 광고 수익을 내 보자는 심산이었다. 양재현 작가의 글 아래에 달린 "막을 수 없으면 즐겨라!"라는 댓글은 그런 점에서 의미심장하다.

튜브툰에 앞서 '만화 연재처로서의 유튜브'에 눈을 돌린 작가는 〈대털〉의 김성모 작가와 〈러브히나〉, 〈UQ홀더〉를 그린 일본 만화가 아카마쓰 겐이 있다. 유툰Youtoon이라는 브랜드를 내걸고 '극화체 영상만화'를 선보인 김성모 작가가 매체의 가능성에 집중한 경우라면, 아마마쓰 겐은 불법복제에 대응하기 위한 선택이라는 점에서 이번 대원씨아이의 방식과 유사하다. 아카마쓰 겐은 본인이 운영 중인 완결 만

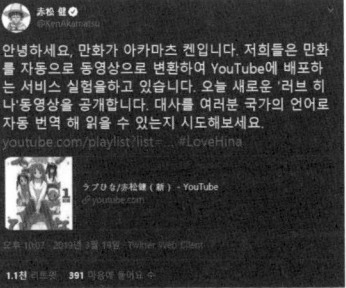

김성모의 '유튠'과 아카마쓰 겐의 'C-TUBE'.

화 게재처인 '만화도서관Z' 수록작을 영상화하며 대사 추출 자동화를 통해 유튜브 자막으로 타국어 번역까지 지원함으로써 수익을 창출해 보고자 했다. 양쪽 다 사업 측면에서 접근하긴 했으되 결국은 작가가 직접 꾸려야 했고, 그 결과 본격적으로 진행되지는 못했다.

대원씨아이의 튜브툰은 그런 점에서는 공식 출판사가 직접 나섰다는 차이가 있고, 한층 더 본격적이었다. 〈열혈강호〉를 비롯해 완결이 났거나 연재 중이면서 과거 분량이 압도적으로 많은 작품을 골라 공식 영상화해 '연재'함으로써 불법 계정들과는 다른 품질을 제공할 수 있고, 또한 유튜브에 공식 연재 업체가 직접 뛰어듦으로써 불법 계정 단속에도 절차적으로 한결 수월해질 수 있다. 나아가 출판만화의 디지털적인 재활용이라는 측면에서도 눈여겨볼 만한 지점이 있다.

컷 단위로 잘린 만화를 음향을 섞어 띄운다거나 페이지를 펼쳐 놓고 아무런 조작 없이 알아서 넘기는 형태가 과연 익숙할까 하는 우려는 있다. 지금까지의 시도들에 비추어 볼 때 언제까지 계속할 수 있을까에 대한 우려도 있다. 하지만 불법 독자들이 그러한 독서(?) 방법에 거리낌 없이 익숙해져 있는 상황이고 보면 고민할 여지가 사라졌다고도 볼 수 있다. 그간 계속해서 시도됐으나 뚜렷한 성과가 없던 상황에서 튜브툰은 출판사 차원에서 유튜브 연재를 진행했다. 그사이에 타이틀은 국내 작품으로 〈신 구미호〉, 〈마제〉, 〈아일랜드〉를 추가했고 일본 작품으로는 〈유리가면〉까지 추가되었다. 기왕 시작했으니 이러한 시도가 또 '결국'이라는 결말을 맞이하지는 않으면 좋겠다.

사진 기반 소셜 미디어 인스타그램은 2020년 8월, 한국에서는 2021년 2월 숏폼 동영상 '릴스(Reels)'를 론칭하며 그동안 유지해 왔던 사진 공유 앱으로서의 정체성을 버렸다. 그와 함께 알고리즘을 수정하여 릴스를 첨부한 게시물의 노출도를 높이는 식으로 영상 접목을 유도하기 시작했다. 이런 연유로 인스타그램에서 만화 활동을 하는 '인스타툰' 창작자들도 만화 회차 자체를 릴스로 숏폼화하거나 '다중 첨부 이미지(캐러셀)' 중 한두 장에 애니메이션 효과를 넣는 등 다양한 변주를 시도하기 시작했다. 제작에 공이 많이 들고 또한 귀찮은 일이지만, 만화와 영상을 접목하는 일이 이상한 것이 아니게 되었다는 점은 분명해 보인다.

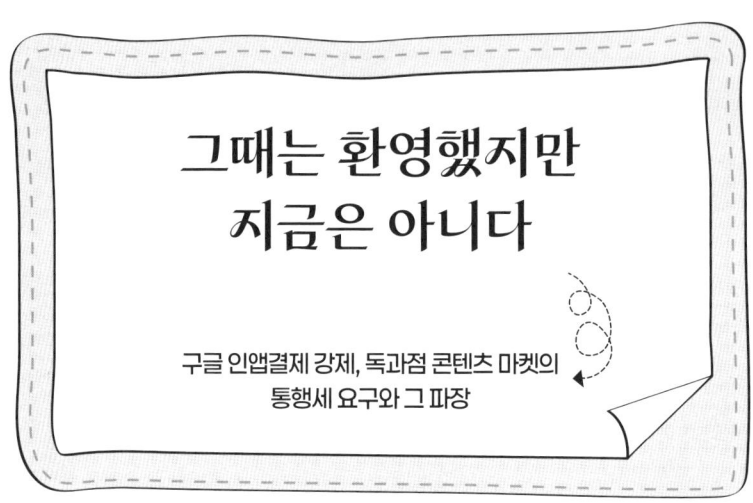

그때는 환영했지만 지금은 아니다

구글 인앱결제 강제, 독과점 콘텐츠 마켓의 통행세 요구와 그 파장

2020년 7월부터 스마트폰 콘텐츠 시장을 두고 그야말로 난리라 하지 않을 수 없는 상황이 벌어졌다. 구글이 게임 정도에만 적용하고 있던 '인앱결제In-App Purchase' 즉 앱 자체 시스템에서 유료 콘텐츠를 결제하는 정책을 전체에 강제 적용하고 수익의 3할을 떼어 가겠노라고 선언한 것이다. 이렇게 되면 외부 결제 시스템을 이용하여 수수료를 줄일 방법이 사라지게 된다. 자연히 콘텐츠 업계 전반이 반발했는데, 2021년 6월에는 한국만화가협회를 비롯한 만화계 협회와 단체들도 줄을 이어 반대 의사를 보였다.

스마트폰 앱 시장 형성기의 한 대목

잠시 시간을 되돌려 보자. 2009년, 애플 아이폰3Gs의 등장으로 한국에도 스마트폰 시대가 열렸다. 많은 이들이 이 신문물을 반가워했지만 가장 반긴 이들을 찾자면 만화가들이 수위에 들어 있었다. 2009년을 전후한 때는 아직 웹툰이 본격적인 유료화 시대를 맞이하지 않았고, 웹툰은 무료라는 굴레에서 완전히 벗어나지는 못하고 있던 때였다. 그래서 앱이라는 형태로 만화를 만들어 올리면 애플에 수수료만 떼어 주고 나머지는 작가가 직접 수익을 얻을 수 있지 않겠는가 하는 기대가 있었다.

2009년 11월 28일 한 KT 대리점 앞 풍경. 이 시기 KT가 아이폰3Gs를 수입하면서 본격적인 스마트폰 시대가 열렸다.

마침 한국인이 제작한 〈헤비매크〉라는 0.99달러짜리 유료 게임이 아이폰이 정식으로 들어오기도 전 해외 애플 앱스토어에서 한 달 만에 10만 다운로드로 우리 돈 1억 4000만 원 정도를 벌어들였다는 소식이 전해졌기 때문에 기대가 높아졌다. 만화는 네이버와 다음(현 카카오)에서 원고료를 받는 것 이외에는 마땅히 돈을 벌 구석이 없었기 때문이었다.

또 마침 해외에는 만화를 앱으로 만들어 앱스토어에 올리는 사례가 등장하고 있었고, 안 그래도 웹툰을 무료로 인식하게 하는 데 앞장선 대형 포털 중 가장 크다 할 네이버가 스마트폰이 들어오기도 전에 '통화 기능은 없지만 앱스토어는 쓸 수 있는' 애플 아이팟용으로 무료 웹툰 앱 〈만화365〉를 스리슬쩍 개발해 내놓아 반발을 샀다. 새로이 열릴 시장마저 무료로 시작하게 할 순 없다는 목소리였다.

그해 2009년 7월 네이버는 만화 업계인의 목소리를 수렴해 앱을 수정했다. 이후 2011년 무렵부터 레진코믹스를 비롯해 유료 결제로 웹툰을 읽게 하는 스마트폰 기반 서비스들이 본격적으로 등장했다. 물론 처음에 기대한 것처럼 개개인이 만화 앱을 제작하는 사례가 널리 퍼진 건 아니었다. 후발 주자인 구글 플레이 스토어를 비롯해 스마트폰용 개방형 앱 시장이 등장하면서 다양한 업체가 만화를 싣는 앱을 제작해 내어놓았고 이는 네이버와 다음 같은 포털도 마찬가지였다.

이후 웹툰에서는 완결작의 유료화나 기다리면 무료라는 모델을 도입함으로써 과거 무료 시장을 넘어서는 큰 수익 창출이 일어나기 시작했다. 최근에 이르러서는 포털들조차 유료 결제를 통한 매출액을 마케팅 면으로도 자랑하는 풍경을 보여 주고 있다. 10년 만의 상전벽해라 하지 않을 수 없다. 분명 이때까지는 '유료 시장의 정착'이란 차원에서 기꺼워했던 것이다. 그런데 10년 만에 만화가들이 다른 목소리를 내놓기 시작했다.

통행료 정책에 만화가들이 반대하는 이유, 상황이 변했다

10여 년 전의 만화가들은 "수수료만 조금 떼어 가게 하면 나머지는 내 수익 아닌가?"라면서 기대했다. 애플의 앱스토어는 시작할 때부터 앱으로 창출하는 수입의 3할을 수수료로 요구했다. 10여 년이 지난 지금에 이르러 "이런 상황은 이미 다 알고 있던 것 아닌가?"라고 말하기에는 상황이 많이 변했다. 애플은 애초 폐쇄 시장으로서 앱 검수를 통과해야만 올릴 수 있는 형태로 앱을 앱스토어에 공개할 수 있었고, 수수료를 앱스토어 운영에 쓴다고 밝혔다. 업체들은 애플용 앱 안에서 거래되는 디지털 콘텐츠의 개당 가격을 구글 플레이스토어보다 높게 책정함으로써 이에 대응했다.

구글의 경우 개방 시장으로서 규모로만 치면 앱스토어를 압도하는 형국이다. 비율로 보자면 전체 앱 시장 비율로 볼 때 6할 이상을 구글이 점유하고 있고, 애플 앱스토어가 2할 수준이다. 구글은 후발 주자로서 세력을 확대하기 위해 누구나 앱을 올릴 수 있게 하면서 게임 외에는 구글 내부 결제를 강제하지 않았다. 그 결과 게임 외 콘텐츠를 서비스하는 기업의 경우 애플보다 저렴한 가격을 책정할 수 있었고,

한편으로는 OS를 쓰는 것도 무료인 안드로이드 기반 스마트폰의 보급률을 타고 높은 결제율을 바탕으로 많은 수익을 창출할 수 있었다.

그런데 이 앱 시장의 전체 규모가 연 30조쯤 되는 상황에 이르고 보니 구글이 모든 결제를 앱 안에서 진행하게끔 하고 수수료를 강제하게 된 것이다. 이렇게 되면 지금까지와는 달리 전체 결제액에서 3할에 이르는 수수료를 떼어 줘야 하고, 남은 수익을 작가와 업체가 나누게 되는 것이다. 이렇게 되면 수익 보전을 위해 콘텐츠 가격이 아이폰에서 결제하는 수준으로 높아져야 하고, 이를 고려하더라도 높아진 가격만큼 구매율이 떨어질 공산이 크다.

구글이 인앱결제 결정을 내리는 과정에 대해 업체들이 당황하고 분노하는 까닭은 구글이 앱 시장을 독점에 가까운 비율로 점유한 다음 그 지위를 이용하는 것이라고 보기 때문이다. 안드로이드 기반 스마트폰을 버리지 못하는 이상 업체들은 구글과 거래를 유지할 수밖에 없는 상황이다.

비난이 가중되자 구글은 지난 2021년 3월 연 매출 11억 미만 업체에는 수수료를 절반으로 깎은 애플처럼 할인 정책을 펴겠다고 밝혔고 이를 그해 7월부터 적용했다. 하지만 소액결제 비중이 매우 높은 웹툰을 서비스하는 양대 업체, 네이버와 카카오는 여기에 해당하지 않는다. 웹툰 업계가 다양성 면에서 꽤 나아지긴 했으나 양대 업체의 비율이 압도적으로 높다. 2022년 4월 1일부터 구글은 변경된 인앱결제 정책을 적용했고, 2022년 6월 1일부터는 정책을 따르지 않는 앱을 마켓에서 삭제하기 시작했다.

전자책과 음원을 비롯해 여타 콘텐츠를 다루는 업체들도 마찬가지긴 하지만 웹툰은 3할이라는 높은 수수료에서 벗어날 방법이 없다. 전자책 업체의 대표 격인 리디북스는 2021년 5월 수수료를 제한 매출 안에서 정산하겠다며 합의서를 출판사들에 보내면서 아무런 조율 없이 일방적으로 통보했다는 비난을 받았다. (박현익 기자, 〈구글 인앱결제 후폭풍 시작됐다… 리디북스 "합의서 서명하라"〉,《서울경제》, 2021.05.18.) 네이버와 카카오라고 크게 다를 상황이 아니고 보면, 웹툰 작가들은 줄어든 분배액으로 타격을 받을 수밖에 없다.

특히 이 양대 웹툰 제공 업체가 영상화를 염두에 두고 웹소설과 웹툰의 연결고리를 본격화하는 IP(지적재산권) 사업 체제로 나서면서 작가와의 직접 계약 대신 에이전시를 통한 계약을 선호한 지도 제법 된 상황이고 보니 작가가 받을 수 있는 비용은 더욱 줄어든다. 10여 년 전과는 완전히 다른 풍경이 펼쳐지다 보니 만화 작가들도 목소리를 달리 낼 수밖에 없는 노릇이었다.

통행료 방지법은 발효, 그러나 집행이 안 된다

인앱결제 강제를 방지하는 법안이 2020년 7월 비교적 빠르게 나왔지만, 2021년 3월 구글이 수수료 할인책을 내놓으면서 기세가 꺾였다. 이런 상황에서 콘텐츠 업계에는 오매불망 법안 통과를 바라는 수밖에 없었다. 한국 만화계를 대표하는 두 단체인 한국만화가협회와 한국웹툰작가협회는 2021년 6월 10일 〈K-웹툰 산업〉의 근간을 흔드는 '구글 인앱결제 강제화'에 반대한다! '구글 인앱 강제금지법(전기통신사업법 개정안)' 신속히 마련하라!〉라는 성명서를 내며 6월이 법제화의 마지막 기회라고 역설했다.

성명서에서는 "마땅한 대안 플랫폼이 없는 시장을 독점하고 있는 기업이, 자사 플랫폼 이용의 수수료를 30%로 인상하는 것은 시장의 독점적 지위를 남용하는 것"이라면서 "결과적으로 현재 웹툰 작가를 꿈꾸는 수십만 작가 지망생은 물론, 본궤도에 오르지도 못한 신인 작가의 활동 기회마저 박탈될 우려가 큽니다."라는 입장을 밝혔다. "실제 국내의 한 연구진은 구글 인앱결제 강제화로 2조 8000억 원어치에 달하는 콘텐츠가 감소할 것이라고 경고했습니다."라는 수치도 제시하며 국회가 법적인 제동을 통해 상황을 타개해 줄 것을 요청하고 있기도 하다. 하지만 성명서에서도 보이듯, 법 제정을 바라는 것 외에 업계 종사자들이 할 수 있는 것은 아무것도 없었다. 이 지점에서 독과점을 구가하는 플랫폼에 모든 게 매이는 상황이 여실히 드러난다.

'인앱결제 강제금지법'은 2021년 9월 통과되어 2022년 3월 15일부터 시행되었다. 세계 최초라는 딱지가 붙은 이 법은 정확히는 인앱결제강제 금지 내용을 담은 '전기통신사업법 시행령 개정안'이다. 방송통신심의위원회는 이에 따라 2023년 10월 6일 입앱결제 강제 등의 부당행위에 대해 구글과 애플 최대 각각 475억과 205억, 합쳐서 680억 원의 과징금을 부과했으나 윤석열 정부가 방송통신심의위원회를 파행시키며 의결이 진행되지 않았다. 위정자가 잘못된 선택을 하면 대중문화가 피해를 본다는 사실이 다시 한번 확인됐다.

> **자투리 1**

2009년 7월 10일 홍대의 한 강의실에서 열린 〈오픈마켓, 어떻게 접근할 것인가〉 토론회는 앱 마켓의 도래를 앞에 둔 한국 만화계 구성원 차원의 첫 공식 대응이 표면화한 사례였다. 한국만화가협회와 우리만화연대, 부천만화정보센터(현 한국만화영상진흥원) 주최로 열린 토론회에 신구세대 작가들이 다수 참석했으며, 애플 앱스토어의 개념에서부터 만화계가 어떻게 반응하고 대응해야 하는가에 대한 방향성을 논의하는 자리로 진행되었다. 당시는 웹툰이 초기 형태로 등장한 지 10년이 막 넘은 시점이자 상업 대중문화로 정착한 지 6년이 되는 시기에 모바일 환경을 바탕으로 새 시장이 열리려는 상황이었다. 그새

2009년 7월 10일, 서울 홍대의 한 강의실에서 열린 한국 만화계 토론회 〈오픈마켓, 어떻게 접근할 것인가?〉.

시장이 국내에 들어오기도 전에 웹툰을 주도하는 포털 플랫폼 업체가 나섰으며, 유료 콘텐츠 환경의 가능성이 보이기도 전에 무료 만화판을 열 가능성이 있다는 점에서 업계인들은 문제를 제기했다.

　시장은 시장의 플레이어라 할 업체들이 어떻게 하느냐가 관건이다. 만화처럼 주인이 창작자인 곳도 시장의 흐름을 무시할 순 없다. 하지만 마냥 끌려다녀선 해 달라는 대로 해 줄 수밖에 없게 되는 것이기에 결정을 위한 방향성 설정에 목소리를 내야 한다. 그것이 2009년에 벌어진 일련의 움직임을 설명하는 열쇳말이라 할 수 있다. 하지만 2021년에 벌어지기 시작한 구글의 통행세 논란은 만화계에 시장지배적 사업자라 할 포털조차도 앱스토어 자체를 연 상위 시장 플레이어 앞에서는 마켓 등록자 하나에 불과하다는 사실을 여실히 보여 주었다. 그렇기에 최종적으로 법이라는 수단을 요구할 수밖에 없는 일이다.

2024년 7월 11일 소비자주권시민회의는 〈방통위는 구글·애플에 부과 예정인 680억원의 과징금을 조속히 시행하라〉라는 제목으로 성명서를 발표했다. 680억 원에 달하는 과징금을 구글과 애플에 부과하기로 하였으나 9개월째 표류 중인 상황을 비판하고 있다.

〈방통위는 구글·애플에 부과 예정인 680억원의 과징금을 조속히 시행하라〉

인도, 22년 인앱결제 강제행위로 구글에 총 3,750억원의 과징금 부과
EU, 반독점법을 근거로 애플에 약 2조6500억원의 과징금 부과
영국, 애플과 1조 3,000억원 규모의 집단 소송 진행 중
EU, 인앱결제 강제행위시 매출의 10% 벌금 부과하나 한국은 2%
일본, 매출액의 20% 과징금 부과 및 '스마트폰 경쟁촉진법안' 제정 중
현재 한국, 1% 수준인 과징금 예정 9개월째 표류 중

방송통신위원회(이하 '방통위')는 작년 8월 16일부터 실시한 앱 마켓사업자의 특정 결제방식 강제 등 부당행위에 대한 사실조사 결과를 토대로, 작년 10월 6일 구글과 애플에 대한 시정 조치안을 통보했다. 아울러 시정 조치안에 대한 사업자의 의견청취와 방통위 심의·의결 등의 절차를 거쳐 시정명령과 함께 구글 475억원, 애플 205억원 등 최대 680억원의 과징금 부과 방안을 최종 확정할 예정이라고 발표하였다. 그럼에도 9개월이 지난 현재까지 방통위는 그 집행을 미뤄오고 있다.

그동안 〈소비자주권시민회의〉는 방통위가 구글과 애플이 시행하고 있는 '특

정 결제방식을 강제하는 행위'가 「전기통신사업법」 제50조 제1항 제9호 위반임을 분명히 하였음에도 우리의 법규를 무시하고 강행하면서 그 모든 피해를 고스란히 소비자들에게 전가시키는 행위에 대해 서울경찰청에 고발(22.6.4)하여 현재 사이버수사대에서 수사가 종결 상태에 있다. 이에 더하여 구글과 애플에 대해 거래상의 지위를 남용하여 특정한 결제 방식을 강제하는 행위와 앱 심사의 부당지연 행위 등에 대한 불공정한 거래행위와 관련해 공정거래위원회에 신고서를 제출하며 중단과 시정을 촉구하였다. 또한 방통위에 성명서와 보도자료를 통해 계속적으로 구글과 애플에 대한 제재를 촉구해 왔다.

그럼에도 방통위가 구글과 애플의 앱 마켓 수수료 인상에 따른 콘텐츠 비용 상승으로 인해 소비자들은 연간 약 4,600억원 이상의 콘텐츠 요금을 추가로 부담하고 있음에도 매출액의 1% 수준밖에 안 되는 680억 원(구글 475억 원, 애플 205억 원)의 미미한 수준의 과징금 결정을 9개월이 넘도록 끌고 있는 것은 정보 주권을 포기하는 것이 아닌지 의심스럽다.

앱 마켓은 스마트폰에서 사용하는 애플리케이션을 판매하는 장터로, 구글(Google) 안드로이드(Android)의 구글 플레이(Google Play), 애플(Apple) iOS의 앱 스토어(App Store) 등이 대표적이다. 앱을 개발하는 기업이나 개인은 앱 마켓을 통해 사용자에게 앱을 판매하고, 구글이나 애플 등에 수수료를 지급하는 구조이다. 공정거래위원회에서 발표한 자료에 따르면, 2022년 국내 앱 마켓 시장의 시장 점유율은 구글이 68%, 애플은 17%로 두 사업자의 시장 점유율은 85%에 달하는 것으로 나타났다. 운영체제별 시장 점유율의 경우 애플의 iOS 앱 마켓은 애플이 독점하고 있으며, 구글의 안드로이드 앱 마켓은 시장 점유율 85~90%를 장악하고 있다.(공정위 2024.4.11. 보도자료)

이러한 구글 애플 등 빅테크의 독점 행위로 인한 횡포에 이미 미국, 유럽연합, 일본은 적극적인 제재에 나서고 있다.

① 미국 NTIA, 구글·애플에 모바일 앱 마켓 정책 수정 권고

미국 상무부 산하 국가통신정보관리청(National Telecommunications and Information Administration; NTIA)은 애플과 구글의 소비자 기기 통제 권한 개선, 앱 마켓 사업자의 경쟁 제한적인 자사 우대 및 차별 금지, 앱 마켓 사업자의 대체 앱 마켓 및 웹 앱에 대한 접근 제한 금지, 인앱 구매 결제 수단 제한 금지 등에 대해 앱 마켓 생태계가 공정하지 않은 환경임을 확인하고, 이를 개선하기 위해 관련 정책 변경을 권장했다.

② 유럽연합, 앱 마켓 경쟁 활성화를 위한 '디지털시장법' 도입

유럽연합(European Union; EU)은 시장 지배력을 남용하는 기술 플랫폼 기업들을 게이트키퍼(Gatekeeper)로 지정해 강도 높은 규제를 적용하는 디지털시장법(Digital Markets Act; DMA)을 2022년 11월 1일부터 발효했다. 시가총액이 750억 유로(약 101조원)이상이거나 지난 3년간 EU내 연매출이 75억유로(약 10조1,340억원)를 넘으며 월간 사용자가 4,500만 명 이상인 경우 게이트키퍼 플랫폼으로 분류한다. 시장법의 주요 내용은 소비자가 플랫폼 외부의 비즈니스에 연결하는 것을 막는 행위 금지, 사전에 설치된 소프트웨어나 앱의 제거 방지 설정 금지, 이용자의 동의 없이 개인정보를 타깃 광고와 결합하는 행위 금지 등을 포함하고 있다. 이를 위반시 직전 회계연도의 매출의 10%를 벌금으로 부과하며, 반복 위반 시 20%를 벌금으로 부과하도록 하고 있다. 애플과 구글, 메타(Meta) 등의 빅테크 기업들이 가장 큰 영향을 받게 될 것으로 예상된다.

③ 일본, 타사 앱 마켓 유통을 허용하는 앱 마켓 독점 규제안 발표

일본 정부도 구글과 애플의 앱 마켓 독점을 규제하기 위한 움직임을 보이고 있다. 일본 정부는 2023년 6월, 구글이나 애플 등 빅테크 기업의 앱 마켓 독점을 금지하기 위해 안드로이드와 iOS에서도 타사의 앱마켓과 결제 시스템을 사용할 수 있도록 하는 규제안을 발표했다. 일본 정부는 디지털 시장 경쟁 회의를

빠른 시일 내 개최해 해당 규제안의 도입을 정식 결정할 계획이다. 일본 정부는 해당 규제안을 통해 앱 마켓 가격 및 수수료 인하를 기대하고 있다.

④ 인도, 영국, EU 거액의 과징금 부과

이미 인도에서는 2022년 인앱결제 강제행위에 대해 구글에 총 3,750억 원의 과징금을 부과했으며, 영국도 애플의 인앱결제 수수료에 대해 1조3,000억 원 규모의 집단 소송을 진행 중이다. EU 집행위원회는 지난 3월 반독점법을 근거로 애플에 18억4,000만 유로(약 2조 6,500억원)의 과징금을 부과했다. 미국 법무부 역시 아이폰에서 자체 결제 서비스만 제공해 경쟁사의 기능 제공을 막았다는 이유로 애플을 고소한 바 있다

⑤ 우리나라, 잠자는 전기통신사업법

우리나라는 2021년 9월 애플리케이션(앱) 마켓 운영업체가 자체 개발 시스템으로만 결제하도록 강요하는 것을 금지하는 인앱결제 강제 금지법인 전기통신사업법을 일부 개정하여 특정 결제방식을 강제하지 못하도록 규정하고 있다. 앱 마켓 사업자가 특정한 결제 수단을 강요하거나 부당하게 이용을 제한하는 행위를 할 수 없도록 하는 것이다. 앱 마켓 사업자가 인앱 결제 강제 금지를 규정하고 있는 「전기통신사업법 시행령 제46조 제1항」을 위반시 관련 매출액의 최대 2%까지 과징금을 부과하도록 하고 있다.

이에 따라 방통위는 2022년 8월, 구글 플레이와 애플 앱스토어, 원스토어 등 3대 앱 마켓을 대상으로 인앱 결제 실태 조사에서 구글이 2022년 6월 인앱 결제 의무화 정책을 시행하고 외부 결제 페이지로 연결되는 아웃 링크를 제공하는 앱을 삭제한다고 발표한 것이 특정 결제방식을 강제하는 행위에 해당하며 이는 전기통신사업법에 위반될 소지가 있다고 판단했다.

2022년 국내 모바일 앱 개발사들이 앱 마켓에 지급한 수수료를 근거로 최대

수수료율 30%를 적용하면 구글의 앱 마켓 매출액은 3조 5,061억원, 애플의 앱 마켓 매출액은 1조 4,751억원으로 추정된다. 따라서 전기통신사업법 시행령 제46조 제1항에 따라 2%의 과징금을 적용하면 구글에 대하여 701억 2,200만 원을, 애플에 대하여 295억 2백만 원의 과징금을 부과할 수 있다. 그러나 방통위는 지난해 과징금 부과를 예고하면서 구글에 대하여 최대 과징금의 67%인 475억원을, 애플에 대하여 69%인 205억원에 불과한 과징금 부과를 예고했다.

그럼에도 방통위가 구글과 애플의 앱 마켓 수수료 인상에 따른 콘텐츠 비용 상승으로 인해 소비자들은 연간 약 4,600억원 이상의 콘텐츠 요금을 추가로 부담하고 있고, 매출액의 1% 수준밖에 안 되는 680억원의 미미한 수준의 과징금 결정을 9개월이 넘도록 끌고 있는 것은 정보 주권을 포기하는 것은 아닌지 의심스럽다.

구글과 애플의 위반 행위가 지속되고 소비자들의 피해 규모도 증가하고 있는 만큼 방통위는 이미 유럽 등 다른 국가에서 우리나라와 같은 행위로 천문학적 금액의 과징금을 부과하였으므로 구글과 애플의 빠른 개선 조치와 이용자 보호를 위해 신속한 제재를 촉구하는 바이다.

2024.07.11.
소비자주권시민회의

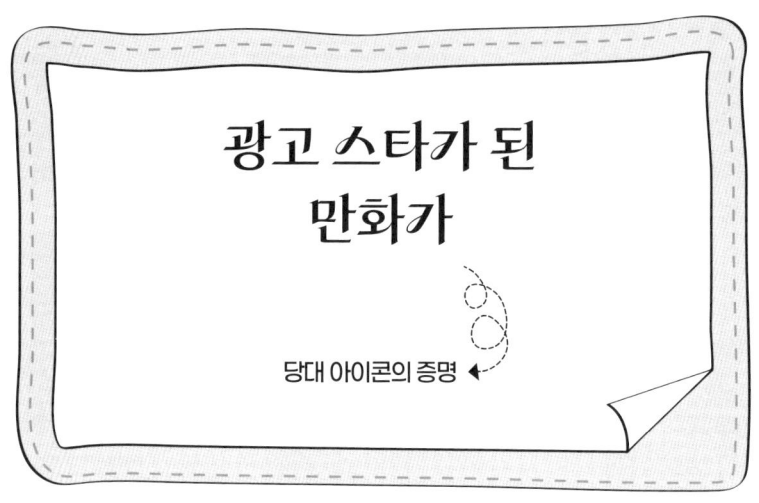

광고 모델은 한 시기를 대표하는 아이콘이다. '탄압사'라는 표현이 어울릴 법한 한국 만화사의 일면 속에서도 대중의 압도적인 인기를 얻으며 브랜드의 얼굴이 된 이들이 있다.

셀러브리티의 증표, 주류 광고에 나선 이현세와 허영만

주류 광고는 유명 인사의 증명서와도 같다. 주류 광고를 보면 당대의 스타가 누구인지를 가장 명확히 알 수 있다. 그런데 주류 광고에 만화가가 등장하는 일이 1989년에 벌어진다.

SUV를 몰고 나타난 남성. 보리밭에 차를 댄 남성은 함께 타고 온

OB수퍼드라이 맥주 광고(1989)에 출연한 이현세와 처음처럼 소주 광고(2006)에 출연한 허영만.

대형견의 머리를 쓰다듬고는 맥주를 따른 뒤 지평선을 응시하며 시원하게 들이켠 후 미소를 지으며 말한다. "OB가 좋습니다. OB 수퍼 드라이." 1989년 OB맥주가 발표한 'OB수퍼드라이' 광고 속에 등장하는 이 사람은 다름 아닌 이현세다.

오픈카로 개방된 SUV, 대형견, 그리고 야외인데도—캔맥주가 없는 시절이 아니었는데도—굳이 병맥주를 유리컵에 따라 마시는 호기로움, 황금빛으로 익어가는 보리밭을 배경으로 깔리는 루이 암스트롱의 〈What a wonderful world〉라는 노래에 이르기까지 광고의 모든 구성 요소가 1980년 후반 로망으로 여기던 남성다움을 고스란히 드러냈다. OB맥주는 이를 구현하는 인물로 〈공포의 외인구단〉, 〈떠돌이 까치〉 등으로 인기몰이를 한 이현세를 선택했다. 1956년생으로 당시 만 33살이던 이현세는 만화만이 아니라 잘생긴 얼굴과 투박하고 다부진 몸을 보여 주어 문자 그대로 대중 앞에 셀러브리티로 각인될 수 있는 면면을 드러냈다. 실제로 보면 매우 맑은 이현세의 눈빛이 덜 부각되는 것은 다소 아쉽다.

OB수퍼드라이 광고는 이현세의 작품들이 보여 주던 강한 마초이즘이 작가의 실제 모습을 통해 구현되는 모습이어서 지금 봐도 굉장히 신선한데, TV 광고에서 더 실감 나야 한다는 이유로 실제로 맥주를 마시게 하는 바람에 취한 상태에서 찍었다는 뒷이야기가 있다. 1993년 2월 20일 《동아일보》가 보도한 〈먹는 멋' 내지만 모델은 '죽을 맛'〉이라는 기사에서는 "거품도 예쁘게 나와야 하고 보는 사람이 절로 마시고 싶게끔 찍다 보니 맥주 한 박스가 모자랐다"면서 취한 상태에서 찍은 광고가 잘 나왔다더라 하는 이현세의 발언을 전하고 있다.

만화가가 주류 광고에 출연한 두 번째 사례는 17년이 지난 2006년에 나왔다. 그 주인공은 이현세와 더불어 '국민 만화가' 자리를 놓고 다툰다면 빼놓을 수 없는 허영만이었다. 〈각시탈〉, 〈비트〉, 〈타짜〉, 〈식객〉으로 시기마다 흥행작을 만들어 낸 허영만은 2006년 당시엔 〈타짜〉 1편인 '지리산 작두' 편이 영화로 개봉하고, 〈식객〉 영화 제작 소식이 들리면서 큰 관심을 끌어모으고 있었다.

허영만을 모델로 채택한 업체는 두산 주류BG였다. 두산은 본래 OB맥주의 소유주였지만 1998년 OB맥주를 매각했고, 소주에 집중하여 '처음처럼' 등으로 인기를 끌고 있었다. 이후 두산은 2009년 롯데

칠성음료에 두산주류BG 자체를 팔아넘기며 주류 사업에서 손을 떼는데, 2006년 당시에는 두산 것이었다. 이렇게 보면 이현세, 허영만 두 만화 스타가 같은 주류 업체의 간판 얼굴이 된 셈이다. 단 허영만은 이현세와는 달리 지면 광고 모델로 등장했다.

두산 주류BG는 "국내 소주 시장의 판도를 바꾼 처음처럼과 아이들의 전유물로 여겨지던 만화를 예술 장르로 발전시킨 허 화백의 이미지가 맞아떨어져 허 화백을 지면 광고 모델로 선정했다."라고 밝혔다. 허영만은 이때 받은 광고 모델료 전액을 노숙자에게 기부했다. 2006년 11월 13일 《식품외식경제》가 보도한 〈두산 '처음처럼', 허영만 화백을 광고모델로 제2의 도약 시도〉라는 기사에서 허영만이 "평소에 비박 산행(텐트 없이 산에서 밤을 지새는 것)을 즐기는데, 노숙자들을 볼 때마다 바닥에서 올라오는 한기가 얼마나 추울까 걱정이 되었었다."라고 한 발언을 전하고 있다. 광고에서 허영만은 자신감 있게 싱긋 웃는 표정으로 얼굴이 부각됐는데, "세상이 바뀌었다. 처음처럼으로!"라는 문구가 붙어 있다. 처음처럼은 허영만에 이은 '명사' 시리즈로 영화감독 류승완과 밴드 자우림의 김윤아를 후속 모델로 썼다.

창조성의 부각, 컴퓨터 광고에 출연한 고우영

이현세보다도 앞서 상업 광고에 출연한 만화가는 고우영이다. 1984년 금성(Goldstar, 현 LG) 패미콤150(FC-150) 광고에 출연한 고우영은 컴퓨터를 옆에 두고 큰 화폭에 〈일지매〉를 그린다. 구도상으로 보면

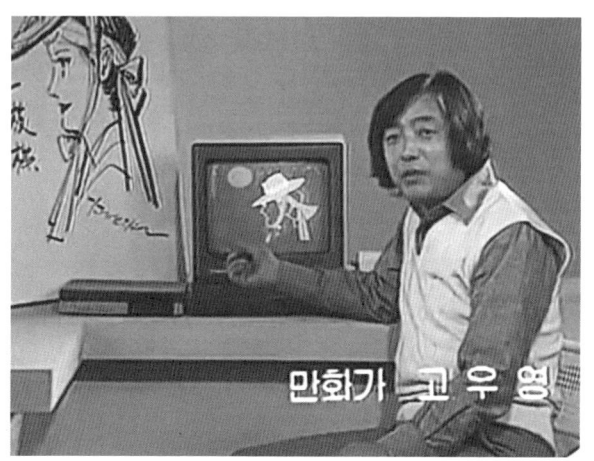

금성 패미콤150 광고(1984)에 출연한 고우영.

EBS 〈그림을 그립시다The Joy of Painting〉에 출연한 밥 로스Bob Ross를 떠올리게 하는 이 광고는 "금성 패미콤이 펼치는 창조적 세계", "컴퓨터로 창의력을 키웁시다"라는 내레이션과 함께 1970~1980년대 신문 만화로 최고 인기를 구가한 고우영을 배치하고는, 성우 더빙으로 처리한 고우영의 말을 빌려 "앞으로의 창작 활동에는 컴퓨터가 필요합니다."라고 언설한다.

금성의 FC-150은 당시 일본 소드SORD사의 M5 기종의 호환 기종으로 개발된 8비트 컴퓨터로 모니터는 256×192픽셀로 비교적 낮은 해상도였지만 당시로서는 매우 많은 색인 16칼라를 지원했다. 광고에서 고우영이 그린 〈일지매〉를 모니터 화면에서 컬러를 섞어 얼기설기 그려내는 모습이 인상 깊다.

당시 8비트 컴퓨터들은 흔히 '베이직BASIC'이라는 이름의 초보적인 언어를 롬 내장 내지는 롬팩 형태로 지원했다. 베이직에는 기초적인 그래픽 명령어 등이 있었다. 다시 말해 그래픽 파일을 읽어 와 출력할 수는 없었지만, 명령어를 이용해 화면에 점, 선, 원 등을 구현할 수 있었다. 1980년대 후반 컴퓨터가 가정에 보급되기 시작하면서 이러한 베이직의 그래픽 기능을 이용해 만화 캐릭터를 구현한 학습 프로그램을 판매하는 회사들도 등장했더랬다. 고우영이 출연한 광고는 이러한 롬베이직의 그래픽 기능을 활용해 일지매를 보여 준 것이다.

당시 게임의 기본 로딩 방식이던 롬팩을 이용해 〈팩맨〉 등의 게임과 수치 계산 소프트웨어, 한글도 구현 가능하다는 점을 강조한 이 광고에서 고우영은 앉은 자세로 다소 어색한 표정을 지으며 "패미콤의 세계는 창조의 세계입니다."라고 말한다. 창조와 창의라는 표현이 반복되는 이 광고를 보면 당시 금성이 컴퓨터를 들여오면서 노린 판촉점이 아이를 낳아 기르는 부모들에게 자녀의 창의성을 높이도록 주문하는 것임이 명확하다. 신문 성인 극화로 이름을 날리며 곧 50줄로 향하고 있던 고우영을 컴퓨터 모델로 삼은 데는 그 시기 아이 교육에 박차를 가해야 할 부모 세대가 고우영 만화의 주 독자층이었던 것도 한 몫했을 것이다. 또한 창의성, 창조성이라는 키워드를 거론할 때 고우영이라 걸출한 인물이 상징적이었으리라는 평가도 가능하다.

김풍, 야매 요리사로 광고 스타 되다

인터넷 커뮤니티 문화에서 태동해 웹툰이 웹툰으로 정착하기 전의 과도기를 장식한 〈페인가족〉과 〈페인의 세계〉를 그리고 웹툰 〈찌질의 역사〉 스토리를 쓴 김풍은 2010년대 이후 방송인과 야매 요리인(?)으로 부각되었다. 그런 그가 '디씨 페인' 소재 만화로 인기를 끌고 있던 2003년 인터넷망 업체 하나로통신의 하나포스 광고에 출연한 적이 있다.

광고에서 '인터넷 만화가'라는 호칭으로 소개된 김풍은 "나는 김풍이다. 만화 하나로 백만 명쯤 웃길 수 있다."라는 호기로운 대사를 들려준다. 뮤직비디오 같은 질감의 화면 속에서 김풍은 멋진 옷을 입거나 대형차 위에서 괴상한 소리를 지르는 힙한 젊은이의 모습이다. 그가

하나포스 광고(2003)에 출연한 김풍.

내뱉는 "나의 유머는 하나포스를 타고 흐른다."라는 문구에서 인터넷 문화도 인터넷망을 바탕으로 한다는 망 회사의 발상을 엿볼 수 있다.

김풍은 2014년부터 출연한 JTBC 〈냉장고를 부탁해〉에서 근본 없어 보이는데 신기하게 맛있다는 평가를 받는 자취 요리를 무기로 쟁쟁한 셰프들과 맞대결을 펼치는 모습을 선보였다. 김풍은 그때 얻은 인기로 일약 광고 스타에 오른다. 2015년에만 해도 필립스에서 에어프라이어 광고를 했고, 보령제약 겔포스엠 광고 〈속쓰림을 부탁해〉 편에 요리사 샘 킴과 함께 출연하는가 하면, 같은 해 CJ 제일제당에서 만든 백설 케익믹스 광고에는 요리사 박준우와, 동원F&B 광고에는 최현석과 함께 출연했다. 이듬해인 2016~2017년엔 풀무원의 육개장 칼국수 라면 육칼을 광고하는 〈라면 먹고 갈래〉 편에 출연하기도 했다. 이 시기의 김풍은 〈냉장고를 부탁해〉 특수를 한껏 누렸다.

한편 2024년에 대흥행한 넷플릭스의 요리 서바이벌 프로그램 〈흑백요리사〉에서는 〈냉장고를 부탁해〉에 나온 셰프들도 모습을 드러낸 데 비해 정작 김풍이 출연하지 않아 의아함을 자아냈다. 2024년 9월 28일 성우이자 방송인인 서유리가 진정한 마계요리사 김풍이 왜 안 나오냐면서 올린 스레드 글에 따르면 김풍에게도 섭외가 왔는데 '요리에 흥미를 잃어서' 거절했다고 한다. 하지만 2024년 12월 15일부터 새로 시작한 〈냉장고를 부탁해 시즌2〉에 다시 모습을 보이면서 프로그램의 감초 역할을 톡톡히 하고 있다.

그 외의 사례들: 김정기, 기안84, 박태준

2022년 해외 일정 중 급작스레 타계해 안타까움을 안긴 만화가 김정기는 2016년 SK이노베이션의 〈Big Picture of Innovation〉 편과 2018년 블리자드의 〈아티스트 오브 워크래프트〉, 2018년 영화 〈안시성〉과 2019년 영화 〈기생충〉 등의 광고 영상에서 라이브 드로잉을 선보였다. 타계 전인 2022년 발달장애인 스포츠, 문화예술 대표단체 스페셜올림픽코리아와의 협업물인 스페셜올림픽 코리아의 〈스페셜 무브먼트〉를 선보인 것이 홍보/광고용 라이브 드로잉으로는 마지막이 되었다. 김정기는 〈TLT〉를 그린 만화가이자 대형 화폭에 다양한 인물의 다양한 표정과 이야기를 데생과 대사 없이 펜 하나로 그려내는 라이브 드로잉 분야의 선두주자였다.

영화 〈안시성〉 컬래버레이션 광고(2018)에서 라이브 드로잉을 선보인 김정기.

〈패션왕〉, 〈복학왕〉의 기안84도 방송인으로서의 경력을 만들어 준 〈나 혼자 산다〉의 인기를 등에 업고 다수의 광고에 출연했다. 2017년 그림으로 참여한 롯데웰푸드의 꼬깔콘 광고에 이어 2018년 그라펜의 노니비타스킨 〈빌지 마라〉 편, 2019년 LG전자의 ThinQ 광고, 2019년 맥심의 맥심모카골드 광고 〈Coffee is gold〉, 2020년 네이버 지식in 엑스퍼드 편, 2020년 불법웹툰사이트 근절 광고, 2020년 KCC 〈기안84의 페인트 교실〉 편, 2023년 헬스헬퍼의 다이어트 제품 맥스컷 블루워터, 2024년 이스타항공 광고, 2024년 롯데리아 〈통 크게 산다〉 편, 2024년 SK엔카 〈8고〉 편 등이 그의 출연작이다.

〈외모지상주의〉를 연재한 박태준도 기안84와 함께 2017년 그림으로 꼬깔콘 광고에 참여했다. 이후 2021년에는 삼성전자의 갤럭시탭S7 광고, 2023년에는 역시 삼성전자의 갤럭시탭S9 광고에 출연했다.

자투리 1

이현세와 그의 만화는 OB맥주 이후로도 꾸준히 상표의 얼굴이 되어 왔다. 2007년 TNGT 광고에는 오혜성을 비롯한 〈공포의 외인구단〉 캐릭터들이 등장해 "오늘 뭐 입지!"를 외쳤다. 2018년에는 꼬치구이 전문점인 투다리와 컬래버레이션을 진행하여 투다리 유니폼을 입은 오혜성을 보여준 바 있다. 이현세 자신은 골프에도 관심이 많아 〈버디〉라는 골프 만화를 그리기도 했는데, 2007년 〈버디〉 속 주인공 여성 둘에게 코오롱fNC 엘로드의 옷을 입히는 PPL을 진행하는가 하면 본인도 2014년 맞춤골프클럽 브랜드 MFS의 광고에 배우 길용우와 함께 출연했다. MFS의 이루다 오라곤 골프채 광고는 지하철 역내 광고로 등장했다.

한편 만화가가 직접 출연한 것은 아니지만 만화 작품의 인기를 바탕으로 한 광고나 협업 판촉으로 화제를 모은 사례도 많다. 이 분야 1등은 아무래도 김수

MFS 이루다 골프채 광고에 출연한 이현세.

정의 〈아기공룡 둘리〉다. 크라운제과의 미니쉘, 금성미라클TV, 동아연필 둘리 지우개, 삼강 아기공룡 둘리 빙과, 쓰리세븐 둘리 가방, 동서식품 포스트 오곡 코코볼, 목우촌 비엔나 소세지, 동아 오츠카의 박카스, 피자헛 리치골드 등 수많은 상품 모델로 출연했다. 만화 캐릭터 최초로 자동차 광고 모델이 된 것도 둘리였다. 2003년 아기공룡 둘리의 주요 캐릭터가 다 등장하는 기아 카

〈아기공룡 둘리〉 벽화길이 조성된 우이천에는 둘리네가 출연한 옛 광고가 망라돼 있다. 2019년 2월 26일 촬영.

니발2 광고가 그 대상이었는데, TV 애니메이션판의 주제가를 개사해 등장시켰다.

〈아기공룡 둘리〉에서 둘리 외에 광고나 컬래버레이션에 단독 등극한 캐릭터는 단연 고길동이다. 앞서 카니발2 광고에서도 작중 유일한(아마도) 운전면허 소유자인 고길동이 2022년 더쎄를라잇브루잉의 맥주 '고길동에일' 모델로 등장한 데 이어 2024년엔 잔나비의 최정훈과 백세주 광고에 출연해 이제 고길동이 이해되는 나이가 된 이들에게 "너도 어른이 되었구나."라는 말로 위로를 건넨다.

〈아기공룡 둘리〉가 다양한 상품 광고에 출연한 인기스타라면 한 우물을 판(?) 경우도 있으니 박수동의 〈고인돌〉이다. 삼강의 빙과류인 빠삐코와 스크류바의 모델이 된 고인돌 가족들은 애니메이션으로 제작되었는데도 박수동 특유의 성냥개비 선을 잘 살렸다. 빠삐코 광고의 노래는 이후 영화 〈좋은 놈 나쁜 놈 이상한 놈(놈놈놈)〉의 주제곡으로 쓰인 〈Don't let me be misunderstood〉와 섞여 〈빠삐놈〉이라는 패러디 시리즈로 밈화하여 한국 인터넷 밈 문화의 여명기를 장식할 만큼 강한 화제성과 중독성을 자랑했다. 덕분에 1989년부터 현재까지도 '올여름 더위를 맡아' 올 정도로 인기가 좋다. 〈풍운아 홍길동〉 신동우의 그림이 들어간 진주햄의 천하장사 소시지도 스테디셀러다. 신동우는 1960년대부터 1990년대까지 〈진주군과 마미양〉이라는 광고 만화로 추억의 분홍 소시지라는 식품에 대한 추억을 만든 주인공이 되었다.

이동건의 〈유미의 세포들〉도 '유미의 위트에일'이라는 맥주를 출시하고 빙그레의 아이스크림의 판촉에 활용되는 한편 이마트와의 컬래버레이션으로 각종 상품에 탑재되는 등 전방위 협업을 선보여 웹툰 전성 시대를 대표하는 저작물로서 인기를 확인시킨 바 있다. 대형마트만이 아니라 편의점에서 많이 팔린 상품에 만화가 쓰인 사례도 있다. 2000년대 중반을 장식한 흥행작인 박소희의 〈궁〉은 삼각김밥에 쓰였고, 〈미생〉의 캐릭터들은 안주류나 스타킹, 캔커

빙그레 아이스크림 투게더와 컬래버레이션을 진행한 이동건의 〈유미의 세포들〉. 뚜껑을 따면 웹툰 그림이 등장한다.

윤태호의 〈미생〉은 GS25 편의점용 안주 상품, 스타킹, 캔커피 '레쓰비 커피타임' 등에 등장했다.

피 등의 모델로 쓰였다. 〈궁〉과 〈미생〉은 만화로도 인기가 있었지만 상품화 시기는 각기 2006년과 2014년으로 TV 드라마의 성공이 영향을 주었다 할 수 있다. 2021년엔 이상규의 웹툰 〈호랑이형님〉도 플래티넘 크래프트와의 컬래버 맥주로 출시되었다.

〈궁〉보다 앞서 출판만화 전성기의 스타였던 〈BLUE〉, 〈댄싱러버〉의 이은혜는 수려한 일러스트레이션을 앞세워 경남제약의 비타민 C 제품인 레모나의 지면 광고를 그렸고, 〈천재들의 합창〉을 그린 오수는 작중 캐릭터를 이용한 문제집 광고를 그렸다. 천계영의 대형 흥행작으로 "난 슬플 땐 힙합을 춰."

《르네상스》 통권 2호(1988년 12월호)에 실린 레모나 광고에 쓰인 이은혜의 일러스트레이션.

라는 대사를 유행시킨 〈언플러그드 보이〉는 롯데 와우껌 광고에 애니메이션으로 나왔다. 천계영은 이때의 화제성을 바탕으로 아이돌 그룹 H.O.T의 〈우리들의 맹세〉 뮤직비디오 애니메이션에도 참여했다. 순정만화의 고전이 된 이미라의 〈인어공주를 위하여〉는 작품 자체가 모델이 된 건 아니지만 야후 쇼핑의 〈순정만화클럽〉 편 광고에서 덩치 큰 남자가 읽는 만화로 출연(?)하기도 했다. 이 밖에 강주배의 〈용하다 용해〉, 그리고 박광수의 〈광수생각〉은 지하철 광고에서 꾸준히 사랑받았다. 원로 작가인 신문수는 2009년 게임 〈던전앤파이터〉의 광고 만화를 그려 올드팬과 요즘 독자들을 다 놀라게 하기도 했다.

  2020년 이후 만화를 활용한 광고로 강렬한 인상을 준 사례로는 〈대털〉의 김성모를 꼽을 수 있다. 김성모식 대사의 백미인 〈대털〉의 "더 이상의 자세한 설명은 생략한다."는 2020년 GC녹십자의 고함량 비타민제 비맥스 메타의 광고 〈요즘 대세〉, 〈효능효과〉 편에서 작품의 주인공인 털이범 교강용 그림과 함께 약간의 애니메이션과 "설명은 약사님이 하신다."라는 문구를 더해 등장했으며 이후 해당 제품의 포스터 등에서도 계속해서 활용되었다. 2024년에

김성모 작가의 〈대털〉 주인공 교강용의 유명한 대사 "자세한 설명은 생략한다."를 내건 녹십자 비맥스 메타 광고. 이 광고가 크게 흥행하자 작가 허락 없이 만화 이미지나 모티브를 도용하는 사례가 늘었다고 한다. 사진은 해당 광고가 한 약국의 입구 통창에 부착된 풍경이다.

는 〈대털〉 외에도 〈럭키짱〉 등 다른 흥행작의 장면을 섞은 비맥스 메타의 새 광고 〈1등〉 편이 나온 바 있다.

 〈유미의 세포들〉만큼이나 대형마트에서 컬래버레이션 판촉으로 쓰인 사례는 롯데마트와 계약한 〈검정고무신〉을 들 수 있다. 하지만 〈검정고무신〉은 작품의 상품화 권리를 쥔 업체가 저지른 불공정 계약으로 말미암아 소송전이 벌어진 작품이다. 작가인 이우영이 2023년 3월 11일 목숨을 끊으면서 이 작품의 캐릭터 상품들을 볼 때면 형용할 수 없는 기분이 들게 됐다.

김성모는 "이제부턴 내 공격을 막는 데에 애로사항이 꽃필 것이다.", "앗-싸 좋구나.", "나의 스텝에는 자비심이 없다.", "더 이상의 자세한 설명은 생략한다.", "네놈의 공격 패턴! 강약약강강강약강중약!"같이 일면 어이없어 보여도 계속 보면 중독되는 장면과 대사로 작품과 작가가 공히 인터넷 밈 공장의 경지에 올라 있다. 그 컬트적 인기 덕인지, 광고는 아니지만 남성 잡지 《맥심코리아》 2011년 9월호 표지에 〈대털〉 속 개나리가 된 듯 칼을 들고 슈트를 입고 정을 노려보는 모습으로도 등장해 화제를 모았다. 워낙 화제가 되어서인지, 2022년 2월호 표지엔 당시 박태준 스토리로 만들던 만화 〈쇼 미더 럭키짱〉 장면과 함께 직접 교련복을 입고 '근신 김성모'란 이름으로 재출연하기도 했다.

김성모를 표지에 등장시킨 남성지 《맥심코리아》 2011년 9월호와 2022년 2월호.

윤석열 시대의 시작과 끝, 만화와 덕질이 만든 장면들

〈윤석열차〉, 윤석열 퇴진 시위 속 깃발과 응원봉 그리고 이준석의 AI 생성 만화 홍보물

2025년 6월 3일은 대한민국의 제21대 대통령 선거일이었다. 원래대로라면 2027년까지 이어졌어야 할 제20대 대통령 윤석열의 임기는, 그가 2024년 12월 3일 22시 28분 군을 동원한 불법 비상계엄을 시도했다가 6시간 만에 시민과 국회에 의해 저지당하고 2025년 4월 4일 헌법재판소에서 파면 선고를 받음으로써 종말을 맞았다. 이후 한국은 대선 국면으로 진입하여 새로운 대통령을 선출했고, 윤석열은 내란 수괴 혐의로 재판을 받게 됐다. 글로 적으면 얼마 되지 않지만, 그사이에 얼마나 많은 이들이 심적, 물적 고통을 겪었는지 헤아릴 수조차 없다.

그런데 고통은 비상계엄과 탄핵에 이르는 시간에 국한된 것은 아니었고, 이 나라의 모든 분야 모든 사람에 걸쳐—정치적 성향을 막론하

고—실로 공평하게 전가되었다. 모든 것이 다 중요하지만, 여기에서는 혼란한 정국에서 만화와 덕질이 주목받은 장면을 세 가지로 나누어 살펴보겠다.

독재의 증명, 〈윤석열차〉 엄중 경고 사건

독재의 전조를 강하게 드리운 장면이 바로 〈윤석열차〉 엄중 경고 사건이다. 〈윤석열차〉는 한국만화영상진흥원이 2022년 7~8월 진행한 부천국제만화축제BICOF 전국학생만화공모전에서 카툰 부문 금상을 받고 전시된 한 고등학생의 작품이다. 윤석열의 얼굴 모습으로 형상화된 열차가 일찌감치 여성가족부를 부수고는 선로를 따라 달려오는 가운데, 열차 기관실에 자리한 김건희와 그 뒤를 따라 칼을 들고 서 있는 검찰들, 그리고 선로에서 도망치고 있는 사람들을 신랄한 필체로 그렸다. 시상식은 10월 1일 한국만화박물관에서 진행되었고, 수상작은 부천국제만화축제 기간인 2022년 9월 30일부터 10월 3일까지 한국만화박물관 2층 도서관 로비에서 전시되었다.

딱 여기까지였으면 좋았을 텐데, 게시판과 소셜미디어 등지에서 우파적 성향을 지닌 이들로부터 이런저런 문제 제기가 이루어지자 이를 받아든 문화체육관광부가 한국만화영상진흥원에 '엄중 경고'를 하는 촌극이 벌어졌다. 문화체육관광부는 2022년 10월 4일 설명자료에서 "전국학생만화공모전에서 행사 취지에 어긋난 작품을 선정해 전시한 한국만화영상진흥원에 엄중히 경고하며 신속히 관련 조처를 하겠다."

2022년 부천국제만화축제(BICOF) 전국학생만화공모전 금상 수상작 〈윤석열차〉. 통상적 시선 반대 방향으로 달려 들어오는 거대한 열차에 윤석열과 기관사 김건희, 칼 든 검찰을 꼼꼼하게 배치해 넣은 구성력이 굉장하다. 열차가 지나온 곳은 무너지고 있고, 그들에게 피해를 당하는 사람들은 허둥대며 쫓겨 다니고 있는데 윤석열은 해맑게 다른 쪽만 쳐다보고 있다.

라고 밝혔다.

문화체육관광부가 문제 삼은 건 이 공모전이 정부 지원 행사라는 점이었다. 말인즉 한국만화영상진흥원이 부천시 소속 재단법인이나 세금 102억을 지원받고 있고, 해당 공모전의 대상 수상작에 부여되는 상격賞格은 문화체육관광부 장관상이라는 것이다. 즉 "이런 공모전에서 정부를 욕하면 어떻게 하느냐."라는 불만을 표한 셈이다. 당시 여당이던 국민의힘의 유상범 의원은 이 만화가 2019년 브렉시트를 강행하려던 보리스 존슨Alexander Boris de Pfeffel Johnson 당시 영국 총리를 비판한 카툰을 표절했다는 주장을 내놓기도 했고, 같은 당 조수진 의원도 표절 의혹을 제기하며 군불을 땠다. 이들의 언설은 '논란'으로 포장되어 연일 게시판 등지의 우파들에게 근거로 쓰였다.

물론 하나같이 어처구니없는 생각이다. 애초 표절 시비 자체가 '표현의 자유 침해'라는 비판을 상쇄하기 위해 다급하게 개발된 정권 방어 논리였다. 이들 논란은 카툰이라는 장르 자체가 본래 풍자의 성격을 강하게 띠고 있다는 점을 무시하고 부린 억지였던데다, 해당 공모전 출품작의 풍자 대상이 윤석열 정권만이 아니었던 점과 무작위 선정된 심사위원들이 선정한 결과라는 사실을 놓고 보자면 정말 '긁어 부스럼'이었다.

심지어 인간의 얼굴로 형상화된 폭주 기관차라는 모티브는 정치 풍자에 워낙 많이 쓰이는 일종의 원형 같은 소재여서 한두 작품으로 특정할 수도 없다. 차라리 〈토마스와 친구들Thomas & Friends〉을 거론하는 편이 나았을 것이다. 정작 표절 대상으로 지목된 카툰을 영국《더 선The Sun》에 게재했던 스티브 브라이트Steve Bright는 영국 출신 프리랜서 저널리스트 라파엘 라시드Raphael Rashid와의 이메일 인터뷰에서 〈윤석열차〉가 자기 작품의 표절이 아니라고 밝혔다. 라파엘 라시드는 2022년 10월 6일 밤 트위터에서 스티브 브라이트의 발언을 전했는데, 이튿날인 2022년 10월 7일 아침 그 내용을 전한《한겨레》의 기사 내용을 발췌하자면 다음과 같다.

라시드 기자에 따르면 브라이트는 "이 학생은 어떤 형태로든 내 작품을 표절하지 않았다. 작품에 나타난 유사성은 그저 우연의 일치일 뿐 의도한 것이 아니다"라고 했다. 이어 "우연의 일치로 발생하는 유사점은 만화계에서 항상 일어난다"며 "내 관점으로 그 학생은 잘못한 것은 전혀 없으며 그의 펜과 붓을 사용하는 실력은 칭찬받아야 한다"고 설명했다.

그러면서 "학생이 유사한 방식으로 풍자하는 과정에서 제 만평이 영감을 줬다면 놀랄 것이며 저를 우쭐하게 할 것"이라며 "(제 만평과) 콘셉트는 유사하지만, 이는 표절과 완전히 다른 아이디어"라고 강조했다.

브라이트는 "만평에 재능이 있어 칭찬받아 할 학생이 정부를 비판poke했다고 비난받는 게 더 큰 문제"라고 꼬집었다. 이어 "정부에 대한 풍자는 이 나라에서(영국에서) 허용될 뿐만 아니라 적극적으로 장려되고 있다"며 "(이런 만평이 장려되는 문화가) 없었을 경우 만평가라는 직업은 존재하지 않았을 것"이라고 강조했다.

— 〈영국 작가 "'윤석열차' 표절? 완전히 다른 작품⋯비난이 더 문제"〉
(정혁준·박미향, 《한겨레》, 2022.10.07.)

하지만 그러거나 말거나 상황은 더 악화되었다. 2022년 10월 21일부터 25일까지 열린 부천국제애니메이션페스티벌BIAF의 부대행사로 한국만화애니메이션학회가 주관한 국제애니메이터&만화가 초청전의 출품작 50여 점 가운데 오창식 작가의 〈멤버 유지member yuji〉만 전시가 불허되는 사건이 일어났다. 해당 작품은 제목부터가 당시 영부인이던 김건희의 논문 속 문구를 풍자한 것으로, 썩열이라는 남성이 건찰이라는 강아지를 쓰다듬으며 "건찰 yuji"라고 말하고 있고 그 뒤에서는 '궁민대'라 적힌 개집 위에 '거니'라는 이름표를 강아지가 지켜 보고 있다. 〈윤석열차〉에 대한 엄중 경고 직후 벌어진 〈멤버유지〉 전시 불허 사건은, 이 역시 국고 보조금을 받는 행사라는 점을 고려한 주최 측이 "민감한 이슈"로 인식한 결과로 알려졌다. 자기 검열을 일으키는 모든 종류의 암묵적인 압박이 곧 검열이자 표현의 자유를 침해하는 행위라는 점에서 보자면 이 건 또한 직접적인 제한이 아닐 뿐 〈윤석열차〉의 연장선이었다.

그런데 〈윤석열차〉 엄중 경고가 일으킨 여파는 여기서 그치지 않았다. 〈'윤석열차' 괘씸죄… 만화영상진흥원 보조금 반토막〉(노형석,《한겨레》, 2023.09.20.)과 〈'윤석열차 괘씸죄' 만화영상진흥원 국비 75% 삭감〉(이종일,《이데일리》, 2025.02.03.)이라는 두 기사에 따르면, 문화체육관광부는 한국만화영상진흥원에 갈 국고보조금을 2023년 48퍼센트인 56억 1000만 원 삭감한 116억을 지급했고, 2024년에는 거기서 39.7퍼센트인 46억 원을 줄인 70억 원을, 2025년엔 75.9퍼센트를 깎은 28억 원을 지급했다. 명칭 후원도 철회했는데, 경기도가 나서면서 대상의 격상은 경기도지사상이 되었다. 한국만화영상진흥원의 전체 예산은 2023년 257억에 대비해 2년 새 절반으로 줄어 큰 어려움을 겪게 되었다. 이로 인해 지원사업 상당수가 콘텐츠진흥원으로 이관되거나 폐지되어 작가들에게 직간접적인 피해가 일어났다.

물론 문화체육관광부는 보복 여부를 부인했다. 앞서 언급된《이

데일리》 기사의 말미에 부처 관계자가 보복과는 관계없이 부처의 만화·웹툰산업 발전 방향 정책에 맞춰 국가 중심의 지원을 하려는 것이라는 입장이 등장한다. 이 만화·웹툰산업 발전 방향 정책은 2024년 1월 23일 유인촌 문화체육관광부 장관이 발표한 것으로, 요약하면 세계 웹툰 시장에서 영향력을 제고하기 위해 '넷플릭스와 같은 세계적인 플랫폼과 글로벌 기업·작품을 전략적으로 육성'한다는 것이다. 여기에 국제 만화·웹툰 시상식 같은 것을 신설해 만화·웹툰계의 칸 영화제와 같은 권위 있는 시상식으로 만들어 나갈 계획도 별첨으로 들어 있다.

앙굴렘 국제만화축제가 아닌 칸 영화제를 예로 든 것은 장관이 배우 출신이라 만화를 잘 몰라서 한 이야기겠지만, 국고로 넷플릭스 같은 플랫폼을 육성하겠다는 발상은 당장 돈을 주면 뭐든 그렇게 될 수 있다는 식의 저차원적 인식과 다르지 않다. 그런데 그들이 전제했듯 웹툰 분야는 한국이 종주국이라 글로벌 시장의 시작점에 한국의 대형 업체들이 상위권을 차지하고 있는 상태다. 다시 말해 이 구상은 시장 점유에 성공 중인 업체들에 적당히 돈을 주면 뭐라도 되지 않겠느냐는 것으로, 이명박 전 대통령이 2009년 비상경제대책으로 언급한 "우리도 닌텐도 같은 거 만들자."라는, 통칭 '명텐도'의 다른 버전이나 다름없다. 여기에 슬그머니 만화 진흥에 관한 법률(만화진흥법)을 만화·웹툰산업 진흥에 관한 법률로 개정하겠다는 발상이 들어가 있는 것도 문제다. 그대로라면 산업 범주에 속하지 않는 만화들은 철저히 배제된다.

하지만 이 발표의 가장 큰 문제는 다른 것보다도 이게 〈윤석열차〉에 대한 구체적 보복안이라는 점이다. 축제나 국제 만화상, 인력 양성을 비롯한 갖가지 지원책과 업체 지원은 한국만화영상진흥원이 오랜 시간 진행해 오던 것이고, 상당 부분이 본 소관인 부천시 재정만이 아닌 국고를 받아 진행되어 왔다. 그러니 유인촌 장관의 당시 발표는 이를 문화체육관광부가 직접 하겠다는 선언이라 할 수 있다.

한국만화영상진흥원이 문제가 전혀 없는 것은 아니다. 내부에서 실권을 쥔 특정 인사의 전횡이 내부 조직 결속과 업무 환경을 심각하게 망가뜨려 왔다는 점은 업계 내에서 끊임없이 제기된 문제였다. 그러나 윤석열 정부는 이런 상황을 개선하기 위해서가 아니라 오로지 국가 최고 존엄을 만화로 비판했다는 이유로 돈줄을 쥐고 괴롭혔다. 그 방법이 고작 '명텐도 시즌2'였다. 윤석열 정부 3년에 걸친 드잡이질로 말미암아 한국만화영상진흥원의 문제를 개선할 길은 한층 요원해지고 말았다. 공교롭게도 이 발표를 내놓은 유인촌 장관은 명텐도가 나온 바로 그 시기에도 같은 부처를 맡고 있었다. 내어놓는 정책이 이 수준인 건 어쩌면 당연한 일이다.

〈윤석열차〉는 고등학생이 그린 만화 한 편에 지나지 않을지 모르지만, 이를 참지 못하고 집요하게 괴롭히는 권력자의 모습을 가감 없이 노출했다는 점에서 이후 일어날 일들의 예고편 역할을 톡톡히 했다. 윤석열과 김건희가 진정으로 마음이 넓은 사람들이었다면 일이 이렇게까지 틀어지진 않았을 것이다. 그러나 세상의 나쁜 위정자들이 그러하듯 그들 또한 참으로 옹졸했다. 2024년 12월 3일의 불법적 비상계엄으로 연결되는 일련의 과정은 결국 〈윤석열차〉를 두고 벌인 일과 무관하지 않았다. 임기 초반에 터진 〈윤석열차〉 엄중 경고 사건은 그래서 '독재의 증명'이라 할 만하다.

덕심의 증명, 탄핵 정국에 기치를 올린 깃발과 응원봉 그리고 K-POP

임기 시작 3년 차인 2024년의 겨울, 실책과 실정을 거듭하던 윤석열은 본인과 아내를 둘러싼 각종 의혹을 한 방에 뒤집을 카드로 비상계엄을 선택했다가 시민과 국회의원 들의 저항에 가로막힌다. 시민들은 거기서 멈추지 않고 12월 엄혹한 추위에 아랑곳없이 여의도에서, 광화문에서, 서울 한남동 대통령실 관저 인근에서, 남태령에서, 그 외 전국 주요 도시에서 윤석열을 체포하고 내란을 척결하라고 외쳤다.

계엄 당일 시민들은 오밤중에 '잘못될 수도 있다'는 사실을 알면서도 국회 앞으로 뛰어나가 무장한 군인들을 가로막았다. 이 나라의 역사 속에서 총칼 앞에 쓰러진 수많은 '앞서서 나간' 이들의 모습을 산 자로서 알고 있기 때문이었다. 이는 노벨 문학상을 수상한 한강 작가가 말했듯 죽은 자가 산 자를 구한 풍경, 과거가 현재를 돕는 풍경이었으나 한편으로는 끝날 때까지 끝난 게 아닌 상황이었다. 윤석열이 파면되지 않고 집무에 복귀하는 순간, 그가 하려던 모든 것을 이어서 진행할 것이 명확했기 때문이었다.

처단 대상을 모아 윤석열판 '데스노트'를 작성한 노상원 전 정보사령관의 표현을 빌려 쓰자면 시민들은 모두가 포괄적 '수거' 대상이었다. 겨우내 광장으로 나온 '선량(계엄사령부 포고령 1호 기준)하지 않은 이들'은, 총칼에 눈이 달려 있을 리 만무한 이상 사실상 목숨을 내걸었던 셈이다.

이런 현실적인 공포 앞에서도 시민들은 일말의 흥과 재미를 놓지 않았다. 이명박과 박근혜 때의 경험을 통해 끌려가고 맞고 심지어 고 백남기 농민처럼 죽을 수도 있다는 걸 알면서도, 이들은 거리에 모여 따로 또 같이 '이건 아니다!'라는 마음을 표출하기 위해 모여들었고 그 마음이 혼자가 아니라는 사실을 확인했다. 지난 시기 화염병 대신 촛불을 들었던 이들은 한 단계 더 나아가 각자 좋아하는 아이돌의 표식과 색상이 빛나는 응원봉을 들고나왔다. 박근혜 퇴진을 외치던 시기에 풍자와 해학이 묻어나는 깃발들을 선보인 시민들은 윤석열 퇴진 집회에서도 그 감각을 유감없이 발휘했다.

집회를 주관한 '윤석열즉각퇴진·사회대개혁 비상행동'은 세대를 가로질러 정치적 목소리를 내기 위해 모여든 젊은 층의 구미에 맞는 노래를 대거 집회 플레이리스트에 올렸다. 이에 부응한 젊은이들은 형형색색으로 꺼질 줄 모르는 응원봉의 물결을 연출하며 급기야 광장을 거대한 K-POP 공연장으로 변모시켰다. K-POP 씬을 대표하는 최신곡들과 시간이 가면 갈수록 너나 할 것 없이 일사불란하게 박자를 맞추는 수많은 깃발, 그리고 사이사이 광장을 뒤흔든 구호들은 그 자체로 지난 시기 독재자들에게 억울하게 쓰러져 간 이들을 향한 해원굿이자 현재와 미래가 독재자와 그 찬동자들의 것일 수 없음을 선언하는 명확한 메시지였다. 물론 이 시기의 메시지는 비단 윤석열만을 향하지 않았다. 젊은 페미니스트들과 성 소수자들이 중심이 되어 발산한 차별 반대와 다양성 존중에 대한 목소리는 그간 우리 사회가 놓쳐 왔던 지점들을 날카롭게 겨냥하고 있었다. 이 시기의 깃발과 응원봉, 그리고 K-POP은 그 자체로 우리 사회에 자리한 덕질 문화를 생생히 증명하고 있다는 점으로도 주목할 만하다.

특정 대상을 단순히 좋아하는 걸 넘어 내밀한 지점에 이르도록 깊이 수용하여 즐기는 태도와 실천 방법을 가리켜 우리는 '덕질'이라 부른다. 일본어 오타쿠ォタク에서 유래하여 만화를 비롯해 애니메이션, 게임을 깊이 파고드는 이들을 가리키던 용어가 K-POP과 결부되면서 그 폭을 만화는 물론 그 이외의 영역으로 확장해 나가고 있는 상황이다. 심지어 일본에서의 K-POP 유행과 함께 '토쿠치루トクチル'라는 표현으로 일본인들의 소셜미디어에서 쓰이는 모습도 나타나고 있다. 재밌는 건 한국인들이 자기 안에 깊이 들어온 대상을 향한 애정과 설렘을 사회 변혁을 향한 목소리를 내는 데 활용했다는 사실이다.

돌이켜보면 한국의 집회 문화에서 깃발이 다채로워진 것은 2016년 박근혜 퇴진 집회 때부터다. 그보다 앞선 2008년 미국 광우병 소고기 반대로 사람들이 서울시청 앞 광장에 모이기 시작했을 때, 시민들은 전문 시위꾼 아니냐는 우파들의 공격에 맞서 순수함을 입증하기 위한 방어기제로 "깃발을 내리라"고 외쳤다. 그후 2016년 집회 당시의 깃발들은 어디에 속해 있지 않음을 드러내는 방편으로 실제로는 없지만 있으면 재밌겠다 싶은 내용을 담기 시작했다. 민주노총을 패러디한

'민주묘총'을 비롯해 반기문 전 UN사무총장의 별명에 빗댄 '한국 기름장어 바로 알기 협회 뉴욕지회', 매주 토요일 오후에 하는 MBC 간판 예능 프로그램 무한도전(무도)을 제시간에 보고 싶은데 박근혜와 최순실 때문에 그러기 어렵다는 '무도 본방 사수위원회' 등이 재미와 해학과 풍자를 다 챙기며 호응을 얻었다. 그런 조류가 2024~2025년 윤석열 퇴진 정국에 이르러서는 한층 지엽적으로 다채로워졌다. '전국 공주 모임, 전국거북목협회, 원고하다 뛰쳐나온 로판 작가 모임회, 전국 깃발 준비 못한 사람 동호회, 전국 얼죽아 협회, 제발 아무것도 안 하고 싶은 사람들의 모임, 전국 수족냉증 연합, 붕어빵 천원에 3개 협회, 수능 끝나면 놀 수 있을 줄 알았는데 수능 끝난 고3영역 탄핵형, 전국 혈당 스파이크 방지 협회' 같은 이름들을 보고 있노라며 지극히 개인적인 상황이나 취향이 곳곳에 묻어나고 있음을 엿볼 수 있다.

  그 와중에 가장 눈길을 끈 깃발을 꼽으라면, 차이는 있을지언정 많은 이들이 '불꽃남자 정대만' 깃발을 얘기할 것이다. 크기도 크고 심지어 LED까지 박아 집회 현장이라면 어디서나 눈에 띄던 이 깃발은 일본의 인기 농구 만화 〈슬램덩크〉의 주연 중 한 명인 '정대만'(한국식 이름)을 응원하는 친구 영걸이 극 중에서 들고 다닌 것을 재현했다. 정대만은 한때 불량아의 길을 걸었지만 마음을 고쳐먹고 북산 고교의 대체 불가 3점 슈터로 자리매김하는 왕년의 에이스다. 비행의 대가로 체력이 약해졌으나 포기를 모르는 집념으로 독자들에게 강하게 각인된 캐릭터다. 〈슬램덩크〉는 일본 만화지만 한국에서 1990년대 초중반을 성장기로 보낸 이들의 기저 의식을 지배한 청춘의 교과서 같은

겨우내 이어진 윤석열 퇴진 집회에는 정말 각기 온갖 아무말을 담은 각양각색의 깃발이 모여 장관을 이루었다.

퇴진 집회에 개근하다시피 하여 열렬한 환호를 받은 '불꽃 남자 정대만' 깃발. 극장판 애니메이션 〈더 퍼스트 슬램덩크〉의 흥행 덕에 만화판을 실시간으로 보지 못했던 이들에게도 어렵지 않게 그 존재감을 과시했다. LED까지 동원하여 해가 저물면 한층 더 시선을 끌어모았다.

'포기를 모르는 오타쿠 연합' 깃발. 정대만만큼이나 자기가 좋아하는 대상을 향해서는 포기를 모르는 사람들이 오타쿠다. 정대만에 이어 〈슬램덩크〉의 주요 인물이자 〈더 퍼스트 슬램덩크〉의 원탑 주인공인 송태섭의 깃발도 그 아래 보인다. "뚫어 송태섭!"은 작중 송태섭이 사랑하는 매니저 한나가 산왕전 경기 중 외친 대사다.

게임 〈프로젝트 세카이〉의 캐릭터인 시노노메 에나를 중앙에 배치한 '카미야마 고등학교 시국선언자 모임' 깃발. 연명자는 '시노노메 에나 외 7인'으로 적혀 있다.

작품이었다. 그런 맥락 속에서 '불꽃 남자 정대만' 깃발은 한 시기를 만화와 함께했던 이들의 집단적 기억과 현재의 자기 의지를 연결하는 중요한 촉매로서 역할을 했다고 할 수 있다. 정대만이 등장하자 이에 질세라 도내 넘버원 가드라는 송태섭과 작중 팬클럽을 몰고 다닌 시니컬 미남 슈터 서태웅의 깃발도 등장했다.

〈슬램덩크〉가 워낙 유명해서 더 눈에 띌 뿐 깃발(손팻말 포함)에는 자기 덕질이나 덕질 문화의 일면이 드러난 경우도 왕왕 있었다. 이를테면 '덕후에게 덕질만 걱정할 자유를-응원봉 연대', '응원봉을 든 오타쿠 시민연대', '게임 하다 머리채 잡혀 나온 게임 오타쿠 연합'처럼 오타쿠(덕후)로서의 정체성을 강조한 경우도 있고, 아예 노트북과 책상을 들고 와 게임을 하며 "불안해서 집에서 게임도 못하겠다"라고 붙인 경우도 있다. 야광봉을 들고 춤추는 '오타게'를 빌려온 '대한오타게진흥협회'처럼 국내에선 마이너한 인지도를 지닌 덕스러운 유희가 드러나는 경우가 있는가 하면, '누칼협(누가 칼 들고 협박했냐?)'라는 남초 집단의 질 낮은 조롱을 역으로 비틀어 어느 무협 장르 독자가 '누구든지 칼을 뽑았으면 협을 행하여야 한다'라며 '협'이 무엇인지에 대해 되새기게 하는 힘을 보이기도 했다. 무협에서 '협의俠義'란 자기 이익이 아닌 정의와 의리를 추구하고 약자를 도우며 불의를 참지 않음을 뜻한다.

깃발과 더불어 집회의 상징물로 자리 잡은 응원봉의 경우 또한 K-POP 콘서트를 방불케 할 만큼 대형 스피커에서 나오는 아이돌 음악과 함께 더없이 빛을 발했다. 서로 생각이 다르다 못해 견제하기조차 서슴지 않았던 팬덤들이 한데 모여 각자 자기 가수의 응원봉을 들고 한목소리를 내는 이색적인 풍경이 연출된 것이다. 일찍이 퀴어문화축제에서 등장하며 '집회노래'로서는 첫선을 보인 소녀시대의 노래 〈다시 만난 세계〉가 2016년 이화여대에서 열린 미래라이프대학 신설 반대 시위 및 정유라 부정 입학 규탄 시위에서 불리면서 젊은 세대의 운동가가 된 바 있는데, 윤석열 퇴진 집회에서는 그 범주가 응원봉과 함께 에스파, 지디, 블랙핑크 등 K-POP 전반으로 확대된 것이다. K-POP을 덕질하는 아이돌 팬들은 음악 속 메시지에 감화되고 실천하려 드는 것은 물론 좋아하는 가수의 활동을 응원하기 위해 각종 조직 활동을 하는 데 특화되어 있다. 야외의 온갖 악조건 속에서도 '내 새끼들' 공연을 찾아다니며 몸으로 익힌 바가 집회 현장에서 고스란히 적용되더라는 웃지 못할 우스개가 나오기도 했다. 응원봉은 그런 이들의 무기이자 존재 증명이며, 또한 적잖은 돈을 써야 해서 평소 고이 간직해 두는 귀한 물건이기도 했다. 〈"사랑해 널 이 느낌 이대로"… '응원봉' 'K-pop'으로 새로 쓰는 집회 역사〉(정윤경, 《시사저널》, 2024.12.11.)라는 기사에 소개된 어느 K-POP 팬의 "가장 빛나고 귀한 걸 가져오고 싶었다."라는 말은 이들에게 응원봉이 어떠한 의미인지를 명징하게 보여 준다.

이렇듯 무수한 깃발과 응원봉은 덕심의 표현 방식이자 나아가 윤석열 퇴진 집회의 상징으로 기록되었다. 덕심은 나이 든 이들에게는 장난 같아 보일지 모르지만, 당사자들로서는 가슴속에 닿은 소중한 무언가를 내보이는 행위라는 점, 그리고 취향과 대상이 너무나 지엽적이기에 따로 있을 땐 견제 대상이 되기도 하지만 한데 모였을 땐 무엇보다도 다채로운 다양성을 드러낸다. 그것은 독재라는 이름의 획일화된 사회에 대한 거대한 저항이자, 저마다 다른 생각을 하는 이들이 한자리에 모여 어우러질 때 펼쳐질 미래를 그린 모습이기도 할 것이다.

어느 무협 장르 독자는 집회에 나가면서 "탄핵 시위에 나가는 게 덕질의 연장선이 되다니 또 가고 싶음. 협을 행하러 강호에 나가는 무협지의 주인공이 된 기분"이라는 문구를 남겼다. 덕질은 그 자체로 '좋아함'이지만 또한 지향하는 바의 확인이자 실천이기도 함을 이 엄혹한 시기가 확인하게 해 주었다.

얄팍함의 증명, 이준석의 AI 생성 만화

2025년 4월 4일 11시 22분 문형배 헌법재판소장 권한대행의 주문 낭독을 끝으로 제20대 대통령 윤석열은 파면되어 자연인으로 돌아갔다. 제21대 대통령을 뽑기 위한 대통령 선거일이 6월 3일로 고지된 가운데 각 정당은 후보를 정하고 짧고 굵직한 선거전에 돌입했다. 후보로 나선 이 가운데 20대 대선에서 윤석열 대통령 만들기에 역할을 했다가 이후 사이가 틀어지며 토사구팽당한 청년 우파의 기수 이준석도 포함돼 있었다.

'새로운 대통령'이란 슬로건을 내건 이준석의 개혁신당은 2025년 5월 14일 19시 5분 당 홈페이지에 '개혁신당 홍보본부' 명의로 게시물을 하나 올린다. 〈공약 4컷 몰아보기.zip〉이라는 제목으로 올라온

2025년 5월 14일 개혁신당 홈페이지에 올라온 정책 홍보 만화. '쾌도난마' 한자는 이후 수정되었으나, '문화체관광부'는 그대로다.

이 게시물은 "이준석 정부의 [압도적 효율 정부] 이렇게 바뀝니다!"라는 내용을 만화 형태로 담고 있다. 내용을 컷(칸)별로 설명하자면 다음과 같다. ① 산자부-환경부-농림부 등의 정부조직이 비효율적이고 ② 따라서 19개 부처로 나뉜 부처를 13개로 통폐합하며, ③ 이 부처들을 안보-전략-사회부총리 체제가 관할토록 하겠다. ④ 이렇게 '압도적으로 새로운 대한민국'으로 개편을 시작하면 ⑤ 부처들이 정리되어 ⑥ 칼질을 통해 최소 정부, 최대 분권이라는 쾌도난마가 완성된다.

소셜미디어에 공유되며 만화는 반향을 불러일으켰다. 하지만 그 방향은 올린 이들의 기대와는 사뭇 달랐다. 먼저 언급된 것은 직접 그린 게 아니라는 점이었다. 해당 홍보물은 OpenAI의 인공지능AI 챗봇인 ChatGPT 4o을 이용해 생성한 이미지를 늘어놓은 것으로, 만화를 활용해 정책 공약을 설명한다지만 만화가가 그린 부분이 없다. 그런데 AI를 썼다는 사실보다 더 회자된 것은 홍보물의 마지막 컷 내용이었다. 해설자 역할을 하는 캐릭터가 칼을 들고 '최소정부, 최대분권'을 외치는 대목에 느닷없이 크고 하얀 글씨로 '故事成語'라는 한자가 적혀 있다. 이게 뭔가 싶어 어안이 벙벙할 즈음 한자 아래로 눈을 돌리면, 한글로 작게 적은 '쾌도난마'라는 글씨가 보인다. 그러니까 '어지러운 일을 시원하고 명쾌하게 해결한다'는 뜻의 '快刀亂麻'가 들어가야 할 자리에 엉뚱한 한자인 '故事成語'가 들어간 것이었다.

해당 만화가 유권자들에게 고사성어의 한자 표기를 학습시키려는 의도는 아니었을 테니 '故事成語'라는 한자가 들어간 것은 명백한 실수였다. 하지만 개혁신당 홈페이지에 게시된 만화는 대통령 선거를 치를 목적으로 공당이 만든 공식 홍보물이었으니 실수가 있어서는 안 될 자료였다. 그러므로 만화 홍보물이 입방아에 오른 건 후보에 대한 정치적 견해차나 비호감도 67퍼센트(한국갤럽 2025.05.12~13. 여론조사 결과) 같은 문제와 달리 공식적인 자료조차 최소한의 완성도를 담보하지 못하는 집단이냐는 문제 제기와 닿아 있다.

　사실 홍보물이 지닌 문제는 한자를 잘못 표기했다는 정도에 그치지 않는다. 게시물의 제목은 '공약 4컷 몰아보기'였는데 실제 내용은 6컷으로 구성되었다거나 여성가족부는 '여가부'로 줄어서 썼는데 문화체육관광부는 '문화체관광부'라고 어정쩡하게 적은 것도 거슬리는 대목이다. 이후 개혁신당은 해당 게시물의 제목을 〈공약 N컷 몰아보기.zip [#1-10]〉으로 바꾸었지만, 내용 중 '문화체관광부'는 선거가 끝난 지 한 달이 넘어가는 2025년 7월 초순까지 바꾸지 않았다. 이러한 문제는 당이 내건 '최소 정부'와 '압도적 효율'이라는 목표가 그야말로 얄팍한 발상임을 드러내는 증거가 되었다.

　이 게시물을 단순한 해프닝으로 넘길 수 없는 지점은 또 있다. 개혁신당이 내건 '최소정부'란 결국 일할 주체, 즉 정부 부처와 사람을 줄이겠다는 것이고, 그렇게 도출할 수 있는 결과를 '압도적 효율'로 본다. 그런 정책을 담은 만화 홍보물은 개혁신당이 내놓을 수 있는 가장 명확한 답이라 할 수 있다. 등록부터 결과적으로 방치에 이른 이 게시물의 문제를 다시 정리하자면 이렇게 된다. 첫째, 만들 때 사람에게는 대가를 지급하지 않는다. 둘째, 최소한의 검수를 진행할 사람도 두지 않는다. 셋째, 결과물에 대해 끝내 책임을 지지 않는다.

　지난 3월 25일 OpenAI가 ChatGPT로 '지브리 스타일 이미지'를 만들 수 있다면서 유행 몰이를 시작한 때에서 개혁신당은 AI를 활용하여 홍보물을 만들어 화제됨에 오르고 싶었겠지만, 결과적으로는 AI가 지닌 한계와 당의 '압도적 비효율성'을 드러내는 모범적 사례(?)가

이준석보다 먼저 시작한 김문수 전 후보의 AI 생성 정책 홍보 만화 〈문수툰〉. 눈에 들어오지 않는 구성과 예스러운 색감으로 사람들의 시선 잡기에는 실패했다. 하지만 발행일을 명시하고 AI 생성 결과물임을 밝히는 등 공식성을 기하려는 노력의 흔적이 보인다.

되고 말았다. 그나마 이준석은 논란의 대상이 되었다는 점에서 어쩌면 성공했는지도 모르겠다. 국민의힘 김문수 캠프가 AI로 생성한 홍보 만화 '문수툰'을 4월 23일부터 후보의 X 계정(@kimmoonsooII)에 올린 게 먼저였으나 구성과 밀도 면에서 눈에 들어오게 만들지 못한 탓인지 별다른 반향이 없었다.

AI의 저작권 침해 소지는 여전히 논란거리다. 남이 만든 데이터를 학습한 AI 사용 자체가 반칙이고 권리 침해라는 주장도 있지만, 인간의 학습 방식 또한 이와 다르지 않다는 반론도 있다. OpenAI가 이용자가 올린 사진을 지브리 스타일로 바꿔 주는 기능으로 상업적 재미를 보는 모습은 그리 적절치 않지만, 현실적으로 도구로서의 AI 사용을 막을 방법이 존재하지 않는 것은 분명한 사실이다. 한국저작권위원회가 2025년 6월 30일 등록한 〈생성형 인공지능 활용 저작물의 저작권 등록 안내서〉는 AI를 활용한 생성물도 창작자로서의 인간이 개입했음이 입증되는 경우 저작권 등록이 가능하다는 기준점을 제시한다.

이는 곧 AI를 이용한다 해도 사람이 개입해야 오롯이 창작물로 인정받을 수 있으며, 사람의 개입이 'AI가 생성한 결과물을 그대로 가져다 붙이는 것'에 해당하지 않음을 의미한다. 이는 AI를 활용하여 콘텐츠를 제작하는 이들에게 부과된 최소한의 책임일 것이고, 이를 세밀하게 해낼 때 비로소 단순 생성물과 다른 품질의 결과물을 얻을 수 있다. 이것이 AI를 활용하는 시대에 최소한의 합의이자 창작의 기본 전제라고 할 수 있다.

돌아와서 정리하자면, 이준석과 개혁신당의 AI 만화 홍보물은 내용에서 '최소정부'와 '효율'을 외치지만 최소한의 합의에 이른 결과물을 만들지 못했다. 이 게시물의 가장 큰 문제는 AI 활용 그 자체라기보다는 이를 이용해 주장한 주제인 효율, 그리고 그 효율을 앞세워 재단하려 한 것이 이 나라의 '정부'라는 점이었다. 이준석은 단순 유명인이 아니라 대통령이 되겠다는 현역 정치인이고, 그가 내놓은 건 공당의 대통령 선거용 공식 자료였다. 따라서 이 문제는 AI로 만화를 만들어 유행에 편승하는 수준에 그치는 것이 아니라 효율을 위해 사람을 쓰지 않는 것을 정책화하겠다는 이야기로 연결될 수밖에 없다. 결과적으로 이준석이 당선되는 일은 벌어지지 않았으나 그의 득표는 8.33퍼센트로 300만 표에 근접한 수치를 기록했다. 이준석이 그리는 '효율'적인 정부의 상相에 공감한 사람이 그만큼이나 된다는 건 우려스러운 일이 아닐 수 없다. 심지어 이러한 정부의 상이 이준석만의 문제가 아님을 시민들은 윤석열 시대와 이전의 우파 정부를 통해 익히 보아 온 바다.

그런데 현재 만화 콘텐츠 업계는 이준석의 발상과 딱히 다르지 않은 형태로 굴러가는 중이다. 2017년 인터랙션 웹툰 〈마주쳤다〉 이래 AI 기술을 적극적으로 개발하고 있는 네이버 웹툰의 경우 주 70~100컷이 넘는 분량을 컬러로 채워야 하는 문제를 AI로 해결하려고 하고 있다. 즉 기술 개발의 방향이 적절한 인력을 쓰고 적절한 대가를 지급하는 방식이 아니라 작업량을 맞추기 위해 효율적으로 AI를 활용하는 방향으로 향하고 있다는 이야기다. 네이버는 AI 도입과 관련해 일관되게 "그림을 못 그려도 AI를 통해 작가가 될 수 있다."는 관점을 견지함으로써(황순민, 〈그림 못 그려도 누구나 웹툰 작가 된다〉… 네이버 '웹툰 AI 페인터' 출시〉, 《매일경제》, 2021.10.20.) 개인 단위의 창작 역량을 소재 발굴을 위한 아마추어 풀에 국한하려는 움직임도 보이고 있다. 이는 웹툰이 개인 작가가 아닌 업체 단위가 제작하는 과정과 연결된 문제다. 그사이에 창작 노동자의 역할은 조용히 지워진다.

'효율'이 아무리 좋고 중요한들, 효율을 앞세워 사람을 생각하지 않으면 현실은 이준석의 홍보용 AI 만화 같은 것이 된다. AI가 가져다 줄(또는 AI로 표상되는) '효율'을 이용해 진짜로 줄이려 하는 것의 정체가 무엇인지 명확히 알아야 하는데, 정작 이 문제를 판단하고 방향을 결정할 이들이 다른 쪽을 보고 있는 것이 문제다.

언제까지 효율을 따지며 노동자가 죽어 나가는 현실을 외면할 텐가? 웹툰 작가들의 정신과 육체적 건강 상태에 대해 전해 들을 때면 살인적인 노동 현장의 이야기가 남의 일 같지 않다. 우리가 사는 사회는 별건 같은 사안이 다 연결돼 있고, 실질적 변화를 위해 정치적 화두로 승화할 수밖에 없다. 윤석열 시대를 끝내고 제21대 대통령으로 선출된 이재명 또한 AI 정책을 주요 공약으로 내걸고 있는바 이상의 상황에 대한 면밀한 검토와 실질적인 해결 방안을 강구해야 할 것이다.

자투리 1

〈윤석열차〉로 시작해 계엄으로 끝난 윤석열 정권기를 한마디로 정리하자면 문자 그대로 '사고'였다. 하지만 문화예술인, 그 가운데에서도 특히 만화인의 입장에서는 이 기간을 그야말로 각별한(?) 감각으로 받아들일 수밖에 없었다. 왜냐하면 너무나 익숙한 풍경이라서 그렇다. 전쟁을 겪고 독재를 견딘 한국 만화가 또다시 계엄의 늪에 빠진 형국이라 통탄할 일이지만 낯설지 않은 모습이어서다.

윤석열 정부는 〈윤석열차〉라는 풍자만화 한 편을 견디지 못하고 으름장을 놓았다가 왕년의 독재정권과 달리 여론이 뒷받침되지 않음을 감지하자마자 표절 시비를 걸어 망신 주기 전략을 펼쳤다. 이후 시간을 들여 지속적으로 예산을 축소해 공모전 시행 기관을 그야말로 '못살게' 굴었다. 여기에 더해 계엄사령관 명의로 발표한 계엄포고령 제1호는 일체의 정치 활동을 금하는 1항, 언론과 출판에 대한 계엄사의 통제를 규정한 3항, 반국가세력과 선량한 일반 국민을 구분한 6항 등의 내용으로 시민의 언로(言路)가 될 모든 대상의 입을 틀어막고 규정에 따라 손쉽게 '처단'하겠다는 것을 명시하고 있다.

표현의 자유를 막을 뿐 아니라 정권을 향해 비판 목소리를 내는 행위를 '체제전복'으로 규정하는 윤석열 정권의 행태에 대해 만화인들 태반의 심정은 "또냐!"에 가까웠다. 그도 그럴 것이 만화가들은 정부가 독재적인 면모를 드러낼 때마다 릴레이 만화로, 만화 캐릭터 성명서로 경각심을 일깨우는 데 앞장서 온 바 있다. 〈윤석열차〉 때를 보자면, 한국만화가협회와 한국웹툰작가협회는 2022년 10월 7일 성명을 냈다. 우리만화연대, 한국카툰협회 등 7개 단체도 같은 날 별도의 성명서를 냈다.

한국만화가협회와 한국웹툰작가협회는 〈한국 만화가 선배들이 지키고 싸

워온 표현의 자유와 가치를 다시 한번 생각합니다〉라는 성명서에 "(문체부의) '엄중 경고'에 다시 '엄중 경고'한다", "카툰은 기본적으로 다양한 입장의 정치적 풍자를 담고 있는 매체", "정치적 주제를 다루는 것은 당연하고 어떤 방향의 정치적 입장 표명이라도 존중 받아야 된다"라는 메시지를 담아 장관 차원의 사과와 재발 방지를 촉구했다. 우리만화연대와 카툰협회 등 7개 단체는 〈만화공모전 수상 학생과 기관에 가해진 부당한 압력을 중단하라!〉는 성명서로 "고등학생의 공모전 작품 선정을 상대로 정부가 한판 씨름이라도 해보겠다

<윤석열차>를 둘러싼 표현의 자유 침해를 규탄한다

한국만화영상진흥원이 주최하는 제25회 부천국제만화축제에서 전국학생만화공모전 카툰 부문 금상 수상작 <윤석열차>가 전시되었다. 문화체육관광부(이하, 문체부는 10월 4일 보도자료를 통해 "정치적 주제를 노골적으로 다룬 작품을 선정해 전시한 것은 학생의 만화창작 욕구를 고취하려는 행사 취지에 저촉하고 이곳나기 때문에 만화영상진흥원에 유감을 표하며, 엄중히 경고한다"고 밝혔다. 이어 문체부는 4일 오후 9시에 배포한 후속 보도자료에서 "만화영상진흥원이 전국학생만화공모전에서 당초 승인사항을 결정적으로 위반해 공모를 진행했다며 후원명칭 승인을 취소하겠다"는 입장을 밝혔다.

문체부의 '경고'는 명백히 표현의 자유를 침해한 폭력적이고 억압적인 처사다. 본래 만화는 풍자성과 해학성이 중요시되는 장르다. 풍자는 기득권층을 비꼬는 신랄한 표현으로 힘없는 대중의 억눌린 분노를 해소시키고, 해학은 일상에 찌들어 있는 대중에게 웃을 수 있는 빌미를 제공하는 역할을 수행한다. 그 가운데에서 <윤석열차>가 출품된 카툰 부문은 한 칸 또는 짧은 칸 안에 작가가 표현하고자 하는 바를 압축해 그려내는 형식을 취한다.

카툰에는 풍자적 희화라는 의미가 깊게 내포되어 있는데, 특히 정치 사회의 풍속적 문제에 대한 대중의 관심을 환기하려는 사명이 있다. 카툰은 사회적 변화에 관한 실황 방송이며, 때로는 사회적 타당성에 대한 개선책을 마련해주는 역할을 한다. 카툰은 인간과 사물, 세태와 사건을 보는 영역이기도 하다. 이를 문제 삼고 공적인 경고 조치까지 내린 문체부의 행태가 만화에 대한 몰이해에서 비롯되는 것은 아닌지 심히 우려스럽다. 작품의 내용에 동의를 하지 않든, 작품에 대한 비판은 저잣거리의 논자들 사이에서 행함으로써 해소되어야 할 문제이지 기관이 나서야 할 일이 아니다.

일부 언론에서는 <윤석열차>가 표절작이라며 이를 후원 명칭 취소 사유로 지목하기도 한다. 그러나 <윤석열차>의 컨셉인 기차는 서구 카툰에서 자주 등장하는 클리셰이자 패러디 요소다. 조금만 찾으면 유사 사례들을 어렵지 않게 볼 수 있음에도 표절을 운운한 것은 아전인수에 지나지 않는다. 덧붙여 학생의 창작이 정치적 주제를 노골적으로 드러내서는 안 된다는 문체부의 주장은, 역으로 "만화창작 욕구"를 출품작에 담아낸 일개 고등학생을 향한 공권력의 무자비한 탄압이라 하지 않을 수 없다.

우리는 블랙리스트로 문화예술인을 압박했던 지난 이명박·박근혜 정부의 행태를 똑똑히 기억한다. 이는 명백한 자유의 퇴행이다. 퇴행하는 윤석열 정부의 행태에 분노하며, 다음과 같이 요구한다.

1. 문화체육관광부는 경고와 행정조치 예고를 즉각 철회하라
1. 문화체육관광부는 공모전 주최 기관과 해당 작가에게 즉각 사과하라
1. 문화체육관광부는 표현의 자유를 침해한 데에 사과하고, 재발 방지를 약속하라

2022년 10월 06일

<만화 연구와 비평> 회원 일동

'윤석열차' 외압 논란에 대한 성 명 서

자유!자유!자유!자유!자유!
자유!자유!자유!자유!자유!
자유!자유!자유!자유!자유!
자유!자유!자유!자유!자유!
자유!자유!자유!자유!자유!
자유!…… 자유!…… 자유!

20022년 10월 5일

KECA 전국시사만화협회
Korea Editorial Cartoon Association

<윤석열차> 경고 사건에 맞서 만화계는 성명서를 발표했다. 왼쪽부터 만화가협회·한국웹툰작가협회(2022.10.07.), 만화 연구와 비평(2022.10.06.), 전국시사만화가협회(2022.10.05.)가 낸 성명서.

는 것인가? 문제가 될 수 없는 문제를 굳이 긁어 부스럼을 만든 문체부에 유감을 표하지 않을 수 없다"라며 사과와 재발 방지를 요구했다. 이들보다 하루 앞선 10월 6일에는 '만화 연구와 비평' 모임이 이명박, 박근혜 당시의 블랙리스트를 상기시키며 사과와 재발 방지 약속을 요구하는 성명을 〈윤석열차를 둘러싼 표현의 자유 침해를 규탄한다〉라는 제목으로 냈다. 이 모임은 한국만화영상진흥원의 필요에 의해 2013년 발족했다가 2021년 강제 해산당한 만화포럼을 전신으로 하는 만화 연구자와 비평가들의 집단으로서, 한국만화영상진흥원이 정부에 당한 폭압 앞에서 목소리를 냈다.

이 시기 대외적으로 큰 화제가 된 것은 〈윤석열차〉 경고 사건에 당사자성을 느꼈을 시사 만화가들의 성명서였다. 전국시사만화협회는 만화계의 두 성명서가 나오기 이틀 전인 10월 5일 〈'윤석열차' 외압 논란에 대한 성명서〉를 발표했다. 거기에는 '자유!'라는 글자가 33회 반복돼 있었다. 이는 윤석열이 2022년 8월 15일 광복절 축사를 하는 13분 동안 '자유'를 33번 반복한 사실을 패러디한 것으로, 자유를 침해한 자에 대한 그야말로 통렬한 비판이었다. 이 성명서는 1980년 5월 20일 《전남매일신문》기자들이 5.18 광주의 학살 현장을 취재한 내용을 조판까지 마치고도 신문 발행을 하지 못한 데 항의하며 제출한 사직서를 닮았다. 당시 전남매일신문사 사장 앞으로 제출된 사직서에는 "우리는 보았다, 사람이 개끌리듯 끌려가 죽어가는 것을 두 눈으로 똑똑히 보았다. 그러나 신문에는 단 한 줄도 싣지 못했다. 이에 우리는 부끄러워 붓을 놓는다."라는 네 문장만이 적혀 있었는데, 시사만화가들의 풍자가 담긴 성명서도 그에 못지않은 분노가 형형했다.

비상계엄 때도 만화인들은 목소리를 냈다. 2024년 12월 9일 '윤석열 내란 사태와 탄핵에 대해 철저한 수사와 처벌을 요구하는 만화인 일동' 명의로 〈내란의 수괴, 윤석열과 그 공모자들을 즉각 파면 및 구속하라!〉라는 제목의 시국성명서를 발표했다. 한국만화가협회를 비롯해 우리만화연대, 웹툰협회 등 만화계 협회와 단체 대부분이라 할 17곳이 한데 뭉쳐서 낸 이 성명서에 원로 작

만화인 시국 선언문

내란의 수괴, 윤석열과 그 공모자들을 즉각 파면 및 구속하라!

2024년 12월 3일 밤 10시 22분, 윤석열 대통령은 위법적 비상계엄을 선포하여 대한민국의 헌정을 유린했다. 이 충격적인 행위는 불과 2시간 30분 만에 국회의 해제의결로 저지되었지만, 대한민국의 민주주의와 국민의 생존은 심각한 위협에 처했다.

이어진 12월 7일, 국회는 김건희 특검법과 윤석열 탄핵소추안을 표결에 부쳤으나, 국민의힘 의원들의 조직적 퇴장과 방해로 부결되는 반민주적 사태가 발생했다. 단순한 징치적 대립을 넘어선 국정의 마비와 헌정질서의 파괴를 보여주는 사건으로, 국무총리 한덕수, 국민의힘 한동훈 대표, 추경호 의원 등 정부와 여당 주요 인사들이 불법적 권력 이양과 내란 공모에 연루되었음을 명백히 드러냈다.

윤석열은 여전히 대통령직과 국군 통수권을 유지하며 대한민국의 존립을 위협하는 내란 범죄자로 남아 있다. 하야할 의사가 없음을 공언하며, 형식적인 정치적 책임만 언급하는 모습으로 민주공화국의 가치를 짓밟고 있다. 현재의 국정 상황에서 윤석열의 탄핵과 즉각적인 직무 정지가 대한민국을 보호하기 위한 유일한 방법임은 자명하다.

12월 8일 국가수사본부는 윤석열 대통령을 내란죄 피의자로 입건하였으나, 여전히 그 공모자들에 대한 조사와 처벌은 미온적이다. 국무위원, 국방부 장관, 국민의힘 지도부 및 관련 인사들에 대한 철저한 조사와 강력한 법 집행이 이루어지지 않는다면, 대한민국의 헌정 질서와 국민의 안전은 회복될 수 없다.

대한민국 만화인 일동은 이번 반란사태를 심각한 국가적 위기상황으로 보고 있다. 철저한 수사와 그에 따른 사법부의 정의로운 판단이 나올 때까지 결코 물러서지 않을 것이다. 윤석열의 파면과 구속, 내란 공모자 전원 체포 및 처벌이 이루어질 때까지 우리 만화인들은 싸움을 멈추지 않을 것이다.

이에 우리는 다음을 강력히 요구한다.

1. 윤석열을 탄핵하여 대통령 직무를 정지시키고, 즉각 구속해서 철저히 수사하라!

2. 내란 공모자 및 공범자인 한덕수 총리와 국무위원, 여당의 한동훈 대표, 추경호 의원 등 국민의힘 주요 인사들을 즉시 출국금지 조치하고 철저히 수사하라!

3. 국회와 검찰, 경찰, 공수처는 모든 수단과 방법을 동원해, 반란을 공모한 모든 세력을 엄벌하고, 대한민국 민주주의와 헌법 질서를 재건하기 위한 조치를 신속히 강구하라!

2024년 12월 9일
윤석열 내란사태와 탄핵에 대해 철저한 수사와 처벌을 요구하는 만화인 일동

* 만화웹툰 협단체(가나다순)
(사)우리만화연대, (사)웹툰협회, (사)한국만화가협회, (사)한국만화스토리협회, (사)한국만화웹툰평론가협회, (사)한국만화웹툰학회, (사)한국웹툰산업협회, (사)한국웹툰작가협회, (사)한국카툰협회, 여성만화가협회, 웹툰작가노조, 광주웹툰콘텐츠협회, 광주전남만화웹툰연대, 부산경남만화가연대, (사)대전만화연합, 제주만화인연대, 지역만화웹툰협단체연합

* 만화인 명단(총566명, 가나다순)

간부추, 강경열, 강길수, 강도하, 강보림, 강석훈, 강소라, 강수빈, 강승훈, 강신영, 강예지(작가명:어기룩), 강재호, 강전훈, 강정화, 강촌, 강풀, 강형규, 강호연, 고경숙, 고경일, 고농농, 고민정, 고순정, 고아라, 고정욱, 고흘석, 곳서술, 공성호, 공영식, 공종철, 곽미서, 곽민정, 곽백수, 곽원일, 구아진, 구은민, 구정인, 국중록, 권경ין, 권계림, 권동욱, 권동희, 권영, 권영희, 권은영, 권지연, 권창호, 권혁주, 권혜련, 금영훈, 기연희, 김건, 김건우, 김경민, 김경아, 김경호, 김규정 (필명 김밀콩), 김나경, 김나연, 김대지, 김대훈, 김동범, 김동하, 김동훈, 김득원, 김명완, 김명현, 김명환, 김미주, 김민서, 김민정, 김민준, 김민지, 김민회, 김범완, 김병수, 김병철, 김봉유, 김빛내리, 김서윤, 김선우, 김성재, 김성진, 김성혜, 김성훈, 김세영, 김세종, 김세진, 김소라, 김소원, 김소희, 김수진, 김수현, 김순태, 김슬기, 김신, 김신애, 김양수, 김영민, 김영오, 김예린, 김은유, 김완, 김용길, 김용회, 김우중, 김유라, 김유수, 김윤경, 김윤진, 김은경, 김은수, 김은정, 김은정, 김은정, 김은진, 김은하, 김은혜, 김은희, 김인정, 김인호, 김재수, 김정영, 김정은, 김정태, 김종범, 김종옥, 김준범, 김준성, 김준형, 김준희, 김지연, 김진석, 김찬희, 김태건, 김태경, 김태순, 김태원, 김태헌, 김태형, 김태호, 김평강, 김평연, 김현준, 김형배, 김혜린, 김혜성, 김혜수, 김혜연, 김혜원, 김홍모, 김홍선, 김희로, 김희성, 나연경, 나인수, 남기보, 남승현, 남정훈, 남준석(억수씨), 남지은, 노경해, 노미영, 노윤생, 노이정, 도안나, 다담, 라떼팬더, 라마, 류기운, 류두열, 류승현, 류형선, 만두비, 명랑, 모해규, 문나영, 문정호, 문정후, 문종필, 문지현, 문전일, 문태연, 문택수, 문홍윤(필명 문시후), 문홍미, 미깡, 미역의효능, 바빔, 박건웅, 박남기, 박동성, 박옹현, 박만두, 박명운, 박미승, 박민경, 박민지, 박나비, 박상선, 박석환, 박성화, 박성훈, 박세현, 박소영, 박소해, 박소현, 박소희, 박수동, 박수로, 박수민, 박신영, 박연조, 박용용, 박은지, 박은진, 박정아, 박정옥, 박정현, 박종호, 박지윤, 박진환, 박찬호, 박채빈, 박천용, 박태성, 박항아, 박해성, 박해진, 박향미, 박현숙, 박현우, 박현일, 박홍용, 박희성, 반한나, 배가혜, 배고은, 배광선, 배민기, 배서우, 배유나, 배재현, 백건우, 백상은, 백수진, 벡승훈, 백영욱, 백은지, 백정숙, 백종범, 백종인, 백지연, 버내노, 버선버섯, 변연재, 변장숙, 보름, 복슬, 불친, 불키드, 사자솜, 상한녹차, 서각, 서강용, 사말, 서범강, 서아라, 서윤에서, 서온영, 서재복, 서찬휘(임채진), 선우훈, 성기욱, 성대훈, 성림, 성소희, 성용제, 소노수정, 소만(천정연), 소은, 손만식, 손병준, 손영식, 손영완, 손유진, 손일지, 손정환, 손준혁, 손지혜, 손진호, 손창규, 송백, 송윤정, 송철운, 순다은, 승환, 시우, 시뉴라, 시데마, 신경순, 신명환, 신성식, 신영우, 신유리, 신형준, 신훈, 심윤수, 심정밋, 심차섭, 아트만두, 안세희, 안소라, 안은진, 안의영, 안재진, 얀종반, 약수, 양경주, 양세훈, 양영순, 양정미, 양창규, 엄세윤, 엄주봉(캡맨아저씨), 엄주석, 여법융, 여찬후, 여현미, 여호경, 연제원, 염철균, 예환, 오승헌, 오율식, 오은지, 오정호, 온준석, 오진아, 오하준, 오해준, 오혁진, 오현동, 옥한돌, 우구, 우연희, 우영식, 우은지, 우혜미, 우효정, 원민관, 원수연, 원현재, 위원식, 유국화, 유나연, 유아영, 유영초, 유일, 유재영, 유효정, 유희식, 육미화, 윤경령, 윤기현, 윤남선, 윤영식, 윤정은, 윤지혜, 윤창원, 윤태양, 윤태호, 윤현숙, 이우, 이건용, 이기민, 이기호, 이길우, 이대미, 이대호, 이도헌, 이도현, 이동건, 이동우, 이립, 이명현, 이문영, 이병진, 이빈, 이상희, 이상국, 이상미, 이상신, 이상훈, 이선인, 이세운, 이소희, 이수민, 이수빈, 이순모, 이슬기, 이승호, 이시영, 이신영, 이아미, 이연욱, 이연우, 이예린, 이예은, 이용건, 이용일, 이윤희, 이은경, 이은홍, 이인철, 이자현, 이재민, 이재철, 이정연, 이정윤, 이정헌, 이총범, 이주영, 이주희, 이즐라, 이지용, 이지웅, 이지현, 이진사, 이진아, 이창현, 이철호, 이충국, 이충호, 이하진, 이해경, 이현세, 이현수, 이현우, 이현재, 이현정, 이혜란, 이호국, 이화성, 이희재, 임남택, 임덕영, 임석남, 임성훈, 임소희, 임재환, 임종철, 임주영, 임진국, 임현정, 장가현, 장식태, 장세이, 장슬기, 장우혁, 장윤호(장동), 장현트, 장희은, 재수, 전병진, 전세훈, 전영옥, 전영주, 전유호, 전호진, 정규하, 정기영, 정미정, 정미현, 정복필, 정성완, 정연식, 정영화, 정예리, 정우열, 정운석, 정인화, 정재홍, 정재훈, 정종수, 정준영, 정지성, 정지연, 조금희, 조녁제, 조성계, 조수진, 조안나, 조요셉, 조학안, 조원표, 조은, 조은희, 조익상, 조진연, 조한솔, 조현상, 조혜승, 조홍회, 종수, 주다빈, 준쓰, 지성민, 진수지, 진야, 차은니, 차재진, 천계영, 천명기, 천범식, 천지성, 최경민, 최경실, 최금락, 최보은, 최석환, 최승희, 최애경, 최연승, 최원낙, 최유미, 최윤식, 최인수, 최재정, 최재훈, 최정규, 최정민, 최재연, 최주호, 최해술, 최호철, 하신아, 하윤정, 하은희, 하일권, 한유회, 한주현, 해마, 해운, 허어, 허영, 혜음, 현용민, 혜진양, 홍비치라, 홍성화, 홍세훈, 홍영미, 홍정암, 홍천희(클로버), 황기연, 황미나, 황소이, 황욱, 황윤희, 황재오, 황준호, 황중환, 황진선(타미부), 후크정, DJ공룡, seri

만화계 협회와 단체 17곳 및 만화인 566명이 연명한 비상계엄 관련 시국 성명서(2024. 12.09.).

가들은 물론 학계, 평론가, 산업계 등 566명이 연명해 분노의 크기를 짐작하게 했다. "대한민국 만화인 일동은 이번 반란사태를 심각한 국가적 위기 상황으로 보고 있다. 철저한 수사와 그에 따른 사법부의 정의로운 판단이 나올 때까지 결코 물러서지 않을 것이다. 윤석열의 파면과 구속, 내란 공모자 전원 체포 및 처벌이 이루어질 때까지 우리 만화인들은 싸움을 멈추지 않을 것이다."라고 외친 이 성명서에서 만화인들은 윤석열 탄핵과 직무 정지, 구속 수사, 주변 인물들의 출국금지 및 수사 등을 강력히 촉구했다.

본문에서 언급했듯 계엄 당시 창의력을 발휘한 깃발들을 들고나온 이들이 화제였는데, 만화인들 역시 성명서뿐 아니라 소셜미디어에서 만화와 일러스트 형태로 엄혹한 시기의 풍경을 조명했다. 그중 세간의 주목을 받은 것은 〈내 친구 다은이〉 등을 그린 이정헌의 키세스단 그림이었다. 2025년 1월 5일 서울 한남동 대통령 관저 인근에서 열린 윤석열 퇴진 집회에서 추위를 피하기 위해 은박 담요를 두른 채 밤을 지새운 시민들이 있었는데, 사람들은 이들을 비슷한 형상을 한 초콜릿 제품 브랜드에 빗대어 '키세스단'이라 불렀다. 만화가 이정헌은 그곳에 같이 있지 못한 미안한 마음을 담아 키세스단 중 한 명을

집회 현장을 지킨 키세스단을 담아 화제가 된 이정헌의 그림 〈고맙습니다. 미안합니다. 응원합니다〉.

작품으로 형상화하여 '고맙습니다. 미안합니다. 응원합니다.'라는 문구를 더해 공개했다. 이 그림은 윤석열 탄핵 정국에 많은 이들로부터 호응과 공감을 받았다.

    그런데 이 그림이 느닷없이 《혁명과 반혁명: 반국가 세력의 혁명과 대통령 윤석열의 반혁명을 말한다》라는 책 뒤표지에 도용되면서 논란이 일었다. 해당 도서는 부제에서 보듯 윤석열의 계엄을 옹호하므로 키세스단이나 이정헌의 의도와 정반대 입장을 띠고 있다. 도용도 문제지만 그림 위에 "한남동에서 그를 기다린다, 자유민주주의가 아닌 땅에서 살고 싶지는 않다. 차라리 얼어죽는 길을 택하겠다"라는 문구까지 붙여 놓았다. 이정헌 작가는 2025년 3월 24일

장재희가 2025년 1월 6일 소셜미디어에 공개한 키세스단 그림 〈고맙고 미안하고 벅차도록 눈이 부신 소녀들에게〉를 이틀 만에 정반대 의미로 훼손하고 도용한 우파의 게시물이 X에 올라왔다.

국회 소통관에서 진보당의 주선으로 기자회견을 열고 이와 같은 왜곡된 이용을 비판했다. 해당 도서의 작가이자 출판사 북저암의 대표 장영관은 기자회견 전날인 2025년 3월 23일 출처를 확인하지 않고 쓴 불찰로 책을 전량 회수해 폐기하겠다고 밝혔다.

  우파들이 키세스단을 그린 만화를 왜곡한 사례는 이것만이 아니다. 대전 촛불행동 홍보국장으로 활동하는 장재희(페이스북 활동명 '장충만')가 2025년 1월 6일 공개한 〈고맙고 미안하고 벅차도록 눈이 부신 소녀들에게〉를 이틀 뒤인 1월 8일 오전 X(구 트위터)의 우파 계정이 "감사합니다 어르신, 이젠 2030이 함께 지키겠습니다. 함께 싸우겠습니다"라는 문구를 붙여 도용한 사건도 있었다. 도용한 그림은 원래 작품의 촛불을 경광봉으로, '윤석열 체포'라는 문구를 태극기로 바꿨다. 또한 계정에는 '이 포스터는 이제부터 우파껍니다.'라는 조롱이 섞인 문구도 달려 있었다. 이에 장재희 작가는 관련 건을 경찰에 고발했다. 하지만 장재희 작가가 2025년 3월 18일 페이스북에 공유한 바에 따르면 고발 후 2달 정도 지나 가해자의 인터넷 IP주소와 전화번호가 확인되었으나 출처가 필리핀인 것으로 확인되었으며, 경찰은 이쯤에서 수사를 중단하자며

이정헌이 주도하여 낸 만화인 44컷 성명서. 표지에는 박건웅의 그림이 담겼다. 성명서 안에는 나의 그림 〈넌, 그때 황석영 선생님 말씀을 들었어야 했다〉도 있다.

요구하고 있다고 한다.

키세스단을 그린 이정헌은 이후 만화인들을 모아 탄핵 선고를 하루 앞둔 2025년 4월 3일 〈윤대통령 탄핵 인용 촉구 만화인 44컷 성명서〉를 발표하기도 했다. 성명서를 준비하자마자 파면 선고일이 정해져서 준비 기간이 짧았지만, 모아 놓고 보니 신기하게도 선고 날짜인 4월 4일에 맞춰 정확하게 44컷이어서 '44컷 성명서'가 되었다고 한다. 이 성명서에는 만화인들의 그림 44컷과 함께 서른 명의 글귀도 함께 실려 있다. 성명서의 발표자 명의는 '윤대통령 탄핵 인용을 촉구하는 만화인 일동'이었다.

> 자투리 2

윤석열의 계엄에서 파면에 이르는 과정을 기록한 영상은 많지만 사람들에게 가장 강렬한 인상을 준 것을 꼽으라면, 2025년 5월 8일 '평화 프로젝트'가 공개한 〈다시 만난 세계〉(감독 낙원)를 꼽을 법하다. 1분 13초 분량으로 제작된 이 애니메이션은 2024~2025년 광장에서 다시금 울려 퍼진 소녀시대의 '다시 만난 세계'를 배경음악으로 삼아 윤석열 탄핵 집회에서 나타난 장면 장면을 오덕스럽고 유머러스하면서도 섬세한 감성으로 담아냈다.

온갖 빛깔의 응원봉, 다채로운 깃발, 선결제 응원이라는 창의적 발상으로 이어진 나눔의 연대 속에서 세대와 젠더를 막론하고 자신이 중요하다고 생각하는 가치를 지키기 위해 거리로 나온 '산 자'들이 과거 '앞서서 나갔던' 이들의 의지를 이어받았음을 시각적으로 드러내는 대목은 단연 백미. 덕후적 창의성으로 현실을 기록하고 기억하는 방법이 궁금한 이들에게 이 영상을 권한다.

평화 프로젝트가 제작해 유튜브에 공개한 〈다시 만난 세계〉 애니메이션의 한 장면.

2025년 7월 4일부터 14일까지 서울교통공사는 총 상금 510만 원을 걸고 〈AI 그림 공모전〉을 열었다. 주제는 '약자와 동행하는 서울 지하철'이었다. 그런데 정작 서울교통공사는 윤석열 정권기 내내 전국장애인차별철폐연대(전장연)를 비롯한 교통 약자의 이동권 보장 시위를 폭압적으로 막아선 당사자다.

이 건과 관련하여 이준석의 이름을 다시 언급하지 않을 수 없는데, 윤석열 정권이 본격 출범하기 전인 대통령직인수위원회를 구성할 당시부터 국민의힘 당대표로서 전장연의 이동권 시위를 맹비난하고 조롱하는 데 앞장선 바 있기 때문이다. 그는 장애인 혐오 정서를 이용해 시민과 장애인을 갈라놓으며 정치적 이득을 챙겨 왔다.

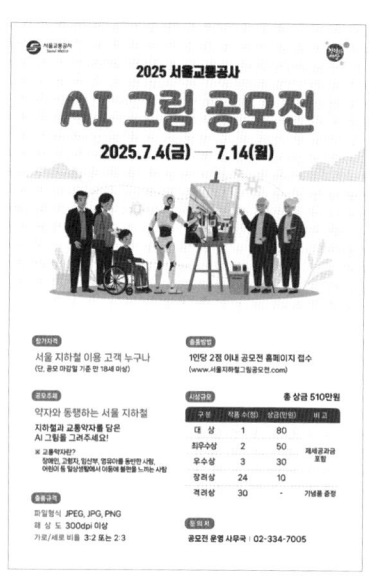

2025년 7월 서울교통공사가 개최한 AI 그림 공모전 공지.

이와 맞물려 혐오의 적극적 수행자 역할을 해 온 서울교통공사가 '약자와의 동행'을 기치로 내걸고 AI 그림 공모전을 열었으니, 이는 이준석이 AI를 활용하여 대선 홍보물을 만든 것과 절묘하게 겹치는 면이 있다. 이들은 '무엇을 왜 어떻게 담아내려고 하는가?'라는 대목에서 선행되어야 할 고민은 내팽개친 채 오로지 눈에 띄는 결과를 도출하기 위해 AI를 활용하려 한 것이다.

MBC 라디오 〈김종배의 시선집중〉은 2025년 7월 3일 방송한 '6분 집중'

서울교통공사의 AI 그림 공모전을 소개한 MBC 라디오 〈김종배의 시선집중〉 2025년 7월 3일 '6분 집중' 코너 유튜브 썸네일.

주제에 맞춰 직접 ChatGPT 4o를 이용해 생성한 풍자 그림. 〈약자와 안 동행하는 서울지하철〉이 제목이다.

코너에서 이 문제를 다뤘다. 코너 담당자인 유승민 작가는 전장연과 연대해 지하철 역사 내에서 책 읽는 침묵시위에 동참했던 시민을 인터뷰했다. 해당 시민은 시위 당일 서울교통공사 직원에게 사타구니까지 잡혀 끌려 나와 역사 바깥으로 내쫓겼다고 술회하면서, 해당 공모전이 AI를 내세운 이유에 대해 "교통약자들과의 동행이라는 미담이라는 게 하나도 안 나올 거라는 걸 알기 때문"이라 진단하고는 이를 '기만'으로 규정했다. 정의롭지 않은 이들이 첨단 기술 활용 자체를 현실의 기만으로 만드는 사례를 계속해서 쌓아 올리고 있으니 통탄할 일이다.

한국 만화
트리비아 *Trivia*

초판 1쇄 인쇄 | 2025년 7월 30일
초판 1쇄 발행 | 2025년 8월 7일

지은이 서찬휘
책임편집 손성실
편집 조성우
디자인 권월화
펴낸곳 생각비행
등록일 2010년 3월 29일 | 등록번호 제2010-000092호
주소 서울시 마포구 월드컵북로 132, 402호
전화 02) 3141-0485
팩스 02) 3141-0486
이메일 ideas0419@hanmail.net
블로그 ideas0419.com

ⓒ 서찬휘, 2025
ISBN 979-11-92745-45-9 03300

책값은 뒤표지에 있습니다.
잘못된 책은 바꾸어 드립니다.